70年代，要么发表，要么毁灭（In the 70's，publish or perish）；

80年代，要么演示，要么消亡（In the 80's，demo or die）；

90年代，要么拉关系，要么失败（In the 90's，schmooze or lose）；

新的世纪，要么演讲，要么投降（In new century，presentation or nothing）！

沈向洋　微软亚洲研究院院长、高级研究员

《说服》是我的演讲教练写的一本书，

它能够帮助任何人的演讲技术更上一层楼。

微软全球副总裁　李开复

说服

全球顶尖企业的商务沟通之道

拓展个人发展空间的有力工具
打造优秀商务团队的必修课程
提升企业竞争能力的培训读本

[美] 杰瑞·魏斯曼 著
陈亮 刘超 左科华 译

PRESENTING TO WIN

科学出版社

内 容 简 介

在快节奏的当今世界，清晰、准确与高度简洁的沟通对每个商务人员来说都必不可少。本书作者是世界排名第一的商务演讲大师杰瑞·魏斯曼，曾为微软、思科、雅虎等400多家全球顶尖企业CEO做过大量的商务演讲培训。在本书中，他浓缩这400多家公司数千场关键性商务演讲的经验精华，一步步地讲解了发表强有力演讲的艺术与技巧，强调以听众的利益为归依，把商业说服力渗透到故事编创、叙述结构、开场白、起承转合设计、幻灯片及图表制作等基本技巧中去，帮助读者掌握说服挑剔的听众，从而大大提高其商务沟通效果，赢得商业成功和个人发展机遇。

本书已成为诸多全球顶尖企业管理人员和销售经理的培训宝典，并已经帮助杰瑞·魏斯曼的客户公司赢得数千亿美元的收益。本书是拓展个人发展空间的有力工具、打造优秀商务团队的必修课程、提升企业竞争能力的培训读本，适合于渴望提升商业说服与沟通能力的所有商务人员，特别是职业经理人、企业中层主管、销售经理、营销人员，也可以作为企业内部的商务沟通培训教材和MBA商务沟通课程参考书。

图书在版编目(CIP)数据

说服：全球顶尖企业的商务沟通之道／（美）魏斯曼（Weissman，J.）著；陈亮，刘超，左科华译.—北京：科学出版社，2005

ISBN 978-7-03-015342-5

Ⅰ.说…　Ⅱ.①魏…②陈…③刘…④左…　Ⅲ.商业经营—语言艺术　Ⅳ.F715

中国版本图书馆（CIP）数据核字（2005）第030260号

责任编辑：陈　亮／责任校对：陈玉凤

责任印制：徐晓晨／封面设计：耀午书装

科学出版社出版

北京东黄城根北街16号

邮政编码：100717

http://www.sciencep.com

北京厚诚则铭印刷科技有限公司 印刷

科学出版社发行　各地新华书店经销

*

2005年5月第　一　版　开本：16开（610×1400）

2018年4月第三次印刷　印张：17　插页：4

字数：202 000

定价：85.00 元

（如有印装质量问题，我社负责调换）

本书获得的赞誉

富于感召力的领导都具有强大的沟通能力。这是他们之所以能够鼓舞其追随者、打动一个国家或市场所必须具备的基本素质之一。这本书所要传授给读者的正是这样一些技巧。

——比尔·戴维道，莫尔戴维道风险基金的创始合伙人，
《高技术营销》、《全面顾客服务》和《虚拟公司》等书的作者

创建一个公司需要耗费你多年的心血，而毁掉它的前途却用不到一个小时。《说服》将教会你如何正确地讲述你的故事。

——艾力克·巴尔干斯基，基准资本公司一般合伙人

在快节奏的当今世界，清晰、准确与高度简洁的沟通对每一个企业管理人员来说都是必不可少的。杰瑞·魏斯曼为企业领导人提供了能迅速掌握的简单工具，使他们为沟通付出的每一分努力都能获得最大的回报。

——苏·博斯特姆，思科系统公司互联网业务解决方案与政府业务部，
高级副总裁

读这本书，你将在一夜之间获得“有效沟通”的硕士学位。我们投资的很多公司，其管理团队通过运用魏斯曼的沟通技巧奇迹般地提高了团队的效率与股东价值。

——大卫·F. 巴雷德，皇冠国际咨询有限公司

无论要做什么演讲，《说服》都是你赢得掌声的最佳途径。它将成为你在PowerPoint时代的圣经。它教给你的是简单实用的方法和真实的范例——这确实有效！我试过，所以我知道。

——斯科特·库克，Intuit创始人

在我职业生涯最重要的一个时期，杰瑞曾运用《说服》一书中的原理为我和我的团队准备Earthlink公司的IPO路演。他帮助我们不断打磨我们要传递给听众的信息，给他们留下了生动的印象。而在这个过程中，我们对自己的战略也获得了更为深刻的理解。杰瑞将教会你如何讲一个故事——对于成功来说，这一技巧远比多数人所认识到的更为关键。

——斯凯·代顿，EarthLink公司的创始人和主席，Boingo无线通信公司创始人和首席执行官

杰瑞的这一杰作就像艺术大师代表作中最精彩的部分一样，是精华中的精华。络明（Luminous）公司之所以能够在我所见过的最艰难的市场环境下筹资到8000万美元的资金，杰瑞的方法与技巧绝对是一个关键的成功因素。我所认识的成功创业者中，无一不愿受益于这种具有说服力的、高度浓缩的演讲原则。

——迪克逊·R. 多尔，多尔资本管理公司的创始人和执行合伙人

本书对如何有效沟通的建议既实用又合理。对追求高效的经理人来说，这些建议至关重要。无论你要推销一个项目还是一个公司，这些建议都会给你带来强大的说服力！

——艾伦·弗格森，3I技术合伙企业执行董事

许多年轻的创业者对其专业知识有着深刻的理解，但他们却常常不能以一种条理清楚、生动活泼、富于说服力的方式来组织和陈述其观点，描绘公司的美好图景。杰瑞·魏斯曼用关键性的演讲技巧武装了一批又一批成长中的管理者，把他们引向了成功。这是一本勇于创新的书，它忠实地再现了他是如何做到这一点的。对于任何一个希望筹措资金、提升公司在资本市场的知名度，或者渴望与公司员工进行基于信任的有效沟通的CEO们来说，《说服》都是一本必读书。

——欧文·弗德曼，美国风险投资合伙企业一般合伙人

完美的演讲具有影响你公司生活中所有重要事件（比如融资、兼并与合伙人等）的潜力。尽管如此，大多数经理人和创业者在需要以一种鲜明而有说服力的方式生动、清楚地传递信息时，总是感到心有余而力不足。值得庆幸的是，现在，商务演讲大师杰瑞·魏斯曼已经决定在《说服》一书中与大家分享他的秘密了。

——比尔·格雷，基准资本公司合伙人

杰瑞在《说服》中讲述的技巧帮助我们用预期时间的一半就筹集到了第一笔风险资本，而且数目是预计的两倍。后来，这些方法不但帮助我们投资组合中的公司进行商务演讲，而且对其产品营销产生了显著影响。

——安迪·雷切勒，基准资本公司一般合伙人

对机构投资者来说，魏斯曼对CEO们的思想和演讲进行的重组通常能使公司增值15%～25%。

——桑迪·罗伯特森，罗伯特森和斯蒂芬森公司创始人

在你花费多年心血开创你的事业之后，在创造市场价值的过程中，你获得了一个稍瞬即逝的机会来使人们对其的评价与其实际价值相符合。在这一关键时刻，硅谷没有其他任何人曾经比杰瑞从市场中“诓骗”到更多的价值乘点了。他关于如何真正有说服力地组织和解释一个项目的方法在实践中得到了验证，并在他的这本书里进行了论述。

——比尔·泰，查尔斯河风险资本一般合伙人

不进行沟通，企业价值并不会自动实现。未被提及的价值会因为未对价值链上关键的利益相关人进行有效的展示而白白消失。就此而言，魏斯曼先生及其方法在过去的15年中为美国经济实现了巨大的价值。没有人比魏斯曼先生更擅长教授商务演讲的艺术和科学。他是这个领域中最好的，他创造

了这个领域，我曾把他引荐给数十个公司。在他的帮助下，这些公司显著地改善了他们的内部和外部演讲的效果。在《说服》一书中，每一个希望在商务演讲中实现价值的人都有机会获得魏斯曼强大技巧的真传。

——大卫·M. 特拉威尔，2020成长合伙人公司执行董事

我接受过这种训练。如果你照杰瑞·魏斯曼教的方法去做（实际上这并不难），你将取得显著的进步，成为一位非常优秀的公开演讲者。而这将直接帮助你成功。

——斯图尔特·埃尔索，《财富》专栏作家，
New Enterprise Associates一般合伙人

在帮助一流技术公司的管理层进行更清晰并且更有实质内容的沟通方面，杰瑞·魏斯曼是一位真正的专家。杰瑞在这方面做得真是棒极了！他给出了很多好建议，能够帮助你更好地进行沟通与领导。

——詹姆斯·W. 布雷尔，爱克赛尔合伙企业一般合伙人

通过帮助我思考WIIFY（我能给你带来什么）和让人“Aha！”的因素，杰瑞提升了我的演讲水平，并帮助我的公司在1998年公开上市。今天，只要阅读这本书，你就能够获得当年我们花了一大笔钱才从杰瑞那里学到的如何“说服”的秘密。

——K. B. 钱德拉赛卡尔，Exdous通信公司创始人，Jamcracker公司CEO

杰瑞·魏斯曼的方法领先世界数以光年计。我可以大胆预测，《说服》一书将成为同类书中经典之作。一部伟大的著作！

——托玛斯·M. 克莱福林二世，克莱福林资本管理公司，
一家总部位于波士顿的风险投资公司

多年以来，我不断地见证着杰瑞的神奇——在他的帮助下，我们投资组

合中的很多公司得以用最优化投资者诉求的方式，精心构思出独具特色的公司出售要约，并通过有效沟通获得投资者的青睐。但直到读了这本书之后，我才意识到把他的这些方法运用到我个人的演讲中——我常常要对我的合伙人和我们的客户演讲——的巨大价值。我敢说，每一个要做商务演讲的人都可以从这本既易于理解又易于应用的书中受益。

——弗利浦·简斯，英特威斯特合伙企业执行董事、一般合伙人

阅读《说服》一书是一件令人愉快的事。从以前的阿尔法合伙企业到今天的AVI公司，杰瑞一直是我们投资的那些公司的CEO们的师父。他的书将为渴望获得表达清晰、具有说服力的沟通技巧的经理人提供良好的基础，创造必要的条件。它以一种条理清晰、体贴周到的方式把读者从A点带到B点。希望所有读过这本书的人都发现自己能够并且渴望在其下次演讲中采用这些方法，并获取成功！

——布赖恩·J. 格罗斯，AVI资本管理公司一般合伙人

通向清楚明白、令人信服的演讲的文本！句句珠玑，令人欲罢不能！一本必读书！

——格兰特·海德里希，五月田基金

跟大师学如何起草和发布一个有效沟通、赢得人心的演讲！过去10年来，我做了1000多场演讲，我发现杰瑞在书中讲述的方法和建议具有非凡的价值。

——乔斯·汉克斯，先进技术风险投资公司执行董事

杰瑞·魏斯曼的演讲训练世界一流！需要构思一场演讲的人如果不利用这些专家建议，就像上战场的士兵不带枪！

——杰伊·C. 霍格，交叉技术风险投资企业创始一般合伙人

如果你需要有人帮你为重大的商务活动确定一个宣传基调,那么杰瑞就是你要找的那个人。如果读过这本书之后,你的“定调”水平还没有什么提高的话,那么,有问题的人就是你了。

——盖伊·川崎,Garage技术风险投资首席执行官,《革命的规则》作者

概念往往与事实一样重要——如果不是更重要的话。在形成概念时,好的演讲比好的事实更重要。据我所知,在形成好的概念方面没有人比杰瑞更有经验。

——文诺德·考斯拉,Kleiner Perkins Caufield & Byers合伙人

准备和发表演讲是极具挑战性的工作,杰瑞·魏斯曼却能够把它变得如此轻松和简单。读一读这本书吧,你将受益非浅。现在我终于发现为什么很多年以前我就会聘用他的原因了!

——提姆·库戈尔,雅虎首任首席执行官

这么多年来,杰瑞的帮助对我(在Venrock)的许多公司来说,具有巨大的价值。杰瑞有一种独特的本事,他能够引导管理团队以最适合的方式清楚地确认和传递关键信息,对目标观众产生预期的影响。这种转变通常都非常神奇,我们发现,不仅是管理团队非常感谢他的建议,而且我们的目标观众也一样,因为这使得他们能够更快和更清楚地理解关键性问题。

——帕特里克·拉特二世,拉特二世风险投资合伙人企业和Venrock联合会一般合伙人

我怀着极大的兴趣读完了杰瑞的这本书。本书内容引人入胜,读来颇受启发,本书的写法也易于理解和阅读。杰瑞真是专家中的专家。如果商务演讲有MBA学位的话,杰瑞的书就是教科书!

——梅尔·拉维,C.E.Unterberg Towbin副主席兼执行董事

在筹资战斗中获得优势的绝对必备的武器！

——安德鲁·J．马里，雷曼兄弟公司投资银行执行董事

杰瑞·魏斯曼对我管理过的公司中有巨大的影响——无论是以前的Tueday公司，还是现在的阿里阿德涅资本公司。他为我们主持研讨会，并教给我们演讲的技巧。在他的帮助下，我们清楚地陈述出要达成的目标，把所有人都团结在这一旗帜下，他还帮助我们修改和讲述一个更好的故事，为我们的行动赢得了支持。他的这一近作雄辩地说明了“形式即内容”。

——朱莉·梅耶，欧洲风险资本集团阿里阿德涅资本的CEO

如同他的咨询建议一样，杰瑞的《说服》一书既切中肯綮，又切实可行。作为投资银行家，我帮助过多家公司上市；作为风险资本家，我也投资过许多公司。这些公司当中，很多都与杰瑞合作过。无论是哪个公司何种情况，他的参与都使得局面焕然一新。甚至是硅谷中最出色的CEO们，在他的专业指导下也显著地改善了其演讲效果。既然杰瑞不可能为所有人工作，那么，就让我们在《说服》中分享他的方法和思想吧。

——J．桑福德·米勒，3I风险投资合伙人企业执行经理

对于那些为提升公开演讲技巧而苦苦摸索的人来说，这真是一本非常了不起的书。《说服》这本书包含了11年前帮助我成功的所有技巧，并且这些技巧无论何时都会有效。

——杰夫·雷克，微软公司产品与商业服务业务部，集团副总裁

应该要求所有需要对企业内部或外部的利益相关者群体做演讲的商业领导人都来读一读《说服》这本书。作为一个做了差不多15年技术投资的银行家，我见过数以千计的路演和公司演讲，其中很多都不符合《说服》所列

出的建议和技巧。这些年来，我为杰瑞送去了几十位客户，所有这些公司最终都能够拿出更加生动、清楚和有说服力的演讲来。

——迈克尔·J. 里克特，投资银行 CIBC 世界营销企业执行董事

杰瑞·魏斯曼总是知道如何从演讲中获得最多的收益。最好是你能聘请他做顾问，如果做不到的话，可以退而求其次，买这么一本书来读，并且还有一个好处——费用便宜多了。

——迪克·斯波尔丁，风险投资家、创业者，杰瑞的客户

杰瑞帮助你把你的注意力集中在演讲的内容上而不仅仅是形式上。他迫使你清晰而简洁地思考问题。因此，不但你的听众能够更好地理解你的业务，而且你也一样。

——克里斯多佛·斯普瑞，Atlas风险资本高级主管

我参加杰瑞的培训课程是为了准备 Abaxis的IPO路演，但我把他所教的方法用于需要我在众人面前说话的所有场合，不论是在正式的演讲中还是在日常的交流与沟通中。现在，作为一个风险投资家，我每年要听300到400场演讲。我真不敢相信，居然还有这么多的创业者不知道以一种清楚而又简洁的方式推荐他们的公司，从而让投资者为之兴奋。

——加里·斯特瑞，美国 Walden 国际执行董事

杰瑞提出的可视化演讲技巧简单而又极其实用。它们使得在一个严格限定的时间内的信息传递产生完全不同的效果。这本书应成为所有高科技行业经理人的必读书。

——安东尼·桑，Venrock 联合会一般执行合伙人

很多人不知道杰瑞·魏斯曼是谁或者不知道他为什么以“让人叫好的魔

法师”而闻名于世。然而，对那些有机会与他共事或者接受过其指导的人来说，他确实被认为是一个“传授有说服力演讲知识的教授”。《说服》确立了发表一个大师级演讲所要遵循的简单规律，并以一种让人耳目一新的方式表达了出来。杰瑞以各行业的典型案例与大家分享了他的个人经验，这将有助于读者了解实际的流程。你很快就会得出结论：在下一次做重大演讲时，一定要邀请杰瑞加入到你的团队中来。

——T. 彼得·托马斯，机构风险资本合伙人（IVP）执行董事

只有极少数人能够直面听众发表高度简洁的即席演讲。对于不在其列的我们来说，幸好有杰瑞·魏斯曼来帮助我们准备出一个高度简洁的演讲。他的方法能够使你摆脱任何专业术语的束缚，制作出一个对你的听众有意义的演讲。你的自信将奇迹般地飞升。曾受他帮助的我以及这个行业的许多人很高兴能够读到他写的这本书。除了使用他的方法来准备演讲的思路之外，这本书还充满了思想的闪光点，这些要点我要对我的经理们一提再提。我想你们也会的。

——莱斯·范达斯，英特尔公司执行副总裁

我们花了一大笔钱才请到杰瑞来训练我们公司的首席执行管们如何进行演讲，实践证明我们花的每一分钱都是值得的。现在，每个人都只要花上几杯奶油咖啡的钱就可以学到杰瑞的秘密绝招了。

——巴里·维曼，阿里格斯资本执行董事

如何进行有说服力的演讲是大多数当代商界专业人士必须掌握的技巧。而这本书正是一个制作有说服力演讲的实用指南。杰瑞使我们很容易学会如何勾勒信息并发出那强有力的一击——使听众同意一个前提：达至B点。“了解听众的WIIFY”比“好处”或“性能”更有力量，它是通往成功的演讲的

一个关键部分，每个寻求成功的人都应该把它当作行动指南来读、来使用。对这些人来说，所谓的成功是不断练习并且创作一个确实能够发挥作用的演讲的结果。杰瑞为AVI投资组合中的各个公司的IPO路演培训了一大批首席执行官和首席财务官。他的方法确实取得了非常巨大的成果。

——彼得·L. 沃尔肯，AVI资本管理公司一般合伙人，钻石风险资本合伙人

30年来，我一直在营销中倡导：一切都要进行沟通，直到大家都说“Aha！”。无论你选择什么说什么不说，什么做什么不做，实际上你都是在表达着什么。现在，杰瑞终于为我们大家找到了如何有效沟通的秘密。感谢你，杰瑞！商业界真的太需要这本书了！

——瑟戈尔·齐曼，可口可乐前首席营销官，齐曼营销集团的主席和创始人

目录

前　言

以历史为序

我第一次感受到语言的力量是在1941年12月8日，我和我的父母一起在家里的菲尔康牌收音机旁倾听富兰克林·德拉诺·罗斯福总统在惊闻珍珠港遇袭之后发表的振奋人心的“愤怒日”演说。我永远不会忘记他是如何结束演说的，他那低沉的声音至今仍在我耳边回响：“我们对我们的军队深怀信心，我们的人民有着无比坚定的决心，因此，胜利必定属于我们！愿上帝保佑我们。”在那骚动不安的时刻，罗斯福有力的话语驱散了我们心中的阴霾，振奋了我们的精神，恢复了我们对我们的国家和未来的信心。

后来，在斯坦福大学演讲与戏剧系的研究生课程中，我研读了古希腊的伟大演说家们的著作，进一步感受到言语打动人心的力量。再后来，我在纽约的CBS电视台担任新闻和公共事务报道的制片人时，我在工作中亲眼目睹了从约翰·F. 肯尼迪到马丁·路德·金等众多伟大的国家领导人的语言所产生的历史性影响。

但直到我离开广播电视传媒进入到商界以后，我才完全认识到沟通的全部作用。在商业上，进行商业选择的工具是演讲（presentation），我很快发现了它所具有的伟大力量：失败的演讲可以使一笔交易流产，而优秀的演讲则能使交易突飞猛进。在我商业生涯的初期，我曾有幸参与准备思科系统公司股票初次上市发行（IPO，Initial Public Offering）的演讲，即所谓IPO路演（IPO road show），亲眼见证了思科的价值仅在路演后的第一个交易日就增长了4000多万美元。

最令我惊喜的是，我开始意识到每一次沟通都是一次IPO。是的，每一天的每一次沟通。你在做，我也在做。每一次我们都有可能成功也有可能失败。我的工作就是帮助你在日常的沟通中取得成功，就像我帮助思科做IPO一样，或者，就像我帮助数百家像微软、英特尔这样的企业和数千个与你一样身为执行官、经理或是销售人员的客户一样，我的工作就是帮助你每次都成功说服你的每一位听众。

推动思科成功的原理可以一直追溯到亚里斯多德的经典理论。无论是亚伯拉罕·林肯愈合内战撕裂开的国家创伤的伟大讲话，还是温斯顿·邱吉尔先生激动人心的演说；无论是富兰克林·罗斯福汇聚世界各国力量保卫自由世界的抚慰人心的炉边谈话，还是马丁·路德·金开创人权运动新局面的振聋发聩的演说，其基础都是这些原理。

同样，无论是你的促销讲话，还是你对潜在的新顾客所做的演讲；无论是融资请求，还是你追加资源的要求；无论是你的升职申请，还是加薪要求；无论是你发出的行动号召，还是你自身对于Aha时刻的心理渴望——其基础也还是这些原理！

它们就是——

强化你的演讲力量并为你赢得成功的原理！

导 言

创造"Aaaahs!"时刻的魔术师[①]

很久以前，我生活和工作在加利福尼亚州远离硅谷的另一端——好莱坞。我职业生涯的前半部分都生活在影视娱乐行业的世界里。我做过CBS的电视制作人，也做过电视／电影剧本的自由撰稿人，偶尔还写点小说。我帮助制作新闻纪录片、故事片、戏剧和音乐剧。业内最具创造力的一些人，包括传奇式人物麦克·华莱士，我都曾有幸与其共事。如果你对影视娱乐业有所了解，你就会知道那里充满了巅峰和低谷，起伏不定，而我处在事业低谷的时间远超过平均水平。但我遇到了很多有趣的人，也学到了很多东西，尤其是学会了以一种清楚而有说服力的方式讲述一个故事。

后来，在1987年，我和一位老朋友——本·罗森有了一次谈话。他是高科技领域最顶尖的风险资本家之一，时任康柏电脑公司董事会主席。正是这次谈话改变了我的生活。

我和本在斯坦福大学相识，他在那里读电子工程硕士而我在那里读演说与戏剧硕士。工程师和艺术家相识仅仅是因为我们恰恰都在博取同一个姑娘的青睐。我们对这个姑娘的兴趣很快消失了，但我们的友谊却保留下来。随后，我进入了电视业发展，本也一度跟着我进入这一行业，他很了解我对沟通艺术的兴趣。作为康柏的主席，他也明白这个大的电脑公司面临的问题：

① Aaaah!：英语中的感叹词，常用来表达赞同、醒悟等意思，相当于中文中的"对！好！"，译者注。

它的CEO，一个名叫罗德·肯涅的天才执行官，从来没有建立一种适当而有效的公开演讲风格。

本打电话给我，对我提出了一个挑战:“罗德一直在为克服他作为演讲者的缺陷而努力，”他解释说，“他甚至已经接受了这一领域的专家培训，但他好象还没有掌握要领。你有没有兴趣来趟休斯顿，把你知道的关于沟通的知识传授给罗德？”

我有些动心，但还有点不情愿。毕竟，我对商业世界了解甚少。但他以一个非同寻常的出价促成了这次交易：“康柏刚刚推出了一款时髦的新膝上型电脑，但我看你还在使用那台老掉牙的机器。”(当时，我正在我那台又大又旧的“手提”康柏电脑上辛苦地写我的第二部小说，一直渴望有一台时尚但昂贵的康柏新电脑)“我们用一台新的膝上型电脑交换你的服务怎么样？”他问。我当场就同意了。

我在肯涅位于休斯顿的办公室会见了他，在我们会见的过程中，本与我们坐在一起，看着我教给罗德如何清楚而有说服力地做一次演讲的基本原则。一个小时后，我们休息了一会儿，本在休息室的自动贩卖机旁拦住了我，他被他所见到的迷住了。“杰瑞，”本一边说一边打着响指，“这里有巨大的商机！我整天都要听那些希望获得我投资的CEO们演讲。你不知道他们讲得有多复杂，有多枯燥。你应该搬到硅谷来，把你的演讲技巧教给这些人。上帝知道他们是多么需要你的帮助！”

自然，我感到有些飘飘然。但我认为我是个电视专家，而不是一个商业顾问。“我对硅谷或是计算机行业可是一无所知！”我反对道。

本不放过我，“这不是问题，”他坚持道，“我可以把你介绍给客户，我还可以告诉你这个行业是如何运作的，我可以在很多方面给你提供帮助。”

然而，我仍然不想同意：“和朋友做生意不是个好主意。”本摇了摇头，暂时把这个事情搁下了。

像所有成功人士一样，本之所以能够成功在于他的坚持，他继续和我磨。他反复和我谈他的想法，断断续续谈了六个多月，但我依然很犹豫。最后，在本的坚持下，我同意去硅谷做一次考察，和本的同事们见见面。其中一位是安德里亚·坎宁安女士，她曾在苹果电脑为史蒂夫·乔布斯做公共关系顾问，然后成功地开办了她自己的全国性公共关系机构——Citigate Cunningham 公司。

当我走进安德里亚的办公室时，她正处于焦躁不安之中，因为根据计划安排，她需要在一个大型技术会议上做一次演讲。我快速扫了一眼她准备的一个非常粗略的提纲，建议她简单地重组一下演讲要点，使顺序更符合逻辑习惯。然后我为她划出新提纲的关键点。安德里亚紧皱着的眉头展开了，露出了灿烂的笑容，她说："你在这里会干得很好的！"

演讲：决定命运的关键性任务

在我刚开始做的第一年，本真的如他所说，给我介绍了很多有影响的人，大部分是他的风险投资同行，这帮人被称为VC（Venture Capitalists，风险投资家）。其中一位是硅谷中最厉害的人物之一 ——唐·瓦伦丁。作为美洲杉资本最早的风险投资公司之一的创始合伙人，唐是苹果电脑、Atari公司、甲骨文公司和电子艺术公司的早期投资人之一。唐彬彬有礼地接见了我，耐心地听我描述我能够为他提供的服务，然后说，"我们有一个公司要上市，我们认为它运作得相当好。它有一项很深奥的技术，这很难向投资者解释明白。我们计划的发行价是13.5美元到15.5美元之间，但如果IPO路演做得好的话，股价很可能可以再上涨几美元。我打算把你介绍给它的CEO，让他请你帮助他做演讲。"

这个公司就是思科系统公司。这个CEO就是约翰·莫格瑞奇。我帮助约翰制作了解释公司复杂的网络技术的演讲，这个信息被投资者理解了。在思科上市的当天，它的股票开盘价是18美元，收盘价是22美元。思科很快成为了投资界和媒体的宠儿。在《旧金山编年史》组织的一次访谈中，唐·瓦伦丁作为思科系统公司董事会主席讲话:“我认为至少有两到三美元的增长应归功于魏斯曼的训练。但思科的总裁约翰·莫格瑞奇就没有这么慷慨，他认为魏斯曼的贡献至少是每点的八分之一，即每股12.5美分。”

随后是大约400场的IPO路演。在这大约400场IPO路演中，我负责过诸如Intuit和雅虎等著名企业的IPO路演培训。同时，我也帮助了另外大约400家上市公司或计划上市的公司发展公司业务。

IPO之后，思科继续让我帮助他们去准备经营活动中涉及的各类演讲，从公司产品推介中心为不同性质的潜在新客户小群体做的演讲，到针对数量庞大、成分复杂的所有终端用户召开的各年度网络工作者大会上的演讲等等，不一而足。时任思科公司营销副总裁的凯特·玛瑟要求所有产品经理都参加我的培训。她说：“杰瑞的演讲方法现在已经成为了我们企业文化的一部分；它们为我们的经理人准备了必要的素质，帮助他们成为业界领袖。”今天，思科以及其他高科技公司仍然在聘请我训练其高级管理人员，使之能够更有说服力地与人交流。商业媒体给我取了各式各样的外号，从“知道如何与钱对话”的人（《公司快讯》）到“创造Aaah！时刻的魔法师”（《福布斯》）。

无论对哪一位商业人士来说，IPO路演演讲都可能是其承担的最重要的关键性任务。可以说，在路演中获得成功是从最激烈的竞争中胜出的最典型例子。投资者们不但要求严苛并且见多识广，路演成败所涉及的风险和收益之高也往往令人瞠目结舌——投资者在股票出价上一美元的变动就会转化为成百上千万资金的变动。但是如果把这个逻辑再延伸一步，可以认为，你在商务活动中遇到的每一次竞争都可能是你遇到过的最激烈的竞争，而你要做的每一次演讲都将是一个意义重大的关键性使命。每次演讲都是通向最终胜利的一块垫脚石。如果哪次演讲失败了，也许就没有明天了。你决不会有第二次机会给人留下第一印象。

> 你决不会有第二次机会来给人留下第一印象。

因此，无论是私募资金说明会、产品发布会、主题报告会，还是许可听证会、股评家通报会、股东会议，抑或是预算审批会，我在为客户工作时，总是把每次演讲都当作像IPO路演一样的关键性任务来看待。你也应该把这一精神延用到你演讲的环境中，无论你的演讲是内部的还是对外的，是为了达成一个重要的合同、建立一个战略大联盟还是要做成一笔大买卖。

每个商务演讲都有一个共同的目标：首要的是成为一种说服的艺术，这是一种每个商业人士都必须具备的艺术，是有数十种应用技巧的艺术。而对演讲者来说，说服是吹响行动的号角的挑战，是让你的目标观众说“Aha!”[①]的挑战！

> 说服是吹响行动的号角的挑战，是让你的目标观众说“Aha!”的挑战。

在卡通画中，可以用在听众头上画一个闪光的灯泡的方式来表示所谓的“Aha！”时刻。在这个时刻，一个想法通过交流，从一个人的心里成功复制到另外一个人的心里，并产生了令人愉悦的共鸣与认同感。这个神秘的过程像语言一样古老，像爱情一样微妙。这是人类独有的一种能力，仅仅凭借语言和符号，人们就能够互相了解，共同拥有一个想法、一个计划或者一个梦想。

也许在你过去的经历中，你在做演讲、发言、做生意或者与人交流时，已经享受到这一美妙的时刻。心灵之灯在头顶闪烁，心领神会的目光在默默交接，会意的笑容浮现在脸上，人们在颔首点头。所谓的“Aha！”时刻，

①Aha！：英语中的感叹词，常用于表示听者已经理解或赞同说者的意思，相当于中文中的：“对！”，“不错！”，“好！”，所谓“Aha！时刻”与“Aaah！时刻”意思相同，可理解为“听众不断点头称是、演说取得听众的赞同与巨大共鸣的精彩时刻”，译者注。

就是你知道观众会跟着你的节拍起舞的时刻。

我之所以写这本书，就是要把我提供给我的客户的那些说服技巧与工具拿出来与大家共享。每一天，在你的每一项工作中，你都可能用到它们。这些曾经为我的客户带来数千亿美元投资的演讲原理同样也适用于你。

讲故事的艺术

美洲杉资本的唐·瓦伦丁，那位把我引荐给思科公司的传奇式风险投资家，每年都要听数千场演讲，做这些演讲的大多数是一些精明的创业者，他们做演讲的目的是为了替他们的商业新概念寻求资金支持。唐一直为大部分演讲缺乏有效并且有说服力的表达而感到吃惊。

在与我的一次谈话中，他曾经这样归纳道："杰瑞，问题是没有人知道该如何讲一个故事。更糟糕的是，没有人知道自己并不懂得如何讲故事！"每一天，这个问题反反复复地出现了大约3000万次——这个数字还仅仅是每天有多少商业人士在使用PowerPoint的估计数字。而演讲的听众，无论是能点石成金的唐·瓦伦丁们，还是日程爆满、分身无术的执行官们，不得不无奈地参加一个接一个的流水帐似的工作会议，无休止地遭受废话连篇的话语与幻灯片的折磨。

> 问题是没有人知道该如何讲一个故事。更糟糕的是，没有人知道自己并不懂得如何讲故事！

为什么会这样？为什么那些期望吹响行动号角的演讲者不能够像美国陆军强调的那样——"做他们该做的事情"呢？原因就在于，绝大多数商务演讲的目的仅仅在于传递数据，而不是说服。

当我从影视界转入商界时，我立刻发现，在这些信息传递中的问题是：它们只是单向地传向消极接受的观众而根本不是交流，交流和沟通都应该把重点放在"我们"、"共同"这类字眼上，而这些演讲却像单行线，一旦走进死胡同，就动不了了。

在电视媒体中，概念和图像也是通过无线、光缆或者卫星等方式单向传播的，但是这里有一个回转的循环、一个反馈路径、一个相互作用的机制。通过收视率、批评、赞助、信件、电话、电子邮件有时候甚至是管制法律，这些传播的效果会立刻反馈给影视业者。

可以预见，对于那些信息不清楚、观众不满意的媒体（马歇尔·麦克卢恩称之为Massage）中，其结局必然是死亡——这样的电视系列节目肯定会被取消。而在商业界，如果你的观点做不到水晶般清晰、你能给听众带来的利益得不到令人信服的证明，那么，你获得的投资就会减少，销售就会无法实现，请示就会得不到批准，而你的演讲也就失败了。

在我为客户所做的"强有力演讲"（Power Presentation）培训项目以及本书中，我把媒体的敏感性引入到商界，并带来了一整套规范性的演讲技巧与相关的培训服务，使得像你这样的演讲者能够在你的听众面前吹响召唤行动的号角，把他们带到为你而心动的"Aha！"时刻。

一种全新的演讲方法

你在这本书中即将学到的技巧萃取了众多相关学科的思想精华，是最新的研究成果和古老的知识结晶的混合体。

在我还在做公共事务报道的电视节目时，我必须花费大量时间去阅读大量档案，观看新近获得的影视胶片与录像，在堆积如山的报告和访谈记录中搜寻，并对所有的这些资料去芜存菁，将它们凝练、浓缩成一个28分钟40秒的节目，这个节目必须叙事清楚、观点明确，能够吸引并牢牢地抓住观众的注意力。我把构建故事的这些方法简化为一套简单的技巧与图表，以便像你这样的商业人士也能够运用。我认识的大多数专业作家都在使用这些人人都会使用的技巧，以轻松地完成创作。

在电视台时，我在价值数千万、装备有电子图像生成器、全频调色器、彩色字幕插入器以及电脑动画的控制室里工作。今天，在2.5亿台计算机上都安装有能够实现上述所有功能的Microsoft PowerPoint软件。但不幸的是，大多数演讲者滥用了这些强大的功能，仿佛他们是在制作MTV，搞得复杂之极——我敢说,任何一个最近刚听过一次商务演讲的人都能证明这一点。而这些演讲者本应该遵循路德维格·密斯·冯·德·罗赫正确的外科名言——少就是多（Less is more）——行事的。为了帮助你应用密斯的这一原则来为你的演讲准备视频支持,我专门开发了一套简单的制作指南来帮助你设计数字型和文本型图表，使它们起到强化和突出你的说服性信息的作用，而不是吓倒你的听众，把他们搞得晕头转向、注意力涣散。

在电视台时，我同时指挥录像机和摄影机进行拍摄，然后把原片剪辑和重组成一个富有吸引力的故事。在这个过程中，我运用了一些拍摄和剪辑的专业做法来讲述一个故事，给观众带来富有冲击力的强烈印象。现在，我把这些复杂的方法简化为一套简单而互相联系的技巧,你可以把这些技巧用来制作PowerPoint幻灯片，并运用这些技巧来帮助你讲述你自己的故事。

我还从许多经典文献（比如亚里斯多德著作）中归纳出许多交流和说服技巧（请不要被“经典”之类的词语吓倒。以前有个聪明的人曾把经典简单地定义为“因为有效而保存下来的东西”。我敢说你将在本书中验证到这一看法的正确性）。在古代，雄辩术被视为最杰出的语言艺术之一，而古代哲学家所谓的雄辩术就是我们今天所谓的“讲故事的艺术”(great storytelling)。当你阅读本书时,你会发现亚里斯多德的原理适用于你在商业中需要讲述的各种故事，讲故事的技巧将说服你的观众，使他们响应你的行动号召。

我提出的其他一些方法则建立在经过检验的知识以及对人类心理的最新

研究成果的基础上。这些关于大脑和眼睛如何接受信息的科学发现与听众将如何对你灌输给他们的数据作出反应直接相关。

我确信，你将发现，这一结合了传统与现代技术的沟通与说服技巧，将构成一个独特而有效的体系，帮助你通过演讲赢得成功。

你也许注意到了我经常强调“故事”这个词，这是有意图的。和我在培训项目和研讨班上一样，在本书中，我最先并且最主要关注的是如何帮助你定义你及其公司的故事的基本要素。传统的演讲技巧，诸如身体语言、手势、语调变化、视线接触和回答观众的问题等也是重要的。但在本书中，它们的重要性放到了“定义你的故事要素”之后。

这使许多认为我是一个“演说顾问”或者“演说台风教练”的人感到困惑——顺便说一句，从某种意义上说，这种称号是不正确的。事实上，一些与我初次见面的客户会说，“哦，我并不需要你帮助我整理故事本身。你只要告诉我，在我讲话时我应该怎么做手势，告诉我如何避免总是说‘嗯——’、‘哦——’、‘这个——’就可以了”。对这些家伙——也包括你——而言，幸运的是，我不会在本书中满足这个要求。这是有充分理由的：

首先，市场已经有太多的介绍演说技巧的书了，其中一些讲得相当不错。而我想给你的是你在其他书中找不到的一些新建议（当然，我会在附录中给出一个我称之为“专业工具”的备忘列表来帮助你准备演讲的硬件设施）。

第二，并且更为重要的是，我坚信，要想使你的演讲富有感染力，“一个好的故事”是比演说台风重要得多的一个关键因素。事实上，我发现，只要有个“好”故事，表达本身自然就会流畅起来——这简直就像变魔术一样！但反命题则永不成立——你也许是世界上最出色的演说者，但如果你的故事不清楚并且缺乏一个焦点，你的信息就不会传递到你所要传递的人那里。

> 只要有个“好”故事，表达本身自然就会流畅起来——这简直就像变魔术一样！

让我们来看一个例证：

在1991年，我接到了我的一个老客户——微软公司的一个公共关系官员的紧急电话：“我们有一个年轻的执行官叫杰夫·莱克斯，”他们解释说，“他被安排做一个新产品的演讲，我们想你是否能过来帮他准备一下。这种产品叫Pen Computer（笔输入式计算机视窗系统），是Windows产品家族的一个最新成员。”

“好的，”我回答说，“我们为杰夫预定一个三天的培训计划吧。”

电话的那端停顿了一下，“哦，我们的时间很紧，杰夫只有一天的时间准备。但让他培训一下表达技巧真的很重要。他人很聪明，对材料也很熟悉，但就是对演讲感到别扭。你能在一天之内改变这个状况吗？”

“我试试吧。”我说。

接下来的事情说明了问题。我和杰夫在一起呆了一天。我没有时间研究他的身体语言和发音。相反，我们花时间研究了笔输入式计算机视窗系统的要点：这种新软件的用途、它的市场定位、它的形成历史、它给用户带来的好处。简而言之，我们制作了杰夫要讲的故事。

我帮着杰夫确定了其故事的一些要素：哪些部分是与听众切身利益相关并且最能够吸引他们的；哪些技术细节是重要的因而一定要讲的，哪些是多余的。然后，我帮着杰夫重新组织了他的演讲，使所有的关键信息能够很自然地连贯起来。到那一天结束时，我们把整个故事都过了一遍。杰夫不但把握了材料，而且表达得也很顺畅了。

> 一个清楚而紧凑的故事可以使演讲者头脑清醒、镇静自如地进行演讲。

结果呢？杰夫的演讲效果出奇的好。后来，请我指导杰夫的微软公关官员高度评价了我为改善杰夫的台风所做的工作，但实际上我们根本没有讨论过台风问题。只要有个“好”故事，就可以把一个犹犹豫豫、信心不足的演讲者变得干脆利落而且信心十足。

现在，杰夫已经是微软公司负责产品力与商业服务的集团副总裁了，并且也是微软公司最出色、最有感染力的发言人之一。他最近负责的产品之一——微软的平板电脑，就是当年的笔输入式计算机视窗技术在21世纪的发展。

这个故事给我们的教益是：天花乱坠的语言和生动的身体语言并不能改善一个混乱的故事，而一个清楚而紧凑的故事可以使演讲者头脑清醒、镇静自如地进行演讲。

心灵推销

前面，我已经把经典的说服艺术定义为创造听众的“Aha！”时刻的艺术。但真正要做到有说服力，仅仅让听众说一声“Aha！”是远远不够的。真正有力量的演讲会使听众持续不断地、发自内心地“Aha！”。

我喜欢把做演讲比作按摩治疗法。好的按摩师按摩的时候手从来不会离开你的身体。同样，优秀的演讲者在演讲的时候从来不会与听众须臾稍离。优秀的演讲者一开始就会抓住听众的心，引领他们悠游于不同情节、主题和想法之间，让他们欲罢不能，然后以行动的号角凝聚听众的兴奋点。

> 优秀的演讲者一开始就会抓住观众的心，带领他们悠游于不同情节、主题和想法之间，让他们欲罢不能，然后以行动的号角凝聚听众的兴奋点。

请注意在上述类比中我用来描述一个出色的演讲者的动词：抓住、引领和凝聚。这三个动词所包含的最基本的动作要素是：管理（manage）[①]。人是商业决策中最具决定性的因素，而管理是投资决策的第一要素。好的演讲者

①原文为Manage，该词在英文中有“驾驭、操纵、操控、管理、设法达成”之意，译者注。

能有效地操控（manage）观众的心灵。因此，强有力演讲在听众下意识中的替代词就是“有效管理 ”(Effective Management)。

当然，我并不是要就此得出结论说，一个好的演讲者就是一名有效率的经理、一个经验丰富的执行官、一位出色的执行董事、一名杰出的CEO。两者之间还是有差距的。但其逆命题则是成立的。而听众在下意识之中也是这样假定的。如果他们觉得你的演讲不知所云，他们就很难听从你的号召。

无论是巴菲特还是彼德·林奇，有影响力的投资者都受制于其共同的投资理念——只对自己能理解的行业投资。

当你的故事含糊不清、支离破碎或是过于复杂时，听众要想理解其中的意义就得绞尽脑汁。最终，这种艰巨的脑力劳动使得听众开始产生抵触情绪，继而变得恼怒，最后对你失去信心。

史蒂夫·克鲁格最近出了一本关于网页设计的书——这本书与我的工作关系不大，但这本书的书名非常贴切地说出了我的观点：《别让我劳神》(Don’t Make Me Think)。

好的演讲者能使听众毫不费力地抓住要点。好的演讲故事能够引导听众得出一个无法反驳的结论。这样的过程给了观众心理舒适感，使他们容易赞同演讲者的提议。因此，演讲实质上就是推销。

当然，我从来不打算贬低支持你的商业假设的事实依据的重要性。一个反复打磨的演讲并不能替代一个构思得好的商业计划，就像居高临下的说话方式并不代表你具有更完整的人格一样。你要想吃炸牛排，就得先去炸它。但是，当两个力量相当的人或公司在一起竞争时，胜者很可能是讲故事更有说服力的一方。

> 人们通常认为：能讲好一个商业故事的人有能力掌控大局，值得信任。

最后，一个清晰而吸引人的演讲所具有的最微妙但也可能是最有力的影响在于：人们通常认为：能讲好一个商业故事的人有能力掌控大局，值得信任。当你驾驭了你的故事时，你就驾驭了演讲的局面。你的听众将追随你上天入地，为你带来资金、影响力、权力和成功。

这，就是本书为你提供的核心信息，这也是本书的价值所在——无论你现在在商业界中充当什么角色、处在什么地位上。也许有一天，你将要运作你的公司上市，那么我希望你从本书中学到的技巧将帮你赢得成千上百万的资金。然而，在此之前，你要越过众多由关键任务构成的障碍，因为每一个商业决策的成功都将依赖于你讲故事的能力。这时，请你运用在本书中学到的那些技巧，因为它们是构成你通向成功之路的众多踏脚石之一。

为了帮你掌握这些技巧，我们将一起来看看思科是如何说服投资者将数十亿资金投入即使在今天少有人能理解的复杂技术项目中去的。我也会让你看到雅虎是如何把一个充满欢快俚俗气息的品牌形象转化为一个充满意义的筹资演讲，从而以风头正健的网络概念赢得资本青睐的。我们还将弄清楚，络明网络——一个刚刚起步的电信公司为何能在历史上最艰难的下跌行情中从私人资本市场上筹资到8000万美元。我帮助所有的这些公司编创了"强有力演讲"，我希望也能够帮你实现同样的梦想。

是的，这本书讲述的是演讲。但，它不仅限于此。它还讲述了心理学，讲述了讲故事的艺术，讲述了如何让听众响应你的号召并采取行动。

它讲述的是：如、何、以、沟、通、取、胜！

它讲述的是：说、服、的、艺、术！！

它讲述的是：成、功！！！

第1章 了解你的听众

公司案例：

◆ 网络电器公司（Network Appliance）

◆ 络明网络公司（Luminous Network）

商务演讲的常见错误

人类的各种活动中，很少有像演讲这样，进行得如此频繁，而效果又往往如此差强人意。最近的一项数据表明，每天全球仅使用微软公司的PowerPoint幻灯片软件进行的演讲大约就有3000万次。我相信，你可能就出席了其中为数不少的演讲。但这些演讲有多少是真正令人难以忘记、卓有成效和富有说服力的呢？恐怕是屈指可数。

绝大多数演讲都成为了我所谓的“五宗罪”的牺牲品。

- **缺乏清楚的要点。**听众往往听完了演讲还不知道演讲者要讲的是什么。多少次，当你耐着性子把一场演讲听到底之后，你却还是摸不着头脑：“这到底是要说明什么呀？”

- **没有说出听众的利益所在。**演讲未能表明听众如何能够从演讲所传递的信息中获益。多少次，你一边不耐烦地听着演讲，一边心里却在不断地嘀咕：“那又怎么样？”

- **缺少一个清楚、流畅的叙述结构。**演讲的结构次序安排不妥，令观众听得如坠云中，无法理清头绪，跟不上演讲者的思路。多少次，你耐着性子听着演讲，却常常被搞得晕头转向，心里不断犯糊涂：“等等！这个家伙怎么突然说到这里来了？”

- **太过于细节化。**演讲中充斥着如此众多的事实，不是过于技术化就是八竿子搭不到边，而最重要的论点反而模糊了。多少次，你坐在那儿听演讲，听到半路，心里开始嘀咕：“他说这个干嘛？”

- **太过于冗长。**演讲还没讲完，这边听众已经听得毫无兴致，坐立不安了。从你开始工作起到现在为止，你听到过有几次演讲是“太短”的？

这五宗罪，演讲者无论触犯到哪一条，都是在浪费听众的时间、精力和注意力。与此同时，他们还在干着破坏自己要达成的目标的勾当。

这五宗罪，各个不同，互相之间也从不交叉。我们可以打个比方：

比如，你和我在聊天，我说："让我告诉你我昨晚吃了些什么。"我的演讲有一个明确的论点，对不对？你知道了我要做什么，这样我就不会犯下第一宗罪。

但是，你究竟有什么必要知道我昨天晚上吃了什么呢？除非你在此之前曾经说过："杰瑞，附近的馆子我都已经吃厌了。你能不能推荐一个新地方给我？"这样，通过告诉你我昨天在一个火爆的新餐馆吃得有多好，我就能够使你受益，于是，我就避免了第二宗罪。

现在，如果在我跟你讲那顿好饭时，一上来就吹嘘甜点如何如何棒，接着，又回过头去讲沙拉如何如何好，再下来，我又往前跳到奶酪如何如何，再接着又往后跳，大讲主菜如何如何，我的故事就没有什么脉络可言。而如果相反，我从饭前的开胃汤到饭后的坚果一路讲下去，就清楚有序多了，这样，我就消灭了第三宗罪。

如果我把晚饭中吃过的每道菜中的每种动物和植物都按照门、纲、科、目、属、种一一向你道来，那就太技术化，太细节化了。相反，如果我在叙述时只使用描述性的形容词和简单的名词，那我就免除了第四宗罪。

最后，如果我花了四个小时给你讲我只吃了两个小时的一顿饭，我的演讲就太长了。相反，如果我只讲5分钟，那我就逃脱了第五宗罪。

也许，以上的这个例子扯得有点离谱，但这五宗罪却都是真真切切存在的。并且，尽管这五宗罪各个不同，互不交叉，但它们都具有同一个"最小公分母"——堆砌数据——毫无节制、毫无意义、毫无章法、毫无目的或毫无计划地大量使用数据。堆砌数据的演讲，不可避免地会让听

> 堆砌数据的演讲，不可避免地会让听众出现一种可怕的MEGO症候——目光呆滞，神游太虚。

众出现一种可怕的MEGO（Mine Eyes Glaze Over）症候——目光呆滞，神游太虚。

为什么？为什么理智健全的演讲者们会这样对待自己的听众？如果你正在努力吸引你潜在的客户，你会这样做吗？如果你正力图达成一笔生意，争取一笔融资，或者正在说服分析家们相信你的公司情况良好时，你会这样做吗？肯定不想。

上面提及的各种演讲，目标各个不一，但它们都有一个共同点：在上述任何一种演讲中，你都竭力想使听众接受你的请求，响应你的行动号召——无论这种行动是接受一个要约、签署一份合同、签出一张支票，还是更加勤奋和聪明为你地工作。而五宗罪则是达成你这一目标的绊脚石。

强有力的演讲

商业界的大多数人——包括那些非常成功的人士在内——都太忙于生活在他们自己的故事中，以致他们无法把注意力放在“讲述”他们的故事上。他们每天要工作12或14个小时——制定竞争战略、发布新产品、分析财务状况、制定营销计划、兼并、卖力推销，各式各样至关重要的商业细节充满了他们的每一天。无论生活、吃饭、睡觉、呼吸、做梦，他们都沉浸在各自的商业事务中。他们只看到了树木，却看不到森林。他们很少有机会或者感到有必要去迈出几个大步，使自己从具体的细节中抽身出来，去观照整体，然后富有吸引力地把它描述出来。

对大多数商界人士而言，当事态的发展迫使他们必须讲述自己的故事时，他们这样过多地涉及细节就往往会成为他们演讲成功的障碍。他们错误地认为，如果要想让听众理解某些问题，就得把所有的事情都讲给他们听。这就像别人问他时间，他却把如何做一面钟的全部细节都讲一遍一样愚蠢。

解决之道是显而易见的也是痛苦的——集中你的焦点，把麦穗与秸秆区分开来。只把听众需要知道的东西告诉他们。

说服：从A点到B点

作为社会性动物，我们发现自己几乎每天都得去说服别人。说服是生存的关键技巧之一。需要你去说服别人的场合也许不同，甚至相去甚远，每个场合都有其独特的挑战与机遇。

尽管如此，所有的这些陈辞都有一个共同点——无论是正式的演讲、发言、推销词、研讨会、法庭裁决前的辩论总结还是加油鼓劲的谈话，所有的这些交流都有一个共同点——把听众从他们在你开始演讲时所持的立场（我们称之为A点）带到你的目标（我们称之为B点）上去。而这一动态的转移过程就是说服。

认识到这一事实为我们学习说服的艺术提供了一个很好的起点。你的演讲很有趣，说得滔滔不绝，或者给人印象深刻？这很好。但是你发表演讲的主要目的并非为了获得这些赞誉。你的主要目的和唯一目的就是要把听众带到B点。这才是要害所在！如果你没有一个论点，那你就犯了五宗罪之一；如果这个论点（即B点）已经非常明显，这说明你已经吹响了你的行动号角。

让我们仔细考察一下要把一位听众从A点带到B点面临什么样的挑战吧。在心理学词汇中，A点是听众的出发点，具有强大稳定性，在这个点上，听众：

- **缺少信息**（uninformed）——他们对你以及你的业务知之甚少；
- **充满疑虑**（dubious）——他们怀疑你的业务并准备质疑你所说的一切；
- **充满抵触**（resistant）——这种情形最糟糕，听众处在一个与你的目标对立的位置上，并决意保持这种位置。

而你想让他们做的事情就是转移到我们所谓的B点去。B点的确切含义

（或者说实质内容）随着你要做的说服工作不同而不同。要到达B点，你必须想办法使缺少信息的听众在你的演讲中开始“理解”；使充满疑虑的听众在你的演讲中开始“信任”；使充满抵触的听众开始“行动”。事实上，“理解”、“信任”、“行动”并不是三个各不相干的目标。毕竟，你的听众只有首先“理解”你的故事并“相信”故事所传达的信息，才能以你所希望的方式“行动”。

当我为准备一个公司的IPO路演培训其高层管理人员时，他们准备面对的听众是各式各样的潜在投资者。这时，所谓的B点就是这样一个时刻：这些投资者愿意卖掉其所持有的英特尔或微软公司的股票并把这些宝贵的资产投资到一个初出茅庐、羽翼未丰的公司的股票上。

网络电器（Network Appliance）公司公开上市发行时的CEO丹·沃门豪文是以这样的开场白开始其IPO路演的：“名字中包含深意。什么是电器？（What's an appliance?）烤面包器就是一种电器，它只做一件事并且把这件事情做得很好——那就是烤面包。在网络上管理数据是一件非常复杂的事情。到目前为止，用来管理网络数据的都是那种能够做很多事情却什么也做不好的所谓仪器（device）。我们网络电器公司生产一种叫做文件服务器（File Server）的产品。文件服务器只做一件事情并且能够把这件事情做得很好——管理网络数据。”

如果丹就此打住，听他演讲的投资者们就已经能够很好地理解他的公司是做什么的了。但在我的辅导下，丹超越了这一层次，并加上了以下一段话：“当你面对网络数据爆炸性的增长形势时，你将发现：我们的文件服务器被定位成支撑这一增长的一个关键组成部分，网络电器公司被定位成一个成长型的公司。我们邀请您一同加入到其中来。”

最后这句话就是在呼吁行动。请注意，丹并没有要求这些投资者听众买他的股票。那样做太冒昧了，也没有必要——毕竟，这些听众职务头衔上都有“投资”这个词，他们就是做这一行的。但正是丹后来加上的那这句话使他有机会把听众从 A 点引领到 B 点。引领（lead）的同义词是掌控管理（manage），因此，在听众的下意识中，能够感受到的就是“有效管理”（Effective Management）了。

以终为始

可以说，B 点就是每一场演讲的标的（即演讲的基本目标）所在。要进行一场成功的演讲，唯一可靠的办法就是心中始终牢记自己的目标。

这是一个历史悠久的理念。亚里士多德将其称为目的论（teleology）：研究事物时，要时刻想到其用处或使命。今天，商业界的大师们也都推崇这一理念。在史蒂芬 · R. 柯维所著的《高效人士的七个习惯》一书中，就强调了从看得见的目标着手的重要性——亚里士多德的思想真是无所不在。

今天，很少有高层管理人员研究亚里士多德，但数以百万计的人读过柯维的书，还有无数的人曾经听朋友或同事谈论过柯维的思想。可惜的是，当我们做演讲时，“以终为始”(Starting with the Objects in Sight)这一至关重要的概念却还没有真正渗透到我们的思想中去。想想看，有多少次，你耐着性子听完整个演讲，却还是要自问:“他要说什么呀？”——这是我们前面所说的五宗罪之一。这里，所缺少的就是 B 点——对行动的召唤。

不幸的是，太多的演讲都缺少 B 点。

假设你是一个销售人员，如果你不劝说顾客，他们怎么能够下定决心来购买你的商品？假设你是一位公司经理，如果你不清楚地告诉你的手下你需要他们如何去做并明确地请求他们的帮助，你怎么能够得到你的团队对新业务的衷心支持？假设你是一个有抱负的青年工人，如果你不提出要求，你的经理怎么会给你加薪或提拔你呢？

这都是显而易见的事情？但令人惊讶的是，许多商界人士在沟通时都会忘记把注意力集中到B点上，这种事情真是太常见了。如果你能从开始说服时就非常清楚地把B点当作一个焦点，那么，你很有可能最终能够与你的听众一起到达那里。让我们呼吁听众的支持吧！让我们发出召唤听众行动的号角！让我们直截了当地说出我们的想法！让我们到达B点！

为听众着想

要想成功地吹响行动的号角，演讲者应把听众摆在与演讲者本身的目标同样重要的位置上予以关注。为了实现这一平衡，我自己发明了一个词："为听众着想"(Audience Advocacy)。要做到"为听众着想"，意味着你必须学会用听众的眼睛来看待你自己、你的公司、你的故事以及你的演讲。

> "为听众着想"意味着你必须学会用听众的眼睛来看待你自己、你的公司、你的故事以及你的演讲。

在辅导我的客户时，我会扮演潜在的投资者、目标客户或可能的合作者。在制作培训资料时，我会站在我的客户的角度来考虑问题。无论你要做什么样的演讲，我希望你也这样做——站在你的听众的立场上来看问题。这是思想上的一个大转变，实现这一转变需要知识，也需要不断的练习。

让我再次援引说服艺术的先驱者亚里士多德的话。在其经典著作《雄辩术》中，亚里士多德逐一定义了说服的关键因素，其中最重要的一个因素，他以当时的希腊语称之为"pathos"。"pathos"指说服者与听众的情感、欲求、希望、恐惧和爱建立联系的能力。今天，英语中很多单词都与古希腊这一词根"pathos"有联系，比如"empathy"(移情)，"sympathy"(同情)等。亚里士多德写道："当演说能够激起听众的感情时，劝说就能够进入听众的内心，得到他们的认可。当我们感觉到高兴与友好时做出的判断和我们感觉到痛苦与敌意时做出的判断是完全不同的。"

问题是：你该如何沟通才能使你的听众感到高兴、友好，并且准备在你的B点采取行动呢？我个人的经验以及我数以百计的客户的经验说明，最好的办法就是“为听众着想”。你演讲时说的每一句话、做的每一件事都必须为你的听众的需要服务。

这是一个简单的方法，但这无比重要。如果你能够以“为听众着想”指导你在准备演讲时的每一个决策，你的演讲将变得既简明扼要又有说服力。

把注意力从性能转移到好处上来

一个更全面地理解“为听众着想”的办法是遵循“区分性能与好处”的原则。这一原则也是广告业与销售业的金科玉律之一，这一原则是如此基本，以至于今天这些行业仍然把它奉为圭臬。无论何时需要你讲述一个故事，这一区分都具有至关重要的作用。事实上，当你把注意力放在“好处”(benefits)而不是“性能”(features)上时，你就大大增加了改变听众并使之支持你的事业的成功机率。

所谓“性能”就是关于你、你的公司、你所卖的产品或你所提倡的观念的一个事实或性质。相反，所谓“好处”就是这一事实或性质将如何帮助你的听众。当你进行说服时，仅仅展示你所推销的东西的“性能”永远是不够的。每一个“性能”都应该被解释和演绎成一个“好处”。因为，一个“性能”或许与听众的需求或兴趣无关，但一个“好处”，根据其本身的词义则永远与听众的需求或兴趣是相关的。没有“好处”，你就没有做到“为听众着想”。要让人们应你的要求采取行动，他们必须有一个行动的理由，并且是“他们的”理由，而不是“你的”理由。

> 要让人们应你的要求采取行动，他们必须有一个行动的理由，并且是“他们的”理由，而不是“你的”理由。

同样，这一原则可以用于你需要开展说服工作的任何一个场合。“性能”仅仅对说服者有意义，“好处”则对听众有意义。记住，要想说服别人，带上“好处”，无论何时、何地。

了解听众的需要

只有当你了解你的听众时，你才能够进行有说服力的演讲：他们对什么感兴趣，他们关注什么，他们遇到的问题是哪些，他们有哪些偏好，他们抱有何种梦想等等。这意味着你必须做“家庭作业”。比如，假如你在销售部门工作，花时间了解你的顾客就至关重要：他们为什么要使用你的产品？如何使用你的产品？他们的财政约束是什么？对顾客而言，产品的替代品是什么？你的产品在实现顾客的个人目标或职业目标时有何助益？等等。并且，你不但要把他们当作你的目标市场或客户公司的代表来了解，更重要的是把他们当作活生生的人来了解。令他们最头疼、最害怕、最担忧、最受鼓舞、最需要、最热爱、最痛恨的东西是什么？你的产品或服务如何为他们服务？

通常，你的兴趣与听众的兴趣注定南辕北辙，这就存在冲突与受挫的可能。你可能非常希望得到加薪、利润可观的销售合同或者维持业务运转的关键贷款或投资。不可避免地，你的听众则各自有着与你不同的动机和问题要考虑。说服的艺术用“为听众着想”来平衡这一分歧——使你的听众确信你所要的也符合他们的利益。

络明网络公司是硅谷的一家私人公司，它提供光纤以太网解决方案，从而使得各大电信运营商能够在一个平台上同时提供互联网服务、互动型与直播型的图像与声音服务。它的CEO阿列克斯·纳维奇尽管是该行业的行家里手，却常常发现电信运营商们是一群非常挑剔的买家。然而，阿列克斯现在已经学会如何辨认、理解和回应这些听众的兴趣与感受。他解释说：

> 我们的新技术使得电信运营商能够前所未有地以更经济的成本更好地提供互联网服务。我们原以为一个无论对哪个电信运营

公司的经理来说，使用络明网络公司的技术是根本不要用大脑的问题。

不幸的是，我们并没有站在我们的听众的角度来考虑问题。我想举一个具体的例子：我们的一个潜在客户，一家有着悠久历史并在业界有着重大影响的大型电信运营商。许多有权决定是否购买我们的服务的经理已经为这家公司服务20多年了，这批人很保守并且有点害怕新技术及其带来的不确定性——而这两点正是络明网络所代表的。

刚开始的时候我们并不知道该如何与这类听众打交道。我们去了，骄傲地介绍我们的技术，把它们称之为“新世纪伟大转变的典范”。我们大力宣扬它们的优点，给人的感觉好像不用它就是一个大傻瓜。

回过头看，很容易发现我们的错误。我们这样做反而疏远了我们急需争取的人。难怪他们不想买我们的东西。

我们花了很长一段时间才学会把我们的演讲变得更亲切一些。我们不再把我们的技术描述成“伟大的转变”，而是当前技术自然演进的结果。我们也学会了如何传递信息：“你们不是傻瓜。你们现在使用的技术对它所在的时代来说是非常好的。但是，现在世界改变了，络明网络已经准备了您与您的顾客需要的下一代技术。”你可以想像，采用这种方式后我们的销售业绩有了巨大的改善。

有意思的是：作为工程师，我们倾向于把卖出我们的故事的挑战当作是一种毫无生气的、逻辑化的合同要约，而忘记了人的因素。要传递出去的信息本应该经过仔细琢磨，以突出强调那些人的动机。我们忘记了我们是在把产品卖给活生生的人！

赢得“Aha！”时刻

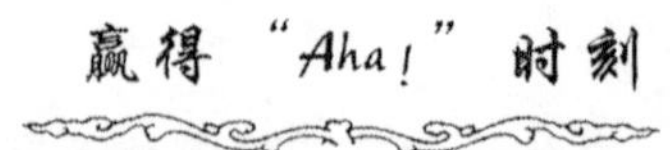

让我们回顾一下到目前为止我们讨论过的内容：

如果故事过于复杂，演讲缺乏内在逻辑，听众不堪重负或者演讲者未能与听众建立一个清楚的连接关系，演讲就会失败，MEGO症候就会出现。结果，业务就没法进行了：投资泡汤了，交易无法达成，销售不会发生。

你的目标当然是相反的：要让你的听众——无论是暗示性的也好还是直截了当地也好——问你："要我在哪里签字？"这就是说服的本质。

说服的艺术就是把你的听众从A点—— 一个缺乏了解、无动于衷甚至充满敌意的立场上——带向你的目标，在引领他们经历一连串的"Aha!"时刻之后，到达B点—— 一个他们愿意作为你的投资人、顾客、合作伙伴或拥护者来采取行动，"根据你的节拍起舞"的立场上。

只有当你遵循"为听众着想"的原则——在"你的"演讲中把"他们的"需要放在心中——时，你的听众才有可能会沿着这一路线前进。实践"为听众着想"原则的一个基本做法是；展示"好处"而不是"性能"。

很少有沟通者能够从头到尾都赢得"Aha!"时刻，获得十足的赞同。但只要你愿意，运用本书中提出的"强力演讲"技巧，你就能够获得比一般情况下更多的赞同和更多的"Aha!"时刻。

第2章
WIIFY 的力量

公司案例：
- ◆ 涧中树（Brooktree）公司
- ◆ Netflix 公司
- ◆ 络明网络公司

这对你有什么好处(WIIFY)?

要做到“一切为听众着想”，一个关键要素（或者说，把注意焦点放在“好处”而非“性能”上的方法之一），是要不断地问这样一个关键问题——这对“你”有什么好处？这个问题来源于一个更为常见的口头禅：“这对我有什么好处？”，但我特意把最关键的一个词改成了“你”，为的是把关注的焦点从你转变为你的听众。这一改变强调，对于所有的交流者来说，应把其最终需要的焦点指向外面，指向他们的听众（也就是所谓的“你”）的需要，而不是他们自己（也就是所谓的“我”）的需要。这是“一切为听众着想”在行动时的本质。

通常，我用缩略语“WIIFY”（What's In It For You？，发音为“威惠”(whiffy)）来指代这一关键问题。无论你要说服别人做什么，只要不断地追问WIIFY，就能确保把演讲的焦点放在最重要的事情上——带领你的听众从A点移动到B点，因为你已经给予了他们一个非常充足的理由来完成这一移动。

在进行说服工作时，WIIFY就是特定听众的利益所在。对某一项具体的说服工作来说，通常都会有一个处于中心位置并且贯穿始终的大WIIFY，你应该用这个WIIFY来统领整个演讲。

例如，当一个创业公司的CEO及其管理团队针对潜在的投资者发起一场IPO路演时，这个WIIFY就是：“如果投资我们公司，您可以从这一投资上享受到丰厚的回报！”

再如，当一个公司的猎头顾问向一位备受追捧的年轻职业经理人发出聘用邀约时，这个WIIFY就是：“如果您加盟我们公司，您将开始一段前途无量的职业生涯，享受高额薪酬，接受充满魅力的挑战，并且有一天可能会成为这个公司的总裁！”

当一位营销顾问公司的合伙人向一家财富500强公司的首席运营官（COO）提交一份新的业务提案时，这个WIIFY就是：“如果您聘请我们，我们提供的专业服务会改善你们的业绩，增加你们的市场份额，大幅提高你们的利润，而您个人的股票期权价值将翻上一番！”

扣动WIIFY扳机

除了这些巨大的WIIFY之外，通常还存在许多小的（或者说具体）但同样重要的听众利益，这些小的WIIFY将为你的演讲的每一个组成部分赋予意义。事实上，在进行说服时，你的演讲的每一个组成部分都应该清楚地与一个WIIFY联系起来。

在我的培训项目中，我会使用六组短语，我称之为“WIIFY扳机”（WIIFY trigger）①。我设计这些短语的目的是为了提醒演讲者：一定要把演讲的每一个组成部分与一个清晰的听众利益（或者说，一个WIIFY）联系起来。在帮助我的客户准备演讲时，我们一般会一起把演讲最后过几遍，当我听到一个思想、事实或者故事没有清楚的听众利益与之相联系时，我会打断演讲者并扣动一个“WIIFY扳机”：

1.“这之所以对你很重要是因为……？”（由演讲者来填补空白）
2.“这对你意味着什么？”（由演讲者来解释）
3.“我为什么要告诉你这个？”（由演讲者来解释）
4.“谁在乎这个？”（“你不得不在乎，因为……”）
5.“那又怎么样？”（“那就会……”）

① Trigger：扳机，启动装置，（做某事的）引子或刺激物。WIIFY trigger可理解为“引出WIIFY的引子、刺激物”，为了比较形象，这里译为“WIIFY扳机”，译者注。

6．“然后呢？”（“然后，你将得到一个好处（WIIFY）……”）

你必须了解这些“WIIFY扳机”。下一次在你准备演讲时，请向你自己扣动这些“WIIFY扳机”，让它们提醒你把每一个组成部分与一个WIIFY联系起来（你可能会希望把附录B中的单子抄下来钉在墙上以不断地提示你）。当你作为一个团队的成员，为一次重要演讲做准备工作时，请向你的同事们扣动这些“WIIFY扳机”，提示他们回答出听众的利益所在。当你一而再、再而三地扣动这些“WIIFY扳机”的时候，你可能会遭受到一两个白眼，但最终，演讲的质量将得到提升，你会觉得所有的这一切都是值得的。

不断将你的想法转化成WIIFY并阐释出来有多重要？还是让我们举个例子来说明吧。吉姆·比克斯比是涧中树（Brooktree）公司的CEO。涧中树是一家生产和销售为电子设备制造商定制的集成电路的公司（现在该公司已经成为Conexant系统公司的一部分）。在准备涧中树公司的IPO时，吉姆与我一起彩排了他的路演。我扮演Fidelity公司的一位资本经理的角色，负责考察是否把我们的共同基金投向涧中树。在吉姆的演说讲到产品部分时，他拿起一本又大又厚的手册说：“这是我们的产品目录。在这个行业中，没有一家公司像我们一样，在产品目录中有这么多的产品。”

吉姆放下那本目录，开始准备继续谈论下一个主题。这时，我举起手，扣动了一个“WIIFY扳机”。“等一下！”我说，“你说你有最大的产品目录。但我为什么要关心你的产品目录有多厚呢？”

吉姆想了一会儿，又拿起那本目录，回答说：“由于我们的产品线很长，所以我们能够避免现金流受到周期性市场波动的影响。”

我为吉姆的这一回答亮起了绿灯。这是公司财务稳健的一个至关重要的因素，但若是吉姆忘记问问自己：“这里的WIIFY是什么？”，那么，听众可能就想不到

> 要不停地寻找并阐述你的WIIFY！

这一点。所以，要不停地寻找并阐述你的 WIIFY！

无论在什么演讲中，当你提到你自己或者你的公司、你的故事或者你提供的产品或服务时，请停下来问问你自己："WIIFY 在哪里？我的听众可以从中得到什么好处？"如果你找不到，那么，这些内容可能是只有你和你的同事才感兴趣的细枝末节（一个"性能"），但对于你的听众，这些内容却无关紧要。如果你能找到一个好处，那么，一定要解释清楚，并准确地予以阐发，着重予以说明，就像我扣动"WIIFY 扳机"时吉姆所做的那样。

说到这里，你可能想提出异议："等一等！我的听众又不是傻子。我提到的所有好处他们自己也应该能够想到。我要是一五一十地指出来，不会让他们感到自己的智力受到了侮辱吗？"

这可不一定。记得前面提到的"五宗罪"吗？其中之一就是缺少清楚的好处。关于"一切为听众着想"，一个基本事实是:今天大多数商务人士已经被太多的信息、使命和责任搅得头昏脑胀。当你做演讲时，你也许能够使你的听众不分神——但这很难讲。也许从你所说的"性能"联想到其中潜藏的利益只需要花费几秒钟时间，但当听众意识到这一点时，你可能已经开始讲下一个要点了，因此，他们极有可能没有时间吸收对这一好处（或者是你的下一个要点）的理解。你的听众将无法跟上你，甚至从此一直跟不上你的演讲了。

通过阐释 WIIFY，你就获得一个机会。尽管你的听众都具有卓越的才能，能够发现对他们有利的 WIIFY，但当你直接为他们指出来时，你就能够引领他们得出结论——你的 B 点。这样，你就能掌控他们的思想，从而说服他们，在他们心目中为你的故事、你的演讲以及你个人注入信心。此外，你还做到了另外一件事情。在你开始陈述 WIIFY 之前，你的听众也许自己就已经进入"Aha!"时刻了。但当你直接把 WIIFY 说出来的时候，你将赢得他们的赞许。他们将点头致意，心里暗想："这个当然了！可我从来没有听到谁能够如此准确而清晰地把它表述出来过！"听众的下意识在说:"这个家伙知道自己该说什么，能够进行有效管理！”

这就是“性能／好处”之间的巨大差异所在！在向潜在投资者演说时，一个CEO可能这样解释一个领先产品的优异性能：“我们已经生产出一个更好的捕鼠夹”。但投资者关心的并不是这个捕鼠夹的品质本身，而是市场规模。一个演讲有说服力的CEO会立即转向给投资者带来的利益：“……因此，整个世界都会冲到我们的门前来抢购这一产品。这个捕鼠夹具有广阔的市场。”只要你有一个正确的WIIFY，你就一定会赢！

事实上，WIIFY的力量甚至可应用到我们的日常生活中。请看这个例子：

迪比经营着一个很小但不断成长的伙食供应生意。过去，她尽量设法避免在周末工作，她基本做到了。对此，她的丈夫里奇非常满意。但是，现在她接到一个她“无法拒绝”的业务——为地方艺术博物馆的一系列接待工作提供伙食，而这项业务将使得她在整个秋季和冬季的周末都要忙个不停。这项业务很赚钱，同时也很有品牌宣传效果，但迪比必须说服里奇支持她完成这项艰巨的任务。一天晚饭后，迪比伶牙俐齿地描绘了为这些接待活动提供伙食将会给公司带来的美好前景，但她没有告诉里奇：他将从中得到什么好处。

要想赢得里奇的支持，迪比应该这么说：“这个合同将把我明年在伙食供应业务上的利润提高50%以上。这样，明年夏天我就有足够的钱雇用一个经理助理让他帮我打理三个星期的业务。我们就能去你一直想去的欧洲旅游了！”

在这个例子中，迪比不仅要重构其想法从而清楚地展示出一个WIIFY，而且应该制定计划使里奇也获得确定的个人利益。精心准备WIIFY有一个好处：如果你在此之前未能把你的提议构造成一个真正的双赢交易，从而使大家都能从中得益的话，那么，陈述WIIFY之后，你将不得不这样做。这样，改善演讲的努力也能成为改善演讲的事实依据的动力。

> 有一句古老的箴言说：“贫穷或富有都是没有止境的”。我还要加上一句：“提供WIIFY也一样。”

有一句古老的箴言说：“贫穷或富有都是没

有止境的”。我还要加上一句：“提供WIIFY也一样。”

错误理解“你”的危险

关于WIIFY原理，显而易见的一个事实是：错误理解“你”的危险成为绊倒诸多商业人士的一块大石头。让我来举例说明：

我的一位客户（我们姑且称他为迈克）是一家牙科器械公司的CEO。这家公司的产品具有出类拔萃的品质和精确性，是做牙龈手术的最好工具。迈克原先是另一家牙科器械公司的高级销售人员。现在，作为一名CEO，迈克准备带领他的公司公开上市。如同往常一样，我扮演一位手握大权的Fidelity基金经理，与迈克一起做IPO路演的彩排，并对他进行辅导。

迈克口若悬河地阐述其公司的优势，并集中突出其公司产品的高品质。作为一个例子，他以公司新开发的一种牙科仪器为例，列举了其众多的独特性能。迈克拿起一件仪器实物，看着我，说：“有了这个工具，你能够更好地做牙龈槽手术，速度更快，痛楚更少。”

我打断了他。“不错，”我说：“但是，我只是一名投资者，我并不需要做牙龈槽手术！”

“哦，对！”迈克说。他笑了，默想了一会儿，然后又拿起那件仪器，说：“因此，你可以看到，全国各地数以万计的牙医和全世界数以百万计的牙医，他们需要更好的牙龈槽手术器械，他们喜欢我们的这种产品，他们将毫不犹豫地从我们手里购买这种产品！”

好！现在，这才是正确的“你”！

你看，迈克的问题在于：在构造WIIFY时，他看不到自己的听众——“这对你有什么好处”的问题中的那个“你”——是谁。相反，他设计了一个指向其产品终端客户——牙医（这也是他以前的销售对象）——的

WIIFY。要想为他现在的听众——投资者——构建出一个有吸引力的诉求，迈克就必须小心地把注意的焦点放在他们所关心的利益上，而这一利益与其生产的仪器的市场大小密切相关。

你能够远离错误的“你”吗？你的听众能够把第三方的利益“翻译”成对他们有意义的语言吗？他们当然能。但是这样的话，他们需要几秒钟的时间来替换概念，以使他们的想法符合正确的“你”的评价角度。在这期间，他们可能听不到你后面讲的话，并且需要动一点脑筋。

别让他们费神！ (Don't make them think!)

请把这些话作为推行“一切为听众着想”原则的指导方针。让你的听众容易跟上你，听众才可能跟随你的引领。

让你的听众容易跟上你，听众才可能跟随你的引领。

那么，是否可以假设听众自己能够实现意识上的飞跃，把WIIFY翻译成对他们有意义的语言？拿迈克的例子来说，即使是这样，他还是会失去一个掌控其听众的思想到达B点的绝好机会。

令人吃惊的是，错误的“你”的问题是一个非常普遍的问题。我们商业界的许多人都必须把我们以及我们的故事推销给成分复杂的多个听众群体，每个群体都有各自的偏好、目标、倾向、兴趣和需要。我们很容易看不到今天的听众而大讲特讲其他听众群体的WIIFY。

下面是另一个关于错误的“你”的例子。

里德·哈斯丁是Netflix公司——2002年春公开上市的一个在线DVD发行公司——的CEO。我与里德共事的经历可追溯到1996年，当时他领导着另外一家叫做Pure/Atria软件的公司。那时，正如对所有的客户那样，我教导里德：要了解对正确的“你”演讲的微妙而重要的区别。因此，当里德把他为Netflix路演起草的草稿email过来时，我发现其演讲中最早的一张描述其核心业务的幻灯片是这样的（如图2.1所示）。

每月20元　租所欲租

- 永不过期
- 60万订户
- 无限DVD片源
- 不交延期罚金
- 精制每张DVD
- 美国邮政配送

图2.1　Netflix业务描述幻灯片，第一稿

当里德来参加辅导研讨班时，我像往常一样扮演一个参与Netflix股票竞价的潜在投资者。我说："里德，这场演讲让我确实非常渴望成为Netflix的忠实订户。但是，你今天来这里不是来劝我成为订户的。那是你的销售人员要做的事情。"

在计算机上，我修改了里德的幻灯片，如图2.2所示。

突然间，文本的整个框架从Netflix对消费者的吸引力转变为Netflix巨大的市场机遇——对于里德的投资者听众来说，这是一个重要得多的考虑因素。

里德爽朗地笑了，说："我们何不说'千万影迷'呢？"

"太棒了！"我赞叹道。"我们何不说'千万影迷（仅美国）'呢？"

里德接受了这一修改，修改了其演讲，然后开始IPO路演。一个月后，当Netflix上市时，他们发行了550万股。他们收到的认购书则高达5000万股——超额认购达10倍之多。

确实，依靠自己的判断，投资者听众可以推断出"租所欲租"意味着Netflix的潜在消费者有数百万之多，不过这意味着他们要自己做所有的推导工作。而通过为听众提供逻辑线索思路，里德可以诱导听众更轻松、更直接地得出"自已的"结论，从而建立起了投资者的信心。里德抓住了他的机会！

对WIIFY中的"你"永远不要想当然！你一定要考虑清楚谁是你的听众、他们想要的是什么。如果你的WIIFY是为错误的耳朵所设计的，那么它注定会失败而且会失败得很难看。

还要记住这一点：错误的"你"的危害也提醒你：要抵制把演讲做成一个

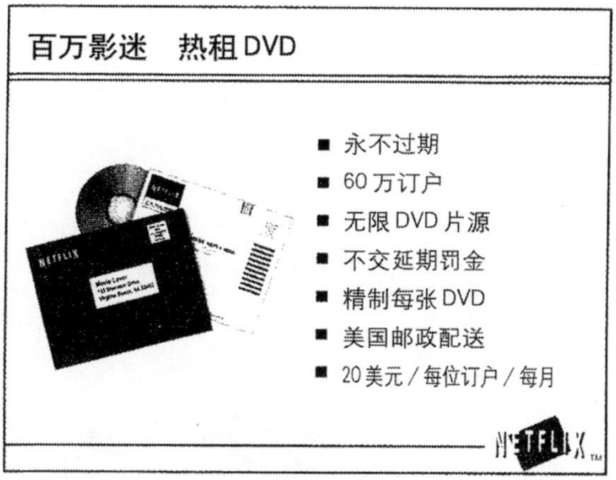

关于你、你的公司、你的产品的“万能”演讲的诱惑。“万能”演讲通常又被称为“公司推销”，它假设同样一个演讲只要略加修改或不加修改就可以用于不同的听众群。同样一个故事，对你的员工来说，可能是一种激励和鼓舞；对你的消费者来说，可能令人厌烦；而对你的供应商来说，则可能令他们感到疏远甚至是愤怒。同样一个故事，对从事技术工作的消费者来说，具有说服他们购买你的产品的作用，而对潜在的投资者来说，可能只能使他们困惑。

百万影迷　热租DVD

- 永不过期
- 60万订户
- 无限DVD片源
- 不交延期罚金
- 精制每张DVD
- 美国邮政配送
- 20美元/每位订户/每月

图2.2　Netflix业务描述幻灯片，第二稿

对于这一点，有一个非常好的例子。主人公是来自络明网络的CEO亚力克斯·纳克维，我们在前面也提到过他。络明网络公司创业于1998年，后来计划上市，但考虑到2001年不景气的市场形势，亚力克斯及其团队决定不公开路演而是采用私募方式来获取额外的融资。

在向投资者演讲以前，我们还努力调查了他们的专业背景。如果他们来自技术行业或曾经为某个行内公司工作过，我要讲的故事就会有变化，我将使用他们能听得懂的技术行话。但如果投资者主要是投资银行家，我就要用不同的方式解释我们的业务。关键在于：要让每一位听众都能与我所谈论的内容建立联系。

我们总共做了大约60场演讲。在那样严酷的环境下，金融市场一片萧条。但最后，演讲帮助我们筹集到我们所需的资金——8000万美元。当我告诉别人时，他们不相信在那样严酷的市场环境下我们能取得如此好的成绩。

第 3 章

获取创造力:脑力激荡的扩展性艺术

堆砌数据

我们知道，要起草一个出色的演讲，一个关键的因素是：编好你的故事——这是最基本的前提。尽管，富有魅力的嗓音、恰到好处的姿势以及回答挑衅性提问的技巧都是成功演讲的重要因素，但若你缺少一个清楚的、能够按照你的希望引领你的听众到达B点的故事，这些努力都将白费。

编制你的演讲，首先应从创作你的故事开始。而这正是传统的演讲编创方法犯下第一个错误的地方。

记得所谓的MEGO（Mine Eyes Glaze Over）症候吗？当一个演讲毫无目的、毫无条理、毫无逻辑地把太多的事实抛给听众时，听众就会“目光凝滞，神游太虚”，出现所谓MEGO症候。出现这种情况时，整个演讲已经蜕变成了一个数据垃圾堆——演讲者毫无章法地把他知道的与演讲题目有关的所有知识一股脑地倾倒了出来。

太多的商界人士为一个错误的假设观念所累：要让听众理解一件事情，就必须把所有的情况都告诉他们——“要告诉某人时间，就要告诉他怎样做一个闹钟”。其结果，他们做的大量演讲除了成为一个个数据垃圾堆之外，什么都不是。

“让我们把市场增长的统计数字告诉他们。然后再把最近的两个顾客满意度调查报告给他们看。还有，把我们新产品发布会后的报纸头版新闻的摘录发给他们。让他们看看我们高层管理团队的辉煌简历。哦，对了，还要加上财务数据，越多越好！”我把这叫做“弗兰克斯坦演讲法”[①]，他们是在把不属于一个身体的器官瞎凑一气。

①弗兰克斯坦，英国作家Mary Wollstonecraft Shelley于1818年所著的小说中创造的一个生物学家，他用各种动物的肢体、器官拼凑出一个人形怪物，最后自己被它毁灭，译者注。

这些数据垃圾堆的听众真是不幸的牺牲品。但要记住，有时候牺牲品也会反抗。“那么，你要说的是？”“那又怎么样！”——饱受废话和无意义的幻灯片的包围与折磨的听众往往会愤怒地打断演讲者，就是最常见不过的一种反抗。这些打断与其说是没有礼貌的表现，不如说是一种自我保护的表现。套用脍炙人口的一句台词：“亲爱的布鲁托，错的不是我们的星球，而是我们自己。”

无论面对什么样的听众，我希望你都不要把你的演讲当作一个数据垃圾堆。但是要想演讲成功，堆砌数据又是一件至关重要的事情。秘诀在于：应该把堆砌数据当作准备演讲的一个必要步骤，而不是演讲本身。请把它当作幕后工作而不是演出本身。(希腊单词“obscene”原本用来指在舞台下或幕布后进行的、不宜于公开表演的戏剧场面，比如谋杀等。在这里，你也可以把堆砌数据当作古语中的“obscene”。)

> 秘诀在于：应该把堆砌数据当作准备演讲的一个必要步骤，而不是演讲本身。

你需要的是一个经过实践验证的系统来把你堆砌的大量数据融合到你创作的故事中去。脑力激荡法(brainstorming)就是解决这个问题的钥匙。它是一种鼓励自由联想、创造性、突发奇想与开放性的方法，它帮助你考虑与你的演讲可能有关联（也可能没有关联）的所有信息。然后，你可以通过对这些原材料的整理、选择、增删和组织，构建出一个联结A点和B点、逻辑清楚、引人入胜的流畅结构。因此，作为开端，我们首先要做的不是从逻辑上去检验原材料，而是想办法把它们都摊到桌面上来，这样，我们才能对它们进行检验、评估和整理。记住，*在组织材料以前要先提炼材料：在确定结构之前先聚焦于目标。*

> 在组织材料以前要先提炼材料：在理顺结构之前先聚焦于目标。

学习这种方法，重要的是要周到地考虑如何在编制演讲的创造性工作中运用学到的各种不同方法与技巧。这些想法是我在传媒业工作时与其他专业的创作人员共同总结的经验结晶。

左脑 VS 右脑

人类大脑中的不同区域如何主导不同的思维功能？长久以来，这一直是令科学家们着迷的一个问题。大多数高级脑活动发生在大脑。大脑可分为左半球和右半球。大多数科学家认为，大脑的左右两个半球各负责不同形式的推理活动。左脑控制逻辑功能，它与结构、形式、次序、排列和顺序有关，并倾向于以一种线性的、一次处理一件事情的方式运作。右脑控制创造性功能，它与思想概念有关，其运作方式本质上是非线性的。右脑会根据一种无法以逻辑解释的联结方式在各种想法之间跳跃。

演讲创作是一个创造性的过程。这意味着必须从运用右脑开始。

问题是，大多数演讲者在创作其故事时，倾向于用左脑的方式来处理这样一个应该用右脑处理的过程。当他们的右脑还在以非线性的方式跳跃的时候，他们却企图直接跳到一个逻辑化的、结构化的、线性的最终产品上。

为什么呢？因为从本质上说，商人是结果导向而不是过程导向的人。但是，我敢担保，如同大多数商界人士一样，你在处理像长期战略、产品设计或解决方案等诸多关键性事务时，你大体上也是采取过程导向的。但似乎足限于这些为内部会议做的准备工作（“幕后工作”）。

而当遇到需要在特定期限内向某一关键客户做演讲等结果导向性的任务（“舞台工作”）时，你却希望走两点之间最短的直线。但这是一个耗时甚长的办法，可能耽误任务的完成。因为如果这个办法（用左脑来理清次序）效果不显著（造成了数据堆砌），而右脑却不断地按照它自己的意愿在运转（自由联结各种想法），你将不得不在看起来很短的两点之间循环反复。最后，你将疲惫不堪而任务却难以完成。

> 让右脑先完成其意识流性质的工作，再运用左脑来赋予其结构。

解决之道在于时间的运用。这不是说要增加时间，而是要正确地使用时间。应该按照正确的顺序来做事：让右脑先完成其意识流性质的工作，再运用左脑来赋予其结构。确定结构前先聚焦于目标(Focus Before Flow)。

口头语言是说明左脑和右脑存在着迥然不同的功能的一个鲜活例子。口头语言的自发性、语法与句式的混乱性以及经常出现的逻辑跳跃性正是右脑运行方式的反映。

让我以时任得克萨斯州州长的乔治·W.布什与时为副总统的艾尔·戈尔的总统辩论电视直播中的一个片段为例加以说明。辩论采取的是市政厅辩论模式，发生在2000年10月17日，由PBS电视台的主持人吉姆·列文充当仲裁人。每个候选人各有一次机会分别回答普通公民提出的问题。布什州长回答了如下问题：“我是一个属于中产阶级的公民，我没有抚养负担，今年34岁，现独身。请问：您的税收提案对于像我这样的人会有什么影响？”

布什是这样回答的：

> 在我的计划下，你将获得税负减免。这个计划不是专门针对你一个人的，所有的纳税人都会减轻负担。如果你家中还有一位老人需要照顾的话，你个人获得的税收减免就更多了。
>
> 我想，你要考虑的不是眼前，但还有医疗保险呢！现在，这个计划将包括处方药，这个计划将给你选择的权力。这里，我希望人们能理解，医疗保险在今天，是——是——是很重要的。但是它并没有包括新药。如果你是一个医保人员，若只使用医保，你就不能够采用新的医疗手段。在时机上，你就要走弯路，在很多时候都是这样的。因此，应该有一个现代的医疗保险体系来为你提供多种选择。

你将生活在一个和平世界中。世界将充满和平，我们将在强大的军事基础上，推行更加清楚——清楚可见的外交政策，我们将有一个新的使命，这个使命要求我们与我们的朋友站在一起，而不是要我们为所有人做所有事情。明智地使用军事力量将有助于维持和平。

你将身处一个更加有希望的世界之中，有更多人会受教育，这样你在社区中受伤害的机会就少了。要知道，一个受过教育的孩子可能会更加充满希望也更乐观。你将生活的这个世界是很——按照我的人生观，也就是说，要更加努力地工作——你工作越努力，你得到越多。这，就是美国方式。

政府的手不应该伸得太长，管得太宽。联邦政府就应该这样对待你这样的公民。应该成为你的帮手。而我前面所讲的税收减免计划也将成为一个这样的好助手！”

你肯定还记得最初的问题是：候选人提出的税收计划会对一个 34 岁的、没有家庭负担的单身中产阶级造成什么样的影响。

布什州长（当然，他很快成了布什总统）从头到尾都在绕来绕去，根本没有有针对性地谈到他的税收计划会如何影响一个 34 岁的单身公民——绕圈子绕到最后，他只说了一句：“在我的计划下，你将获得税收减免，”而没有说明要减什么，减到什么程度。

布什州长一上来就说，需要抚养老人的人可以获得更大额度的税收减免，但他忘记了或者根本不管提问的人曾特别指出她没有抚养负担。

接着，他跳到了医疗保险（对一个34岁的人来说，这个话题在目前和她并没有多大的利害关系）。然后，他扯得更远了，侃起了世界和平、军事政策、教育，最后又扯到了工作哲学。

说了六个主题后，在他的最后一句话里，或许是想起了最初人家问的是税收问题，布什州长终于提了一下“我前面所讲的税收减免计划”，却忘记了他从来没有阐述过什么税收计划的这一事实。

我并不是故意要给乔治·W.布什“挑刺”。我们一些最具效率的政治领导人也有说话爱东拉西扯的名声（德怀特·D. 艾森豪威尔总统就是一个）。并且,说话利落而富于逻辑性也不意味着演讲者就具备政治家素养或政治智慧。每个人都有不同的政治观点和个人口味，因此，不同的人对布什的讲话风格会有不同的看法，你可能会觉得他令人讨厌，或者可能觉得他很搞笑，也有可能认为他清新、爽直。

但我要表达的是一个更一般化的观点。一段口语即使被抄录并打印出来，读起来也绝对不像一篇经过精心起草的文章。以我个人为例，我最近录下了自己给一个项目客户做的发言。发言使用的是二十五年来我一直使用的同一材料。当我看到录音记录时，我的用词之不规范令我大吃了一惊。其中的原因就在于：口头语言是右脑控制的。它并不怎么关心逻辑、语法或句式的规则，也不关心连贯性，它只是随意所至，脱口而出。

相反，书面语言的产生则倾向于由左脑控制。当人们坐下来写信、备忘录或者是报告的时候,大多数人脑海里已经预先充满了左脑的功能——逻辑、语法、拼写和标点符号等等。你的大脑不再从一个想法蹦到另一个想法，而是在名称、解释、代词以及清楚或不那么清楚的概念之间缓缓而行，它们一个要点接一个要点地依次而行,并不辞辛劳地对其句式和逻辑进行自我更正。

这就使得一份文件具有技术上的正确性。它不会出现像布什回答中“你将生活的这个世界是很——按照我的人生观，也就是说，要更加努力地工作——你工作越努力，你得到越多”那样支离破碎的句子，也不会出现像“这里，我希望人们能理解，医疗保险在今天，是——是——是很重要的”那样重复罗嗦的句子。

但是，因为受左脑控制时，写作者把注意力放在逻辑规则与语法规则等上面，思想的自然流畅却受到了阻滞。因而，几乎无法避免地，写作者会忽略一些必要的想法，而把一些不必要的内容、过于详尽的内容或者无关的内容包括进去。

你自己很可能也是这样撰写书面文件的：冷静地坐在你的键盘前，敲打出一份备忘录或信件，在撰写的同时飞快地对它进行风格与内容上的“编辑”。若是如此，你可能会有这样一种经验：等你后来再看这份备忘录或信件时，你会发现你完全忘记提及一个重要的事实或观点，又或是你写进了一个完全无关的细节。这就是左脑占主导地位的自然副产品。

> 要正确地工作就要使用正确的工具。

在编制演讲时，若你从一开始就按照左脑那一套，把逻辑、次序、语法和词汇的选择（或者还有幻灯片的颜色、风格和设计）等等都考虑进去的话，你就不会有效率。起草演讲是一项创造性的工作，它必须从创造性的资源开始，而这些资源只有右脑才能提供。要正确地工作就要使用正确的工具。

因此，应让你的大脑按照其自然的行事方式来开始故事的编创工作——跟着你的意识流走，在脑力激荡中获取成果。

管理脑力激荡：框架性构造

当你开始着手为一个极其重要的客户准备一个极其重要的演讲时，你的准备活动该从什么地方开始呢？是不是应该从决定演讲时的穿着开始？还是应该先确定演讲当天的其他活动安排？我不这么认为。穿着和日程安排确实与演讲有关，但这种关联只是边缘性的。你不应该把它们也包括到脑力激荡中去。

在你开始脑力激荡的程序前，你首先必须穿透边缘性联系的干扰，收紧你的注意力焦点。要做到这一点，请用我称之为“框架性构造”(the Framework Form) 的工具来开始工作。

让我们把你的演讲想像成一块带框的空白画布。这就是你进行脑力激荡的地方。要收紧你的注意力焦点，你需要设定演讲的外部边界与参数。它们包括以下要素：

B点

既然大多数演讲缺少一个清晰的论点（五宗罪中的第一宗罪），为什么不从它开始呢？换句话说，从一开始就要眼里有目标，并以之作为工作的方向。再说一次，这条规则融合了亚里士多德和史蒂芬 · 柯维的智慧。

听众

现在，你应该已了解了“为听众着想”的重要意义，你必须分析你的目标听众，知道什么是他们已经知道的、什么是你应该让他们知道的，以便使他们理解、相信你并按照你的要求行动。你可以从以下三个角度来分析你的听众：

- **身份**。听众中将包括哪些人？他们的身份、角色是什么？

- **知识水平**。记住，五宗罪之一就是过于细节化。除非你了解你的听众并准备用他们能够理解的语言与他们沟通，否则你就不是一个为听众着想的人。因此，在你准备的过程中花些时间分析你的听众，并估计一下什么是他们知道的，以及什么是他们不知道的，这是非常重要的。

为了给你一个评价听众的知识水平的工具，我开发了一个简单的表格，叫做“理解力图”(Comprehension Graph)。我用纵轴来衡量知识，0表示一点不具备演讲的背景知识,无限大表示听众具备通常只有演讲者才具备的知识。横轴用来衡量听众中达到某一知识水平的人数。

在使用该表时，用点标志出听众中达到不同知识水平那一小群人的数量。由此，若一场关于高科技新产品的演讲中，只有少数工程师和其他专家具备相关知识，而相当多的听众对这一领域的知识知道得较少，那么，该演讲的听众理解力图将如图3.1所示。

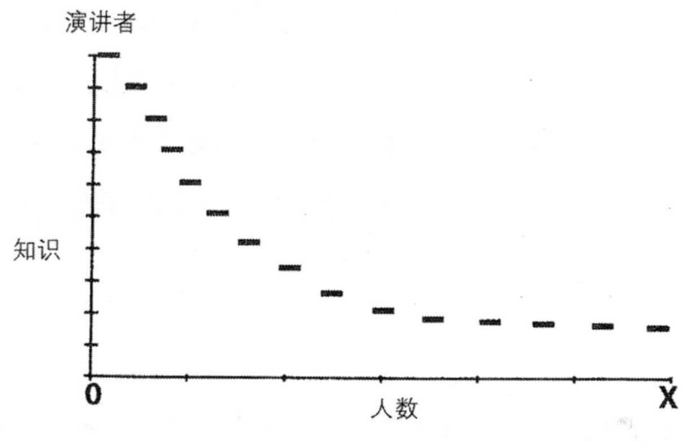

图3.1 理解力图

无论是准备材料还是在演讲中阐述材料,你都应该把理解力图画出的特定曲线牢记在心。如果只有极少的几个听众达到了你所具备的技术知识与行业知识的水准（这是常事），深一些的内容你就不能讲得太多了。你需要付出艰巨的努力来把技术性的信息用每个人都懂的语言、范例和类比“翻译”出来。

如果不得不使用技术术语时,你可以通过解释性的插入语来提高听众的知识水平。你只要暂停一下，补入“刚才那个词的意思是……”之类的插入语，然后再提供一个清楚和简单的定义，就可以解释复杂的概念和术语。

■ WIIFY。无疑，这是分析你的听众时最重要的因素。记得吗？五宗罪的其中之一是没有弄清楚听众利益。问问你自己：你的听众想要的是什么？你演讲的主题是如何把听众需要的东西提供给他们的？你如何才能清清楚楚、明明白白地把你能带给听众的利益阐述出来？

外部因素

也就是世上那些“就在那里”、不为你或者你的听众所左右的条件。这些条件会影响你要传递的信息以及这些信息的传递方式与效果。一些外部因素是正面的，另外一些是负面的。例如，当你为公司争取投资而做宣传时，公司产品的市场在快速增长是一个正面的外部因素，而出现了强有力的竞争者是一个负面的外部因素。当你准备演讲时，你必须考虑所有的外部因素。某些时候，为了对一些不同寻常的重要因素做出反应，你可能需要改变演讲内容或结构。

环境

在整个准备过程中，要注意你演讲的物理环境。这些因素也可能会影响你的演讲内容。你可以通过自我问答以下一些经典的记者问题来分析环境：

- **Who（谁）？** 你是否是唯一的演讲者？在你前面和后面还有多少人要演讲？你怎样在这些演讲者之间分配故事的各个部分？
- **When（何时）？** 你什么时候做演讲？你分配到多少时间供你支配？你是否有时间与听众互动？是否有一个提问—回答的时间？
- **Where（何处）？** 你是在自己公司的办公室、你的听众的地盘上还是在其他的中立性场所做演讲的？房间是如何布置的？是一个私密空间还是一个公共空间？在比较大的空间里，若只有你有一个麦克风，演讲很可能可以一气呵成而不会被打断。在小一点的空间里，被打断是无法避免的。若是后者，你需要留出讨论的时间。

■ What(何物)？你将使用何种视听辅助仪器？你是否可以用演示动画来展示你的产品？若是，是否有足够的空间和可见度来做这个演示？你将在什么时候做演示？是在你演讲前、演讲中还是演讲后？

你需要评价以上所有的因素，并在开始脑力激荡之前用纸和笔清楚地将这些因素定义出来。在定义过程中，你可以使用图3.2中的框架性构造图来列出以上所有因素的信息。

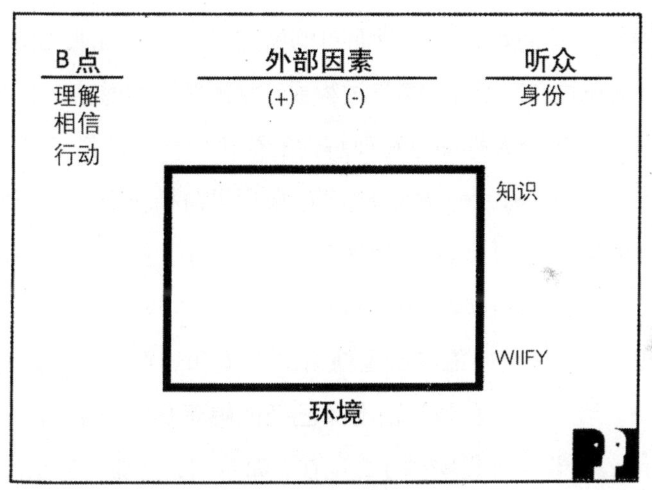

图 3.2 强有力演讲的框架性构造

要尽可能清楚和具体地定义所有这些因素。不存在“一个尺寸包打天下”的演讲。也就是说，应为一个特定的听众群、一个特定的场合、一组特定的听众定制一个演讲，以讲述一个故事，达到一个目的。对一个演讲来说，客户定制的性质少一些，其效果与说服性不可避免地就会更差一些。如果你不打算花时间把演讲准备得尽可能完美的话，你又何必去做什么演讲呢？

那么，这是否意味着你必须从零开始准备每一场演讲呢？不一定。准备演讲的过程你做过一遍以后，第二次花费的时间就少得多了，一个演讲讲的次数越多，每次演讲花费的准备时间就会越少。我在这个行业干了近15年，十几年来，从最复杂的生物技术公司到最简单的零售故事，无论是什么主题的演讲，准备第一次演讲时我都用不到一个半小时。第二次通常是15分钟，以后每次都会更短一些。

到最后，你只需点击和拖动鼠标，把一次演讲的各个部分稍微调整一下次序就可以准备出另一次演讲了。秘诀在于:从“框架性构造法”的基本原理开始来考量各次演讲。这一创造性的程序将帮助你确保你的演讲不是泛泛而论的一般性演讲，而是针对你所面对的特定场合的有说服力的演讲。

要抵制任何跳过“框架性构造”过程或“抄近路”的诱惑。不要想当然地认为你的团队中的每个人都知道和理解你的演讲中所谓“俗不可耐”的5W(Who—What—When—Where—Why)细节。要用黑白相间的方式把这些事实列出来，它们将帮助你决定什么应该出现在你的演讲中、什么不应该出现在你的演讲中，以及以什么方式出现在你的演讲中。

讲到这里，你应该已经能够确定演讲的环境和焦点，并为发掘潜在的概念做好了准备。现在，你右脑的输出品已经能够聚焦在更加相关的思想上，而不是考虑什么衣着或日程安排了。现在，你希望，当那些想法出现时你能够捕捉到它们——这正是我们要采用脑力激荡法的地方。

脑力激荡：更有效地堆砌数据

怎样才能够更有效率地进行脑力激荡呢?

1. **准备一个大白板或者画板**（如果是画板，还要记得准备一大叠大白纸以及固定这些纸的摁钉）。我个人更喜欢用白板，因为使用白板可以在上面随意擦写，随时把你脑海中闪现的“灵感”记录下来。另外，使用白板能够使你的脑力激荡笔记更加整洁、更好读。你手边还要准备一些不同颜色的彩笔，以便用不同的颜色标志出不同群组或者不同级别的想法。

目前，市场上已经有好几种高科技产品能够通过光电手段把白板上写的字或图转化为计算机文件打印出来（我个人喜欢用Electronics for Imaging公司出品的eBeam)。这些工具非常有用，但不是必需的。你也可以找一个人用手抄的方式在脑力激荡过程中或在此之后把要点记录下来。

2. **召集你的脑力激荡小组**。小组中应包括所有将参与演讲活动的人以及其他任何能够为演讲提供想法或信息的人。

3. 演讲人或者小组中的某个人(最好是笔迹比较工整的人)负责掌管彩笔，并用它在白板上**记下脑力激荡中涌现的各种想法**。这个人就是你的书记员。在我为客户做项目时，我通常同时担任书记员和速记员。所谓速记员，就是充当一个中立的角色，当各种想法涌现出来时不加评判不带感情色彩地把它们原原本本记录在速记本上。在脑力激荡中，没有好或者不好的想法。要把所有的想法都激发出来。这正是右脑思考方式的本质所在。

我还要求小组中的每个人都通过我来反馈想法，以免漏掉在私底下的讨论、争论或离题话中提出来的想法。我会把所有的想法都写在白板上，让所有人都能够看到和共享。

> 在脑力激荡中，没有好或者不好的想法。

书记员也一样。你的书记员也不能对大家提出的任何看法具有倾向性——无论是赞成还是反对。

请把你的书记员当作是瑞士——他在任何事情面前都应该保持中立。

4. 开始脑力激荡时，可以先**指定一个人**（或者任意选一个人）**就演讲中应该涉及哪些方面发表自己的意见**。这时，某个人可能会说：“管理”。好，这时，你或者你的书记员应该把“管理”这两个字写在白板上，然后在这两个字上画个圈，表明这个想法是一个独立的要点。

5. 每当提出一个想法时，整个小组都应该帮着**拓展**这个**想法**。比如，当"管理"这个词出现在白板上时，要鼓励大家说出各自想到的与管理相关联的想法。比如，你们公司的最高管理层可能包括不同的成员：首席执行官(CEO)、董事会主席（CHM,Chairman)、首席财务官（CFO）和执行副总裁（EVP,Excutive Vice President)。当这些想法提出来时，你或者书记员应该及时它们写下来，把它们圈起来，并把这些个圈用线连起来形成一个相关想法的"集簇"。在一个"集簇"中，我们把主要的大想法叫做"父概念"，把与之相连的从属性想法叫做"子概念"。

6. 然后，继续采用前面的步骤**写下脑力激荡小组提出的其他想法**。有一些概念在几乎所有商务演讲中都会出现，比如："我们的产品"、"我们的顾客"、"市场趋势"和"市场竞争"。

根据演讲的特定目的与公司目前面临的问题的不同，还可能会提出一些专门针对你的特定演讲的概念。随着脑力激荡的进行，相互关联的概念将慢慢地写满整个白板，整个白板看起来可能有点像图3.3所示。

7. 在进行脑力激荡时，请记住：一定不要太死板！**不要害怕在必要时从一个概念跳跃到另外一个概念**。比如，当小组成员都在拓展"营销计划"时，某个人可能会突然叫起来："哎呀！在列管理层成员时，我们忘记写上吉姆了！他可是营销副总裁呀！"没问题，让我们在白板上找个地方把吉姆添进去。如果实在没有地方，我们就用白板擦给他腾出地方来。

也许，还有人会说："我觉得要把市场统计数据包括进去，但我不知道最新的数据能不能找到。"没问题，在记录这个概念的圆圈里加个问号就行了，这会提醒你：这个要点还需要做进一步的调研工作。

随着脑力激荡的进行，你会发现各种想法层出不穷。在各个概念之间建立联系的过程中，不同概念还会出现改变、建立新联系、取消原有联系或者

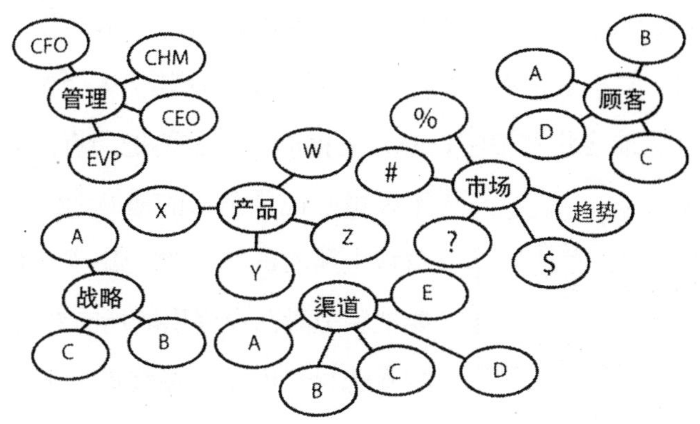

图 3.3 一个典型的脑力激荡白板图

重复出现。这说明你的右脑在工作。各种想法纷至沓来，它们浮现在你的周围，不断变换着。你应该信马由缰，任思绪驰骋。不同概念之间的联系也会不断出现、变化和发展。你要做的就是把这一切活动都捕捉下来，记录在白板上。

脑力激荡的精神

当你的小组进行脑力激荡时，要保证右脑起支配作用。要知道，大多数商务人员都是左脑导向的，习惯于根据所受的教育及其经验，按照逻辑推理和一定之规去处理所有的事情。但在进行脑力激荡时，你一定要学会驱除这种倾向。不要有字斟句酌的想法，当你在为正确的用词而绞尽脑汁时，你就无法使你的思想自由地飞翔，无法带来各种新鲜的想法。开始的时候，你肯定很难完全消除自己这种字斟句酌的习惯，不过你最终将发现，这样做将给你带来多么惊人的自由感。

记住：脑力激荡中无所谓“坏”主意。不要试图审查任何想法。如果一个人的想法被别人否定，他就会产生受挫感，因而可能不愿意再提出其他的想法。当某个人提出一个新想法的时候，一定要把它记在白板上的什么地方，即使别的人可能觉得这个想法无关紧要或者风马牛不相及。即使一个想法最终被弃用，它也是很有用的。因为它可以激发其他人考虑相关的事实，而这一事实可能最终将被证明是非常关键的。一定要把所有的想法写下来。

> 要把脑力激荡中提出的所有想法都当作演讲的备选材料而不是最终的内容。

不要担心记录下来的信息“太多了”，并不是白板上所有的信息都会出现在你的演讲中。要把脑力激荡中提出的所有想法都当作演讲的备选材料而不是最终的内容。堆砌数据的大好时机是在并且仅在你准备演讲的过程中。

不要考虑结构、顺序或级别。如果在其他的想法纷至沓来的时候，你却还在想：“这个概念要放到前面去”或者“这个概念可以用来结束整个演讲”，你就会手忙脚乱，无法抓住要点，两头都顾不过来。结构化会使你的脑海里充斥着顺序、先后和线性思考等等左脑思考方式的标志性符号。不要这样做。相反，你应该任由各种想法跌跌撞撞、磕磕碰碰地闪现出来，这种非线性的方式正是你的大脑让思维像野火一样燃烧起来的自然方式。迟一步再来考虑结构。记住：理顺结构之前先聚焦于目标。

给自己充足的时间来做一次彻底的数据堆砌。当对话第一次出现长时间的停顿时，不要放下你的彩笔。这很可能是你的小组正在做一次精神上的深呼吸。大多数脑力激荡研讨都会出现两三次“虚假的结束”，每次“虚假的结束”之后都伴随着新想法的一次大爆发，直到小组真正耗尽其所储存的信息和想法。

当你们真正结束脑力激荡时，你的白板上将被大量的圆圈填满。这时，整个小组能够清楚地了解你要讲述的故事的所有要点、所有备选的想法，所有的这些都已经列出来了——现在你们可以以一种全景式的视点轻松地开始材料的挑选与组织工作了。

这种方法是否听起来有些耳熟呢？确实是这样——这本来就是许多商务

人员在做战略规划、产品开发或解决问题的研讨时所采用的方法嘛。那么,既然商务演讲所涉及的同样是这些人和这些主题,为什么我们不能够采用同样的处理方法呢?

就像在你开始按照那复杂得不得了的组装指南组装儿童自行车之前，你会把所有的零件都摆到起居室的地板上，或者，就像一个大厨在开始做一道复杂的菜之前他会把所有的原料都在厨房里摆好一样，脑力激荡的一个好处是：它把你演讲的原材料都摆出来了，从而使你准备了表达思想的现成途径，并使你能够有意识地选择和组织要表达的概念。

让我们把这种方法与左脑式的线性方法做一个比较。典型的左脑方法是从设计第一张幻灯片开始的：“好，我们将从公司的使命陈述开始”；然后是第二张幻灯片：“现在，让我们谈一谈管理团队”；然后是第三张幻灯片：“现在是市场统计数据”……等等。问题是，当你把注意力集中在一张接一张的幻灯片上时，每张幻灯片都会有效地覆盖和隐藏起前一张幻灯片所讲述的内容。结果，你一次只能看到一张幻灯片。你不可能一次看到整个故事，因此，你无法发现最好的方法，来把这些要素组成一个完整的、富有吸引力的、能够从头到尾流畅地并且令人印象深刻地讲下来的整体。

而脑力激荡方法遵从右脑的自然运作规律，使得你的想法能够以一种随意、非线性的方式涌现出来，保证每一个相关（以及不相关）的概念在你的“雷达屏幕”上都显现出来。下面，你就可以借助左脑的帮助来为你已经产生的原料构建秩序了。

罗马之柱：集簇技术

脑力激荡将产生一系列重要程度各不相同、松散地互相关联着的概念。要从这一相对混乱的状态中构建出一个经过精心组织、具有清晰的焦点的演讲，第一步就是要采取一种称为集簇（Clustering）的技术。

事实上，我已经在一定程度上使用了集簇技术。在前面提到的关于脑力激荡小组的例子中，每当小组把一个概念拓展为一系列相互关联的概念，并在白板上构成一组互相连接的圆圈时，脑力激荡小组实际上就创造了一个集簇。这些集簇反映了在脑力激荡中涌现的众多概念之间的自然关系：父概念和子概念。

要想把复杂的材料组织成听众能够接受的演讲，集簇是一种必要的技术。这是一种古老的技术，可以一直追溯到古希腊和古罗马时期的古典雄辩家那里。

有一个故事——这个故事很可能是后人伪托的——说的是古罗马一位具有传奇般记忆力的演说家（这位演说家可能是指西塞罗，尽管关于他的资料很少）。这位演说家经常在罗马论坛（the Roman Forum）发表长达数小时的即兴演讲而不必看一眼笔记。他的秘密是使用一种迄今人们还在使用的记忆技术。他曾经在一次对话中这样向一位好奇的崇拜者解释："你曾问过我：如何能够不看笔记，演说那么长时间而不跑题。你是否注意到，今天我是一边演说一边绕着论坛走的？"

"是的，我注意到了。我以为你这样做是为了让每个角落里的听众都能够听得见。"

"这只是部分原因，"这位演说家说。"还有一个更重要的原因。当我围绕着论坛从一个点走到另一个点时，我会在六根不同的大理石柱子底下停一下。这些柱子是我的记忆助手。每根柱子都象征着并提醒我一组演说的概念。因此，我不必记住几十个特别的细节，而只要记住六个关键概念就可以了。而每个关键概念将会提示我与之相关的一系列细节。"

两千多年前西塞罗是否真的使用过这种记忆技术呢？没有人知道确切的答案。但是，今天我会劝告我的客户在其演说中使用这一技术。集簇技术会把写满你白板的40～50个概念减少为五六个"罗马柱"——组织其他概念的关键概念。每一个“柱子”都有一组下属的概念。这样，你就不必费死劲从细节层面去组织众多概念，而是从35000英尺的高度去组织它们。

看着写满概念的白板，你将发现那些关键性集簇会从一片混乱中慢慢浮现出来。请仔细地审视白板，用一支颜色尚未使用过的彩笔标志出那些最重要的概念。这一想法是使那些父概念在视觉效果上从众多数据中脱颖而出，如图3.4所示。

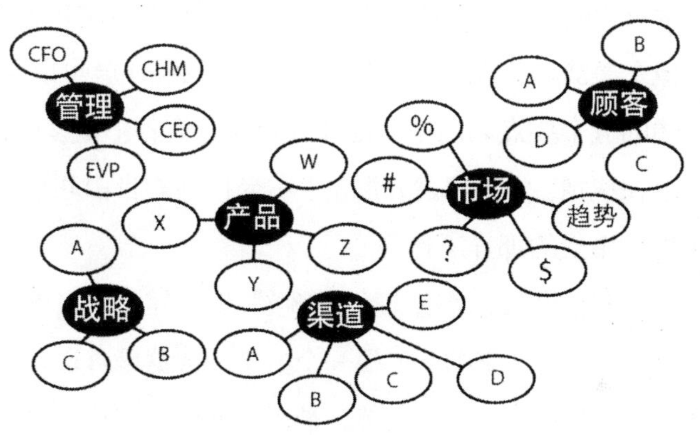

图3.4 父概念与子概念

当你的小组开始辨认集簇时，你会发现自己辨认的连接与联系是你以前没有想到的。那么，请你在白板上需要画线的地方画上线，如果有必要还可以擦掉并重新画上圆圈。你可能会发现自己需要改动周围的概念：“我说，关于市场的人口统计数据变化的那个要点是否更应该属于‘主要趋势’而不是‘销售潜力’呢？”“把‘成本节约’与‘顾客利益’联系起来而不是把它和‘独特的产品特性’联系起来，你看怎么样？”没问题，只要移动子概念并把它们与最适宜的父概念连接起来就可以了。

若有些概念看起来似乎与你的哪个“罗马柱”都关联不上，那么，你就真的需要想一想这些概念是否真的相关并且必要了。也许它们并不值得你把它们带到演讲的最终定稿中去。而如果你觉得现在还有新的概念需要加进来，那么，你加好了。这真是再平常不过的事了。

如你所见，集簇技术是组织材料并把逻辑引入演讲的开始。在有意抑制你的左脑之后，现在是让它放开手脚大干一场的时候了。

先卸料再打磨

也许，你希望能够跳过脑力激荡阶段，从而缩短准备演讲的程序。“为什么不从关键概念集簇开始呢？”你也许会说。“我现在就可以坐下来把我们需要着重阐述的五个要点列出来。这样做会为我们省下很多时间。”这是你逻辑化的左脑在说话。它希望避开混乱、不受控制的自由联想过程。但人类的意识并不像它希望的那样工作。

开始的时候，先让我们把想法“唏里哗啦”地“卸”下来再说，管它是以什么顺序、什么形式冒出来的，先搞一个典型的数据堆再说。接着，再来组织它们，把它们打磨成词、句、段落，最后打磨成幻灯片。我把这一过程叫做“先卸料再打磨”(Splat and Polish)。

在我从事传媒工作的这么多年中，我认识到，这种程序正是大多数专业作家——无论是小说家还是记者、剧作家还是技术作家或者历史学家——所采用的程序。这些人都会先做调研，围绕着他们的主题进行长时间的思考，写下大量的有关笔记。在此之前，他们是一页文本也不会写的。他们会把他们的想法记在报事贴、折角的索引卡片、活页记事本甚至就是一沓沓的白纸上。这些笔记当然就是他们的数据堆了。

不幸的是，结果导向的商务人员在编写演讲、报告、发言或回忆录时，却不使用这种程序。商务人员都习惯于这样一种思考方式：尽可能快地直达终点。找到两点之间最短的直线。他们认为：搞定一个演讲最快的办法就是立马开写。这很符合逻辑吧？是，但这是错误的。

下面这个故事说明了“先卸料再打磨”思路能够帮助你避开哪些陷阱。

朱迪·塔拉比尼（Judy Tarabini）——现在她改夫姓为麦克努尔提（McNulty）了——曾是希尔与诺尔顿公共关系公司（Hill and Knowlton Public Relations Agency）技术分部的副总裁。那时，本·罗森为了继续履行其帮助我发展业务的诺言而把我介绍给了这家公司。我成功地为朱迪的一个客户做了一个项目之后，她开始经常给我打电话，请我为她的其他客户服务。

1993年，朱迪加入了奥杜比系统公司(Adobe Systems)的公司公关部(the corporation communications department)。不久，她打电话请我为奥杜比工作。这次，她需要准备一个高级别的、关键性的演讲：奥杜比计划推介其Adobe产品，他们计划让公司高级管理层的所有成员（大概15个人以上）分散到各地去做产品发布演讲。朱迪对我的培训项目评价很高，她说服了奥杜比的整个高级管理团队包括其创始董事会主席兼CEO约翰·沃诺克及其共同创立合伙人兼总裁查克·哥史克来参加我搞的一个故事创作研讨会。

如同平常一样，我们是从零开始的。我走进奥杜比公司位于山景市（Mountain View）当时还是很新的公司总部（那以后，他们又搬到圣乔斯市更新、更先进的设施里去了），来到了一间宽敞的高级管理层会议室，站在一块一尘不染的白板前。

我从一开始就“压榨”那些高层管理者的智慧。我们从B点开始，接着讲到了WIIFY，然后，我们进行脑力激荡。当那些非常聪明并且手握重权的人争先恐后地说出其想法时，我得“跑”起来才能够把他们的想法“抓”到白板上。我们获得很多“概念簇”：奥杜比产品初次发布的日程、分销计划、奥杜比合作伙伴、产品优点、市场以及其他许多的概念簇。不一会儿，白板上连边缘上都写满了一簇簇的概念。

然后，出现了一个停顿。我环视了一下房间，说："请大家花点时间看看白板上所有的概念簇。告诉我是否需要改变其中的什么想法，是否需要考虑改变关联，或者是否遗漏了什么。"

接下来是一阵沉默，大家都在沉思。突然，一声尖锐的"啪"回响在沉静的会议室中。就像电视广告"我应该有台V-8！"里一样，查克·哥史克用手掌猛拍了自己的前额一下。然后，他露出了羞涩的笑容，说："我们忘记讲讲奥杜比是做什么的了！"

这听起来是不是有些好笑？确实如此。但这种事情经常发生。你对你的业务如此熟悉以至于你很容易把那些关键概念当作理所当然的，从而会忽视或者忘记那些对你而言是第二本性而对你的听众而言却并不熟悉的概念。这就是你为什么决不能不进行脑力激荡过程而直奔故事编创的一个重要原因。要花一些时间确保相关的所有事情（我指的是每一件事）都有机会与你见面。如果等你开始演讲后五分钟才意识到你遗漏了什么，那就太晚了。

理顺结构以前要先聚焦于目标

请注意，到目前为止，我还没有谈到任何关于如何为你的演讲选择各种想法的排列顺序的问题——这些都是左脑处理的问题。因为，首先，你要把你的故事的核心所在搞清楚，这时，并且只有在这时，你才能考虑什么才是这些概念的最佳顺序，才能够把故事讲得有说服力。这也是为什么在我做的项目中以及在我与商业界打交道时，我一再强调"理顺结构以前要先聚焦于目标（Focus before flow）"的原因。

现在，你已经用框架性构造法确定了内容，已经通过脑力激荡法（这是一个高效的数据堆砌法）列出了所有可能与我们的演讲有关的概念，并且已经通过集簇法提炼了这些想法与概念，因此，你已经为选择演讲的叙述结构做好准备工作。这正是下一章的主题。

第 4 章
发现你的结构

公司案例：

- 英特尔公司
- 希瑞克斯公司
- 思科系统公司
- 康柏电脑公司
- 生物表面技术公司
- ONI 系统公司
- 泰诺克斯公司
- 伊品缪恩公司

在前三章，通过努力，你已经掌握了编创一个有说服力演讲的前三个步骤。你已经制定了包括B点在内的框架性构造，确定了听众的WIIFY及其知识水平。你通过脑力激荡找到了演讲可能要涉及的各种概念，并将之提炼成一些概念簇或者说“罗马柱”。现在，你已经用右脑式思考获得了演讲的焦点。

现在，你可以转向左脑，把你的概念簇发展成演说的内容顺序，构造出一个符合逻辑的流畅结构。现在是决定哪个“罗马柱”在先、哪个在后、哪个在中间的时候了。换句话说，你需要找到一条清晰的道路来连接你所有的“罗马柱”，需要绘制一幅蓝图来确定你的演讲要素的最佳次序。你需要的是叙述结构（flow structure）。

要说明叙述结构对于听众的极端重要性，我们最好还是先举一个关于书面文字的简单例子。书面文字的一个最大好处是：读者可以通过非常随意的方式接触到作者想要表达的内容。当读者在阅读一本书、报告或杂志时，如果遇到一个不太有把握但又见过的字词，读者只需把一个手指压在当前页上，然后往前翻，直到找到最初的定义或者解释。也就是说，读者能够在作者的概念之林中自我导航。

但演讲的听众却不具备这种能力。他们只能够通过线性方式——一次一张幻灯片地——接触到你的内容。这就像站在一棵树的高度，你一次只能看到一棵树。也许你能够很好地展现这棵树，你的听众会对此有相当的印象，他们会说：“嗯，这真是一棵好树呀，根深、干粗、叶茂！”但是，如果你继续讲下一棵树的时候，你就难以清楚无误地说明这棵树和前一棵树到底是什么关系，你的观众只能通过你对这棵树的描述来自行猜测两者之间的关系。但因为他们现在没法再接触到第一棵树了，这就迫使他们绞尽脑汁地来回忆，以便在两者之间建立必要的关联。

这时，你的听众有三个选择：

■ 他们可能成为MEGO（Mine Eyes Glaze Over）症候的牺牲品——目光呆滞，一片茫然。

■ 他们可能打断你，要求你给出解释。

■ 他们可能开始努力地思考，寻找两者之间所缺失的关联，因而没法听你往下讲了。

上述三种可能，无论哪一种都是你不能接受的。不要让他们劳神！

因此，你的责任就是要成为听众的导航员，把你的故事各个部分之间的联系清楚地呈现在他们面前。要使他们能够轻松地跟上你的叙述，你需要把他们从一棵树的高度提升到能够看到整片森林的高度。

要做到这一点，需要一幅路线图、一个计划、一个公式。根据菜谱做菜的厨师能够按照适当顺序使用适当的原料，要想做一场令人满意的演讲，你得把所有的“罗马柱”都放到一个宏伟的庙宇中去展示。

要想以符合逻辑的顺序组织概念，并把它们编创成一个流畅的、有说服力的演讲，有很多经过考验的技巧。我把这些技巧称之为叙述结构的技巧（Techniques of Flow Structure），对于不同类型的演讲，有16种可供选择的方案。

16种叙述结构

1.**标准组件式**（Modular）。由一系列类似的组件、单元或者元素组成，这些单元的次序是可以互换的。

2. **编年史式**(Chronological)。以时间线来组织概念簇，按照事件发生或可能发生的顺序反映事件。

3．**实体式**(Physical)。以概念簇的实体分布或者地理位置为线索来组织概念簇。

4．**空间式**(Spatial)。通过概念的空间顺序来组织叙述结构，它根据实体化的比喻或类比来为不同的主题建立空间性的次序。

5．**问题/解决方案式**(Problems/Solutions)。围绕着一个问题以及你或你的公司提供的解决方案来组织演讲。

6．**工作议题/行动方案式**(Issues/Actions)。围绕着一个或者更多的任务以及针对这些任务你提出的行动建议来组织演讲。

7．**机遇/能力式**(Opportunity/Leverage)。围绕着一个商业机遇以及你或你的公司为了抓住这一机遇而所具有的能力来组织演讲。

8．**形式/功能式**(Form/Function)。围绕着一个核心的商业概念、方法或技术及其生发出来的多种应用或功能来组织演讲。

9．**特征/好处式**(Features/Benefits)。围绕着你的产品或服务的一系列特征及其所带来的确凿无疑的好处来组织演讲。

10．**案例分析式**(Case Study)。讲述一个你或你的公司如何解决某个特定问题或满足某个特定客户的需求的故事，在讲述这个故事的同时，介绍你的业务及其商业环境的方方面面。

11．**争论/谬误式**(Argument/Fallacy)。故意引发对自己的案例的争论，然后通过指出这些争论的依据中的谬误（或者指出其依据的是错误的信念）来驳斥这些争议。

12．**比较/对照式**(Compare/Contrast)。围绕着一系列对比来组织演讲，这些对比说明你的公司与其他公司之间存在很多不同之处

13．**矩阵式**(Matrix)。使用一个 2 × 2 或者更大的矩阵来把一套复杂的概念组织成一个易读、易懂、易记的形式。

14．**平行追踪式**(Parallel Tracks)。它列出一组相互关联的概念，并用

同一个信息子集深入讨论各个概念。

15. **设问式**(Rhetorical Questions)。提问，然后回答。问题应是你的听众心目中最希望知道的事情。

16. **数字式**(Numerical)。列举一系列相互松散关联着的概念、事实或论据。

你可以采用上述叙述结构来组织你的概念簇，使之逻辑化，从而使得听众能够轻松地理解你的演讲，同时，你也能比较轻松地进行演讲。为此，请你更详细地了解这16种叙述结构，每个叙述结构还附有简短的例子。很可能这些叙述结构中的某一个或某几个正好适用于你的某一特定演讲呢!

标准组件式

标准组件式演讲由一系列类似的组件、单元或者元素组成，这些单元的次序是可以互换的。你可以把标准组件式叙述结构看作是一种即插即用式方法：演讲者可以任意决定各个单元的顺序，然后再逐一展示给听众。这是16种叙述结构中最松散的一种组织方式，听众要跟上演讲者的叙述脉络，难度也最大。

有时候，演讲者可能别无选择，只能采用标准组件式叙述结构。财务类演讲就是这类演讲之一，一个大型演讲中的财务部分也是一样。在IPO路演中，首席执行官常常使用其他的叙述结构来组织演讲主体部分的叙述结构，因为相比之下，其他的叙述结构都比标准组件式更容易被人接受，适合于组织那些意义更丰富一些的内容。但是首席财务官的演讲内容无非就是财务年报、季报、资产平衡表、收入报告和其他财务数据，这些内容他几乎可以用任何一种顺序来安排。年报在季报的前面还是后面，几乎没有什么差别。首席财务官只要按照任何他觉得妥当的次序逐一把这些项目讨论一遍就行了。

还有一些时候，标准组件式叙述结构却是最适合的结构。比如，对于一场产品推介演讲而言，其主要内容可能就是新产品的特性，这时，使用标准组件式叙述结构就很合适了。

使用标准组件式叙述结构有两个优点。如果需要，你可以轻松地任意重排各个项目的叙述顺序。此外，当你面临时间限制时，你甚至还可以省略一到两个项目。方便吧？是的，不过，它也使得听众难以抓住你的演讲脉络。作为演讲者，你的演讲难度就更大了。因为，这种结构中各个概念簇之间并没有一个强有力的逻辑把它们联系起来，这就使得所有的人（包括你和听众）都要费很大的劲才能够把这些概念簇联系在一起。因此，我建议尽量少用标准组件式叙述结构，如果一定要用，最好把演讲弄得简明扼要一些。

编年史式

编年史式叙述结构就比标准组件式要容易接受得多。它是以时间线来组织概念簇，按照事件发生或可能发生的顺序来反映事件，最适合于把讲述一个关于变化的故事作为最重要主题的那一类演讲。

你可能要做一个演讲来向听众解释为什么某个特定的事件会发生。例如，假设你是某个大型公司（让我们把它叫做“高利斯软件公司”）的人力资源总监，该公司刚刚并购了一家小型竞争公司（“大卫软件公司”）。宣布并购的消息对两个公司几乎所有的员工来说都是一种意外。现在，很多人都在问和关注的几个问题是：为什么要搞这次并购？这两家公司长久以来就是竞争对手，决策层怎么会认为两家的员工能够在一起工作呢？他们之间有什么共同点？未来会怎样？

管理高层决定在被并购公司——大卫软件公司的大礼堂召开一次会议，让你做一次报告，以便“鼓舞新团队加速前进”。这里的 B 点当然是帮助大卫软件公司的员工理解这次并购，并且开始把自己当作是新扩张后的高利斯软件公司大家庭中的一员。

一个有效组织你的演讲的方法可能是采用编年史式叙述结构。演讲将根据时间前后讲述高利斯软件公司是如何起步的，今天又是怎样一个发展局面，并购是如何发生的、为什么会发生，以及将来两个公司将如何共同谋求发展，等等。通过让你的听众熟悉高利斯公司的历史，以及向他们说明这次合并是两家公司发展到一定自然阶段的共同利益所在，你很有希望舒缓大卫软件团队的忧虑，并开始与这些新员工建立一种强大的精神联系。

实体式

如果说，编年史式叙述结构是根据时间逻辑来组织你的演讲，那么，实体式叙述结构则按照地点逻辑来组织你的演讲。采用实体式叙述结构的演讲采取地理学上的线索，以实体分布或者地理位置来组织概念簇。

假设你的公司从事的是配送业务，其分支机构遍布全世界，具有强大的竞争优势。假设现在你需要向一群潜在的客户做一场演讲，这些客户都在开展全球业务并正在寻找能够在全球为其提供服务的配送合作伙伴。你可以采用实体式叙述结构来组织你的演讲。

你可以这样引入你的概念簇："世界配送公司在五大洲11个战略性区域拥有自己的仓库与货运中心，分布在从美国到澳大利亚，从巴西到法国，从中国到北非的广大区域之中。为了帮助您了解：为什么世界公司能够比其他配送公司更好地为您以及您的顾客服务，请允许我带您去看一看这些中心是如何运作并共同构建起我们全球性的配送网络的。"对这一场演讲来说，显然，这是一个富有创意的、容易把握的叙述结构。

空间式

实体式叙述结构是按照真正地理意义上的位置顺序来组织演讲的。与之相对照，空间式叙述结构是按照概念上的空间顺序来组织演讲，它通过对一组实体性的比喻或类比，为你的不同主题赋予了一个空间性的次序，例如：从上到下，从下而上，从里到外，从外到里等等。

我常常在行业会议或者金融会议上发表演讲，通常情况下，给我规定的演讲主题是：讨论一下一场有说服力的演讲包括哪些要素。为此，我采用了空间式叙述结构：从下而上。我把这个结构用一个金字塔型的图形表示出来，如图 4.1 所示。

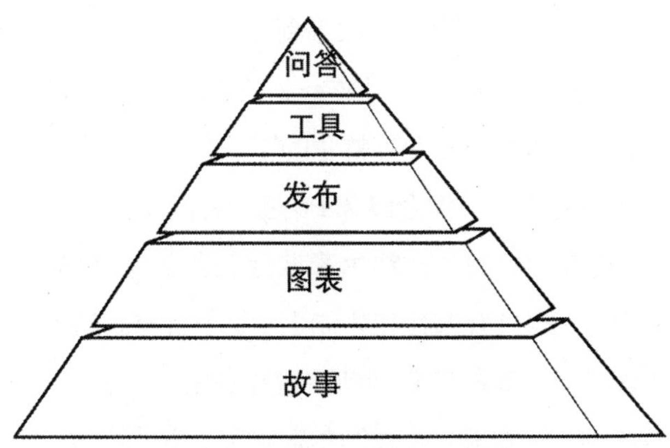

图 4.1 空间式叙述结构：从底部向上

我告诉听众，每场演讲都有五个关键要素：

- 故事编创
- 图表设计
- 发布技巧
- 演讲专业工具
- 问答技巧

我接着说，一个真正厉害的演讲者需要牢牢掌握住所有的这五个要素。在这五个要素中，最基本的是故事。我从最基础的故事开始讲，然后沿着这个金字塔逐层往上讲其他四个要素，一直讲到金字塔尖的问答技巧。在我讲的时候，我介绍了使每个要素最优化的各种技巧，并用大量的事例和小故事来予以说明。

在不同的会议上，我所提到的技巧和进行的说明是不同的，但都采用相同的空间式叙述结构。这种叙述结构在听众心中留下了一幅易懂、易记并且易于传播的图像。当别人问我的听众："关于如何进行有说服力的演讲，杰瑞教给了你们什么高招没有？"他们就会说："他说，演讲就好比造一座金字塔，故事编创是塔基，而问答技巧是塔尖。"

空间式叙述结构还有其他的用法：从上到下。下面是一个例子：

在英特尔公司，兰迪·斯泰克和罗伯特·科尔韦尔博士领导着一个工程攻关小组，在极其保密的环境中开发英特尔的下一代集成电路芯片——P6。《旧金山编年史》曾写道："……你会以为P6是一种战术轰炸机而不是一种计算机芯片。"(这篇文章还提到了英特尔董事会主席安迪·格鲁夫写的那本脍炙人口的商业图书——《只有偏执狂才能生存》。) 当兰迪和鲍伯准备揭开蒙在这块芯片上的面纱时，他们请我帮助他们及其团队（包括总经理达迪·培尔姆特和营销总监刘·佩塞雷）来编创产品初次上市的演讲。演讲计划在国际固体电路会议中心举行，那儿是其竞争对手的一块高技术飞地。

设计团队把我关在俄勒冈州希尔斯波罗市离英特尔公司超高技术设施不远的一家饭店里。在那里，我领着鲍伯[①]、兰迪、刘和达迪一步一步地走过了我前面几章所讲的那些步骤，包括框架性构造、脑力激荡和概念集簇等等，直到我们把他们所有的想法都提炼成了以下几个概念簇或者说"罗马柱"：

- P6的设计原理
- P6的产品特性
- 富有潜力的终端用户产品
- 系统结构与支援性芯片

①鲍伯(Bob)，是罗伯特(Robert)的爱称，译者注。

“设计原理”介绍了这项处于最高水平的技术（即设计思路）；“产品特性”介绍设计的成果；“富有潜力的终端用户产品”介绍P6的应用；“系统结构”介绍所有的元件如何共同工作。从上而下，每一个层次都比上一个层次要钻得深一点，从而构成了一个空间式叙述结构。

在国际固体电路会议中心发表演讲之后，鲍伯·科尔韦尔给我写了一份事后分析报告：

> 我真为其他的演讲者感到难过，他们紧张得不得了，并且正如你预计的那样：都是典型的数据堆砌。因为我很了解演讲，所以当我真正走上讲台时，我一点儿都不紧张——尽管我面对的是一个如此庞大的听众群（可能多达1800人），听众提问时间是最有趣的。我并没有像我担心的那样被问到什么刁钻的问题……我猜测，可能是因为我看起来已经做了充分的准备并且似乎完全控制了演讲的进程，因而那些抱有敌意的提问者因为害怕会“输掉”与我的辩论，因而不敢向我发难。

空间式叙述结构还有其他的用法。比如，在谈到一个产品的市场时可以用同心圆的方式来组织，就像靶子上的靶线一样：那些肯定会对产品感兴趣的顾客构成中心市场，是最中心的那一环（即靶心），而外面的那些环代表其他市场，这些市场更大、更分散，并且越往外越难获得。采用从内到外的空间式叙述结构来组织这些概念，就会使听众更易于理解、认同和记忆。

空间式叙述结构最简单的类型就是运用建造房屋的实体性比喻。房基可用来比喻平台产品或服务；支撑上层结构的房梁可用以比喻企业组织与合作伙伴；内部结构中的电线和管道可用来比喻技术；而外面的玻璃、砖块和泥浆等可用来比喻营销与品牌。许多不同行业的众多公司都曾成功地运用这一广为使用的比喻形式来说明其业务模型。

问题／解决方案式

问题／解决方案式叙述结构因为本身就内含 WIIFY，所以颇具吸引力。使用这一叙述结构时，你将围绕着一个问题以及你或你的公司提供的解决方案来组织演讲。在这一结构中，随着它引出的产品或服务，你公司所提供的好处可以自然地显现出来。

许多生命科学领域的公司（制药公司、基因研究公司、医疗机构和保健公司等）在为筹集私人资金或公众资金时都采用这种叙述结构。为了吸引投资者，他们会提出某一个特定的医疗难题，然后给出运用其独特产品或服务解决这一问题的方案。在这个领域，问题／解决方案就是疾病／治疗的同义词。

在教育领域，问题／解决方案是学习的同义词。学习的本质是用技术代替知识的缺乏。作为一名教练，我本身也是一名教育工作者，因此我在做项目过程中以及在本书中采用的也是问题／解决方案式叙述结构。让我们回忆一下第一章，它一开始讲的就是“演讲中的常见问题”。从那以后，我谈到所有事情都是我提供给你的解决方案。

如果你打算采用问题／解决方案式叙述结构，一定要小心，要把重点放对地方。商业界的许多人把太多的时间放在问题上，而放在解决方案上的时间却不够多，让他们的听众觉得自己好像是在一部悲惨的俄国小说里挣扎。

该如何分配两者之间的时间与权重，通过一个类比，也许可以讲得更明白一些。在西方电影中，问题部分（如印第安人的进攻、戴黑色帽子的坏蛋、龙卷风、野火）会占据很长一段时间，甚至整部影片的全过程。这是因为：这些问题给观众制造了悬念，并会为处于危险之中的主人公赢得同情。这些感情因素会把观众牢牢地粘在座位上，消费大量的爆米花。与此相比，解决方案只占了很短的时间：美国骑兵队来了，救出了男女主人公，然后就是剧终。

然而，如果你决定在商务演讲中使用问题／解决方案式叙述结构，你就要改变两者之间的权重。问题轻轻点到就可以了，然后就把你的“美国骑兵队”——解决方案带进来，让他们庄严地列队前进，身穿节日的盛装，结尾是一支大踏步前进的催人奋进的军乐队。毕竟，这部分演讲才是你最想让听众记住的内容。

工作议题／行动方案式

致命的癌症、开放性大手术以及吃人的鲨鱼，这显然都是问题，但是，在生命科学以外的商业领域采用问题/解决方案式结构来发表演讲时，请记住我的这一忠告：商务人员都不喜欢别人提醒他所存在的问题。

高科技领域的许多部门——包括软件、硬件和仪器在内的行业公司——都愿意讨好那些为过时和笨重的上一代计算机系统所累的客户。这些顾客痛苦地意识到他们已经把太多的钱和时间扔进了他们不能简单地一丢了之的设备里，他们不需要别人再往他们的伤口上撒盐。因此，与其提醒听众存在的问题（problems)，不如描述他们的工作议题（issues）并告诉他们，针对这些议题，你和你的公司建议他们采取的行动方案。这不仅仅是使用委婉语的问题：它把一个负面性焦点转换为受到重视的一个正面性焦点。这正是“为听众着想”的行动。

工作议题/行动方案式叙述结构常常被那些处在转型期的公司在演讲时采用。他们辨认出自己所面临的议题，确定出为了克服这些问题计划采取的行动方案，从而可能列出如下页所示的一个概念簇清单(见 Stumble&Falter 公司复兴方案大纲)。

机遇／能力式

问题／解决方案式、工作议题／行动方案式叙述结构的一个近表亲是机遇／能力式叙述结构。采用这一叙述结构，开始的时候，你要描绘出一个诱

大纲：Stumble & Falter 公司复兴方案

议　　题：开支失控
行动方案：立即采取削减开始的措施并冻结雇佣新人计划
议　　题：产品线不能创造利润
行动方案：卖掉三个业务单元
议　　题：收入增长缓慢
行动方案：加速两种有潜力的新产品的开发

人的业务机遇：巨大的新兴市场、技术的变化、经济周期的变化，或者其他的推动力量等等。然后，在能力方面，你将介绍优势产品、分销方法、合作伙伴，或者你公司为了抓住这一机遇所采取的竞争战略。同样，这一结构与其他两个结构的差别不仅仅是委婉语或者语义学上的差别。这个结构把焦点指向听众的利益以及你如何满足他们的利益需求上。这一结构是“为听众着想”的表现。

机遇／能力式结构是大多数IPO路演所选择的演讲叙述结构，原因在于它回应了投资者听众对增长的根本利益需求。前面说过，我曾经帮助思科公司在上市时编创其路演演讲。那时，思科的技术还是一个神秘的新奇事物(即使在思科已经成为计算机网络设备行业公认的领头羊的今天，他们的技术还是很难为普通人所理解)。由于其股票初次上市的潜在投资者听众还不能够完全理解计算机网络如何运作，也不知道为什么它们将来会特别重要，思科路演团队决定其演讲应首先说明网络的巨大潜力，再来解释使网络得以运转的这一技术。因此，他们选择了机遇／能力式叙述结构。

在他们的大纲中，思科团队一开始介绍了计算机发展从主机向个人电脑转变的大趋势。这一变化既不是问题也不是工作议题，而是一个纯粹的机遇。然后，他们转而描绘出局域网和广域网的快速发展势头，指出技术的最新发展使得网络连接速度、带宽以及网络的影响力有了巨大的增长。他们用对未来变化的预期结束了这一概念簇——计算机行业将从以企业为中心转向以远程计算为中心。所有的这些趋势综合到一起，就构成了机遇。

接着，他们谈到了该公司一种叫做路由器的新设备能够使各个网络互联互通。他们介绍了思科如何生产路由器，以及如何提供相关服务，如何通过渠道与战略伙伴把它卖出去，以及未来他们计划用路由器做什么。所有的这些事实，综合到一起，就构成了思科抓住机遇的能力。

请注意这一叙述结构是如何简化和组织这一演讲的：演讲者不必讲解十几个子项，听众也不必费劲地理解这么多的内容，他们只要记住两件事情：机遇与能力，仅此而已。这就是既见树木又见森林的视野。

形式／功能式

前面三个叙述结构（问题／解决方案式、工作议题／行动方案式和机遇／能力式）是近表亲。而形式／功能式叙述结构就完全不同了。它从你公司的业务成果（解决方案、行动方案或能力）出发，把你的业务打扮成站在前台聚光灯下的耀眼明星。当你要推介一种居于核心地位的商业概念、方法或技术以及从这一核心概念、方法或技术派生出的众多应用或功能时，你可以使用该结构。比如：一个核心技术及其多种应用；一个主题及其多个变型；一个轮毂及其发散性的辐条；一个概念及其通过特许经营形成的不同实践模式。

当商务人员为某个具有多种应用前景的产品或服务做演讲时，可以使用形式／功能式结构。比如，第一个把3M便士贴引入市场的商家可以使用这一叙述结构来推介这一新颖的低黏性胶（“形式”），然后再描述其多重用途（“功能”）。

生物科技公司常使用形式／功能式结构，因为它不仅能够把专利技术带上前台，而且在组织复杂的主题方面有独到之处。

举个例子，生物表面科技公司（BioSurface Technology）依靠其开发的一种新颖的组织工程技术而成为上市公司（生物表面科技公司后来被Genzyme公司收购）。生物表面科技公司的方法基于这样一个原理：人体倾向于接受移植的自体细胞或组织，因为它把这些组织视作自己的，而把同种异体细胞或组织视作外来的而排斥移植。大面积烧伤的病人自己没有足够的皮肤用于移植。生物表面科技公司发现了一种方法，可以只取下病人邮票大小的皮肤，然后在三周之内使它生长成为足够覆盖全身表面的自体皮肤。

在生物表面科技公司路演时，其CEO戴夫·卡斯塔尔迪首先介绍了其公司创造性的核心科学：他们如何裁下病人自己的细胞，如何保存、培养、促其生长，然后再把它们移植回病人自己的身体上，而不会发生排斥反应。这一核心的组织工程技术就是他们的“形式”。

为了说明其如何发挥功效，戴夫接下来描述了生物表面科技公司怎样把这一科技应用到病人自己的皮肤上以实现皮肤永久性替换，然后讲如何把这一科技应用到非亲属的捐献者所捐献的异体皮肤上以加速伤口的愈合，再然后讲如何把这一科技应用到软骨组织上，最后讲到如何把这一科技用到耳膜上——这就是“一个形式，多种功能”，并且每种“功能”都代表着生物表面科技公司的一个潜在的收入与利润来源，以及潜在投资者的一个商业机遇。

从伟大到平凡：

想像一下：你是妈咪烧烤鸡公司的CEO，正在寻求投资来扩张业务。在此，妈咪烧烤的秘诀在于使用秘方调料（即“形式”）。“功能”则包括能够把这一秘方调料拓展成一桩大生意的所有方法：征集600个特许经营者，以大规模生产来运作这一业务，通过快递业开展外卖配送业务，通过合作社广告进行推广；把秘方调料装在16盎司的罐子中放到超市中去卖；装在一次性塑料容器中提供给航空公司。

从平凡到伟大：

一次投入，多重回报。吉列的剃须刀与刀片；柯达的照相机与胶卷；惠普的彩色复印机与可置换的彩色墨盒。这些公司的成本主要用于开发核心产品，而利润则来自耗材——这真是一个高利润的业务啊！

特征／好处式

这是传统的产品发布方式。在采用特征／好处式叙述结构的演讲中，你将讨论你的产品或服务的一系列特征，对于每一个特征你都会说出它能够带给顾客的确凿好处。再次提起注意：在这一结构中，WIIFY已经天然地被嵌入到演讲的每一个单元之中。

在图书出版行业中，出版商的销售代表会就每个季节的新书向来自Barnes & Nobel等连锁书店和众多独立书店的采购员发表演讲。对于每一种书，销售代表都会介绍其特色以及它将带给读者的好处。例如，一本新的地图册可能会夸耀自己的地图图幅更大、颜色更鲜艳等特点，而它带给读者的好处是地图更好阅读和使用。惊竦系列小说中的新书则会说自己的特点是："克利维登侦探面临的最危急、最邪恶的阴谋"；而好处是这本新书的每一页都会吸引读者来翻阅。读这本书，该系列的书迷们将会度过几个"充满愉快的痛苦"的不眠之夜。

如果销售代表能够令人信服地把图书的特色与好处讲清楚，WIIFY和B点就会自然随之呈现出来。销售代表可以告诉书店的采购员："你看，这些特色和好处保证能够使这本新书成为畅销书，你至少会有几十个读者急着买这本书。"（WIIFY）"你肯定想买他个几十本放到你们书店的橱窗里。"（B点）

案例分析式

所谓案例分析，实际上是一个故事，讲的是你或你的公司如何解决某个特定问题或如何满足某个特定客户的需求，在讲述这个故事的同时，案例研究还将涉及你的业务及其商业环境的方方面面。案例分析式叙述结构提供了一条连接各种不同元素的主线。

我们人类对故事特别是与我们熟悉的人的故事，有着与生俱来的兴趣。因此，案例研究是捕捉和保持听众注意力的绝佳办法。它也是把一个技术复杂或相当枯燥的产品或服务变得更加生动、人性化、更好理解的好办法，并且容易学，效果好。

医疗行业特别喜欢从个人兴趣的角度来组织演讲。让我们假设你在案例中研究的是一位名叫约翰·史密斯的病人。你可以描述约翰的病情，提到世界上有多少人和约翰患的是同一种病，这些人总共花了多少钱，他们已经患病多久而没有治愈。然后，你可以谈到你们公司的药是怎么治好约翰·史密斯的，你在这个药上获得了什么专利，它的法律地位、医学地位、生产成本、平均售价、潜在边际利润。最后，你可以介绍约翰·史密斯是如何康复的，如何获得医疗保险赔偿的，再进一步解释你的药在受到管制的医疗环境下如何销售的问题。约翰·史密斯的故事为你提供了一条组织演讲的线索，并且使得你整个故事的所有细节都更加人性化。

我曾经帮助一家公司做过IPO路演。这家公司的业务是把电视广告数字化，然后把这些广告从广告公司传送到广播电视公司，再从广播电视公司传送到广告公司，因为在电视广告正式播放之前需要审查，所以有一个反复的传送过程。在路演中，我们以一条关于道奇汽车的广告为例，对它进行了全过程跟踪，描述了该公司的所有产品和服务，说明该公司的产品与服务是比传统的运送方式更加优越的替代方式。整个演讲过程中，道奇的例子充当了主要线索，从而使得该公司的能力以及其业务的潜力变得更加鲜明和可信。

争论／谬误式

有时候也许你不得不面对一群疑心重重甚至是完全充满敌意的听众发表

演讲。这种时候，你可以考虑采用争论／谬误式叙述结构，故意引发听众对自己的案例的争论，然后通过指出这些争论的论据中的谬误（或者指出其依据的是错误的信念）来驳斥这些争议。其思路是：通过先清空听众心目中的成见，为正面展示你们公司的真正力量的演讲铺平道路。

使用这种结构具有一定的风险。它可能会听起来具有防卫性或好辩性，并且定下了一个消极的调子。除非遇到了以下情形，一般不要轻易使用这种结构：对你以及你的公司的负面想法传播广泛，因而在演讲过程中争论无法避免。

采用这个结构的某公司就充分利用其独特的优点。该公司董事会主席计划代表该公司参加一个大型的投资会议。他决定将其演讲题目定位为“不向我们投资的七个理由”。他从负面的投资分析者报告中抽取了七条理由，然后逐一地予以驳斥。当他结束演讲时，其结论无可避免地是其公司的股票确实是值得买进的。

比较／对照式

比较/对照式叙述结构的要点是把你或你的公司与其他的人或公司进行比较或对比。你提供的条件与同一产业部门的其他公司相比，有什么不同？你怎么与竞争对手一较高下？你的竞争优势是什么？采用这种叙述结构的演讲将把焦点放在一系列对比上，从而表明到底是什么使你的公司与众不同。

如同争论／谬误式结构一样，对这种结构也要慎用。它会使另一个公司与你的公司平分秋色，占据一半的焦点，风险之一就是你听起来似乎处于防守的下风，或者更糟的是，你会让听众记住另一家公司而不是你自己的公司。而且，当你试图通过否定其他公司而树立自己公司的形象时，你不可避免地要惹恼听众中某个人——他可能与你批评的公司有直接的关联，或者在那家公司拥有股份。

基于这些原因，只有在你很了解听众并且确信不会激起原本不存在的负面情绪的前提下，你才能够在为顾客或同行所做的演讲中使用争论／谬误式或比较／对照式叙述结构。

矩阵式

你应该对矩阵很熟悉，那些2 × 2、3 × 3、4 × 4的方块通常用来组织不同概念或不同性质的项目组合。商业界的听众都喜欢矩阵。为什么呢？也许是因为矩阵给人一种“准科学”的感觉，也许是因为如同其他许多叙述结构一样，矩阵式叙述结构能够把一套复杂的概念组织成一个易读、易懂、易记的形式。

矩阵式和空间式叙述结构都把概念组织成一个图形化的形式，从这一点上来说，两者是近表亲。两者之间的不同在于，空间式暗示着动态性的关系或者说是运动着的关系（从上到下，从下而上），而矩阵式则暗示着固定性的或者说静止的关系。

图4.2就是一个例子。它表明个人财务服务的市场根据两个维度的划分可以分为四类。

		对财务指导的需要 低	 高
收入	高	第一部分	第二部分
	低	第三部分	第四部分

图4.2　一个2 × 2矩阵

这个 2 × 2 矩阵组成了一个结构，你与你的听众在整个演讲过程中可以用这一结构来把握材料。你可以分析这四个部分的一些细节，解释为什么你的公司选择把注意力放在第二类上，把其作为业务中最具有潜力的一块。

平行追踪式

平行追踪式叙述结构是矩阵式叙述结构的一种复杂形式。它列出一个矩阵，并用同一个信息子集深入讨论该矩阵的不同部分，或者说，它列出一组相互关联的概念，并用同一个信息子集深入讨论各个概念。

让我给你举一个例子。这个例子来自于生物技术领域。生物技术是所有主题中技术最复杂的一个，演讲者必须付出额外的努力才能够找到简化和组织他们的信息的办法。采用平行追踪式叙述结构就是方法之一。

特诺克斯（Tanox）公司是一家开发治疗气喘病、过敏症、艾滋病以及其他影响人类免疫系统疾病的专利药品的上市生物科技公司。在治疗过敏症方面，特诺克斯公司首先把研究重点放在气喘、季节性过敏性鼻炎（因豚草和花粉引起的）以及严重的花生过敏症上。公司创立者兼 CEO 南希 · 常是一名生物化学博士，她常常需要向投资者发表演讲，讲解复杂的科学方法，通过给予这些听众足够的细节来使他们了解特诺克斯公司的科学所创造的商业潜力。

下面是南希采用平行追踪式叙述结构的一个例子：首先，她谈到过敏症患者的身体是怎样对特定过敏刺激物产生特定的免疫球蛋白E（简称为IgE）的；而IgE又是如何触发组蛋白的释放，从而导致气喘和过敏的所有疾病症候的。在特诺克斯公司里，这叫做“过敏性疾病的致病原理”。然后，南希又介绍了Xolair——特诺克斯公司研制的一种用以治疗过敏性疾病的“专利药”。她介绍了 Xolair 是如何消除人体内的 IgE，从而防止了过敏性疾病的发作，避免了其导致的症候的出现。在特诺克斯公司里，这叫做这种药物的

“起效原理”。最后，她谈到了过敏症的患病人数，这是 Xolair 的潜在消费者，换句话说，就是市场。

接下来，南希继续讨论严重的花生过敏、爱滋病和其他一些疾病。在讨论每种疾病时，她都逐一提到以下相同的要点：疾病的致病原理、特诺克斯公司的药物产品、起效原理及其市场。等到她介绍完特诺克斯公司的产品线时，她的听众几乎能够把疾病的致病原理、药物产品、起效原理、市场这四个词当歌唱了。可见，采用平行追踪式叙述结构能够使普通的听众轻易理解一套复杂和技术性的生物学事实。

设问式

这一叙述结构可以说是“为听众着想”原则的最高形式了。它从听众的立场出发，通过先说“您可能会怀疑……”然后替听众回答的方式，一下子就把他们吸引过来。当然，最好这些确实是你的听众心中最想问的问题，而不仅仅是你绞尽脑汁设计出来的问题。如果这些问题是自己硬凑出来的，设问式叙述结构就起不到应有的效果。

整个演讲都可以围绕着设问式叙述结构来组织。你的每一个概念簇都可以用一个特定的提问联系起来，然后你再做答。

以下是一个例子：

希瑞克斯（Cyrix）是一家设计、开发和销售半导体的公司，它上市于1993年(后来，希瑞克斯公司先被国家半导体公司(National Semiconductor)、后被维亚技术公司（Via Technologies）收购)。在 IPO 路演时，希瑞克斯公司的 CEO 和共同创立人杰瑞 · 罗杰决定采用设问式叙述结构。

在杰瑞的开场白中，他说：“希瑞克斯的竞争对手是声誉卓著的英特尔和 AMD（Advanced Micro Devices,先进微型仪器公司）以及其他两个资金雄厚的大型公司。因此，作为一家刚起步的、力图有所建树的小公司，我不得不回答一些潜在的新客户就希瑞克斯设计的与IBM兼容的微处理器提出的一些困难的问题。有三个问题不断有人问起：‘希瑞克斯的微处理器能够运行所有的应用软件吗？’‘希瑞克斯怎么跟英特尔竞争？’以及‘希瑞克斯的财务状况是否稳定？是否能够持续运营下去？’”

杰瑞继续说：“希瑞克斯已经开始批量生产486微处理器，这是最早能够用于商业销售的非英特尔生产的486微处理器。但对于像您这样的潜在投资者来说，关于兼容性、竞争和财务状况的那三个问题还是很重要的。在我今天的演讲中，我将为您提供这三个问题的答案并证明希瑞克斯是一家真正值得投资的公司。”

杰瑞放映了写有这三个问题的一张幻灯片。然后，他花了一会儿时间，用几张幻灯片对每个问题都做了一个回答。他最后的一张幻灯片上是三句口号式的句子，再次回答了那三个问题。

在回答那三个问题的过程中，杰瑞谈到了像芯片结构设计、制造策略、平均销售价格、知识产权、诉讼的可能以及竞争场景等多个不同的主题。但他把所有的这些主题都与那三个“罗马柱”绑在了一块，而那三个“罗马柱”又与设问式叙述结构绑在了一起。

数字式

最后，还有一个古老的数字式叙述结构有待介绍。

“为什么我们公司是一个有吸引力的投资机遇？我可以列出五个理由。”然后，你就列出这五个理由来，你说的时候，要采用倒计数法。如同标准组件式一样，这是一个非常简单、相当松散的叙述结构。我建议，只有其他结构都不适应你的演讲时，你再考虑数字式结构。

早在1983年，康柏电脑公司就为其IPO演讲选择数字式叙述结构。在他们为期两周的路演开始时，该团队提出了为什么投资者想要买康柏股份的十大理由。但他们很快发现，对投资者听众来说，这些理由似乎太拖拉了，只能在短时间内抓住听众的注意力。该团队迅速将十大理由压缩成五大理由，然后继续路演，显然，听众的注意力更加集中了。

大卫·勒特曼深受欢迎的晚间“Top 10 List”(十大名单)使得更大的数字重新流行了起来。它还为ONI系统公司的CEO修·马丁带来了好运。ONI系统公司是一家光电信设备供应商（现在该公司为西纳公司（Ciena Corporation）所有)。当时，马丁正在罗伯特孙－斯蒂芬技术投资会议上发表演讲。

我听了ONI公司的那场演讲。当时，就像我参加类似会议所做的那样，我在房间的后面找了一个座位坐下了,因为这样我能够同时观察听众与演讲者。大部分时间里，几乎没有演讲者能够做到结构流畅（五宗罪之一)，所以，MEGO症候很快就出现了。我看见听众的后脑勺开始不停地动。开始时他们向下盯着自己的扶手，接着他们斜倚着与邻座说悄悄话，然后转回头看一份《华尔街日报》。更多的情况是，他们坐下去不久就起身离开房间去听另一场演讲。

修·马丁避免了那种命运。他用这句话开始了其演讲：“我是一个大卫·勒特曼迷，因此，秉承他的精神，我将以从机构投资者那里反馈回来的‘Top 10 Qestions’（十大问题)为主线组织我的演讲。”当修开始讨论这十大问题并对每个问题作出自己的回答时，那些极不安分的后脑勺不再动了，没有一个人离开房间。

那次会议以后，修给了我以下的事后分析：

> 罗伯特孙对那次演讲的反馈非常好，以至于他们正在考虑把“十大问题”作为一个公式来套用。这确实有用，因为每一个投资者都希望知道其他投资人都问了些什么。这对作为演讲者的我来说，也很有帮助，因为我不必害怕结构的问题了。在每个“Top 10

Qestions”之间，我都有一个自然的停顿，这意味着我不必提前为下一张幻灯片做准备。一旦我提出一个问题后，很容易通过回答问题来保持流畅。总的来说，连贯性是没有问题的，因为每个人都知道你只不过要从10数到1。这是一个非常棒的方法，因为这对听众来说很有效。说真的，经过一小段时间的练习之后，看起来我确实有长进了。

选择哪种叙述结构？

是否一种叙述结构会比另一种好呢？不是这样的。对于某些特定场合而言，一些结构尤其有效。机遇/能力式结构一般适宜于投资演讲，形式/功能式结构一般适宜于同行业群体。但对于特定演讲来说，是否存在着好的方式或坏的方式呢？不是这样的。实际上，这16种叙述结构在一定程度上有些互相重叠。关键是：为整个演讲选择一种或两种叙述结构。演讲者真正的麻烦在于同时选择16种结构——有时甚至是在同一张幻灯片上选择16种结构。

> 为整个演讲选择一种或两种叙述结构。

当你作出选择时，你应该评估一下你的听众，评估时既要见树木又要见森林。听众应能够轻松地跟上你的演讲，而通过引领他们遍历各个部分，你将向他们发送“有效管理”的下意识信号。

如果你不能作出选择，你的演讲将偏离主题，你的听众将迷惑不解、游移不定，而你将永远不能把他们带到B点。选择哪个结构并不那么重要，关键的是要做出选择。

> 选择哪个结构并不那么重要，关键的是要做出选择。

下面是从政界选取的一个例子，目的是要说明选择并坚持一个叙述结构是多么重要。这是比尔·克林顿总统1995年在中期选举中民主党失去国会多数之后所做的国情咨文：

1995年国情咨文

1. 变化
2. 形势
3. 新契约
4. 成就
5. 新建议
6. 平衡预算
7. 福利改革
8. 犯罪
9. 国家服务
10. 非法移民
11. 减税
12. 最低工资
13. 医疗保健
14. 国际关系
15. 责任

你能说出克林顿总统采取的是哪种叙述结构吗？不能。由于面面俱到，试图讨好所有的人，克林顿的这一长篇大论被美国资深政治评论家、《华盛顿邮报》的大卫·S. 布若德批评为："这是一个什么都讲到了，但什么又都没有说的演说。"我想，你肯定不希望你的演讲也获得类似的评论吧。布若德和大多数的其他听众当时都出现了极其严重的MEGO症候。更糟糕的是，该演说以82分钟创下了一个记录，成为历史上最长的国情报告。

显然，克林顿总统（或者说他的演说写作班子）吸取了教训。第二年，他的发言提纲如下页所示。

克林顿总统把这次演讲的题目定为"七大挑战"，因此，这次的结构还是那匹老战马——数字式。如同所有的国情咨文一样，这也是一篇复杂和冗长的演说，但简单的结构使得它容易接受。听众（在这个案例中是整个国家）

1996 年国情咨文

1. 强化家庭
2. 教育目标
3. 经济安全
4. 打击犯罪
5. 清洁环境
6. 领导和平
7. 挑战华盛顿

总是能够知道他们现在在哪里，将要去哪里去。

作为比较，让我们看一看乔治·W. 布什总统分水岭式的演讲——他对2001 年 9 月 11 日恐怖分子袭击的反应。当时，他仅就职 8 个月，还没有机会在参众两院的联席会议上发表讲话，但由于当时的情形十分危急，他要求召开一次这样的会议。9 月 20 日，他发表了名为“向恐怖主义开战”的著名演说，他是这样开始演说的：

> 按照正常的程序，总统来到这间大厅是来发表国情咨文报告的。今夜，这种报告不需要了，因为这一报告已经由美国人民做出了……最近九天以来，整个世界都已经看到了一个团结的美国、强大的美国。

通过引述国家团结一致的情况，布什总统从“形式”开始了其演讲。然后，他继续说明它的众多“功能”，表现为美国人民的勇敢行为、国会领导人的团结一致、世界各国的纷纷支持。

接着，他谈到 9 · 11 袭击以及“基地”组织的作用，指出了美国面临的“问题”。但是尽管这个国家的创伤尚未愈合，他并没有在“问题”上花费多少时间。他很快转到他计划采取的“解决方案”：他命令塔利班放弃对恐怖分子的支持，他坚信美国武装力量已经做好准备；他打算建立国土安全办公室，他呼吁其他国家的支持并希望美国人民发挥作用。

他的整篇演说的精髓传神地体现为这段值得铭记的文字上：

> "今夜，我们的国家在危险面前被唤醒了，被召唤去保卫自由。我们的悲伤已经转变成了愤怒，愤怒转变成了决心。无论是我们把我们的敌人带到正义面前，还是把正义带到我们的敌人面前，正义一定要实现。"

布什总统因为在这个历史性的时刻发表了这篇强有力的、雄辩的演说而受到广泛的赞扬。正是他使用的清晰的叙述结构帮助他为这个不安宁的国家指明了方向，重新恢复了自信。

选择叙述结构的原则

当你在为演讲选择一个叙述结构时，请考虑以下因素：

■ **演讲者的个人风格**。选择一个让你感到舒服的叙述结构。做点实验和练习有助于你决定哪种叙述结构最适合于你。即使你的同事曾经采用某一叙述结构并演讲成功，也并不意味着你也会成功。当然，这同时也说明公司演讲可以"一个尺寸，包打天下"的观念是错误的。

■ **听众的主要兴趣所在**。现在你已经知道，不同的叙述结构突出的是一个故事的不同部分。所以，应选择能够使你的听众最关注或最感兴趣的内容成为焦点的叙述结构。记住：机遇／能力式结构适合于针对投资者的演讲，而形式／功能式结构适合于针对同行的演讲。

有一个生物技术公司在IPO路演时使用的是机遇／能力式叙述结构，他们从机遇（针对特定疾病的目标市场）说起，然后转向如何用他们的技术赢得这一市场。而在他们上市不久之后，当他们被邀请参加一个行业会议时，他们在演讲中最先谈到的是“形式”(即其技术,后者说他们的“秘方调料”),而把“功能”(即其技术所针对的市场)放到后面来讲。

■ **故事的天然结构**。有些故事天然适合于某个特定的叙述结构。利用好这一倾向。例如,正处于转型期的公司或者行业主要应考虑编年史式结构。

■ **预先安排**。当你将参加的会议、研讨会或其他聚会要求你的演讲按照某个固定套路来讲或者你必须回应某个特定的挑战或问题时,就应该采取符合其要求的叙述结构。

■ **美感**。这实际上是“直觉”的代名词。如果你非常强烈地感觉到某个叙述结构用在你的故事上“很顺眼”,或者“听上去很棒”,又或者“就是好”,那就用它吧!不要把你的故事硬塞到一个你感觉“很不爽”的结构里。如果一个结构让你感觉舒适,那是因为它符合你的审美直觉,你应该把你的舒适感传达给你的听众,他们就容易与你产生共鸣。

如你所见,选择一个叙述结构与其说是一门科学不如说是一门艺术。你也可以放开手脚,大胆使用混合叙述结构。在一个演讲中很可能要把两到三个叙述结构结合起来用。试着使用不同的叙述结构,不要束缚住自己的手脚。记住:做出选择比选择哪个叙述结构更重要!

叙述结构的价值

埃米尔·洛里尔是一家名叫生物媒介疗法公司(BioVector Therapeutics)的CEO,这家法国生物技术公司从事吸入式药剂的技术开发工作。为了准备生物媒介疗法公司的IPO路演,埃米尔和我一起勤奋工作,做了多次研讨。然而,正如我们常见的那样,该公司没能上市而是被收购了。埃米尔于是成为一家已经上市的美国生物技术公司的CEO。这家公司叫做伊品缪恩

(Epimmune)，其技术基于一种叫做epitopes的自然生成物质。伊品缪恩公司利用epitopes来生产疫苗，帮助身体免疫系统与癌症以及其他感染性疾病做斗争。

埃米尔请我帮他看一个演讲稿，这是他将在下周一个生物技术会议上代表伊品缪恩公司做的一个演讲。我是在家里拨号上网，通过电子邮件才收到他的演讲稿的，下载这个有很多图片的文件花了大约15分钟。我先看了看他的概述幻灯片（见图4.3）。

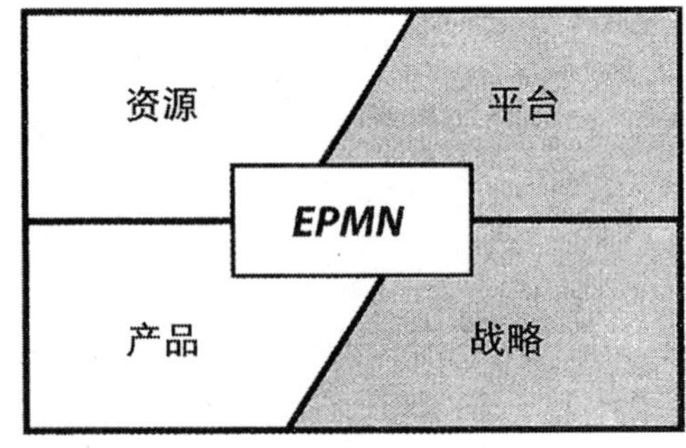

图4.3　伊品缪恩公司的概述幻灯片

我打电话给埃米尔，问他这个演讲用的是哪种叙述结构。尽管我们在一起合作过很多次，但埃米尔还是犹豫了一下。过了一会儿，他说："对了！是形式/功能式！"

"好，那么，你为什么要先讲资源呢？"我问他。

沉默了一会儿后，埃米尔叫起来："我知道了！我应该从伊品缪恩的平台也就是我们的核心科技讲起，这是我们的'形式'；然后，再讲我们在这个平台上开发出来的产品以及开发利用这一平台的战略，也就是'功能'。我应该把资源放到最后，并用它来说明我们将如何实施我们的战略！"

"对呀！"我赞同道。

我用了不到两分钟的时间把埃米尔的幻灯片拖动了一下，调出了一个正确的顺序（见图4.4），并在其他几张幻灯片上稍微改了改（对这位勤奋的学生来说，只需要做一点改动就行了）。然后，我把这个演讲稿又用电子邮件发回给了埃米尔——上载又用了我15分钟。

30分钟的下载，2分钟的修改，改出了既见树木又见森林的大视野。

对叙述结构的选择，使得你以及你的观众能够轻松地了解到整个演讲内容的逻辑性与完整性，从而使听众能够理解并跟上任何演讲。更重要的是，这使得他们容易记住你的想法。

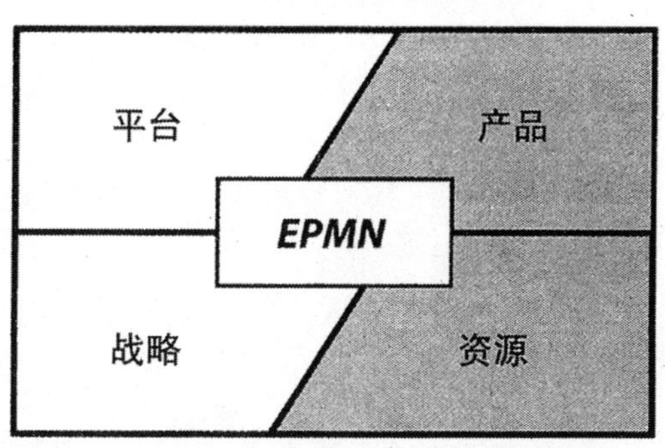

图4.4 伊品缪恩公司的概述幻灯片

四大关键问题

让我们回顾一下目前为止你已经学到的内容：一开始要确定你的框架性构造，接着进行脑力激荡和概念集簇工作，然后选择特定的叙述结构来把这些概念集簇按照逻辑顺序进行排列。

所有这些步骤可以进一步精练成我所谓的“四大关键问题”：

1．你的**B点**是什么？

2．你的听众是谁？他们的WIIFY是什么？

3．你的“**罗马柱**”是什么？

4．你为什么把你的“罗马柱”按照某一特定次序排列？换句话说，你选择了哪种**叙述结构**？

无论是为哪个客户做哪一个项目或者哪一次研讨，我总是从这四个问题开始。和我给他们的建议一样，我对你的建议是：从现在开始，无论你要做什么演讲，都要问一问自己这四个问题，并且给出答案来。

你的听众对此会非常感谢，而你也将获得丰厚的回报。

第 5 章 抓住你的听众

公司案例：

- Intuit 软件公司
- Digitalthink 公司
- Mercer 管理咨询公司
- 思科系统公司
- 雅虎公司
- Macromedica 公司
- 阿吉斯保险公司
- TheraTech 公司
- 微软公司
- 网络电器公司
- 希瑞克斯公司
- ONI 系统公司
- 劳尔小学

先让我们想像一下，在你开始演讲时，你的听众们在干些什么吧。也许，你的听众是一群来听你关于公司最新产品推介演讲的潜在客户，他们三三两两地走进会议室，喝着咖啡，看着手里的材料。也许，你的听众是坐在一间实木装饰的办公室里的银行家，他坐在高高的、很可能是贷款申请的一大摞文件后面，手握是否给予你拓展业务所需的启动资金贷款的决策大权。又或者，和我那些IPO客户一样，你面对的是豪华宾馆的宴会厅里满满一屋子的机构投资者，正操心着他们离开办公室后纳斯达克的股市行情。

他们的关注点在哪里？很大的可能是，他们的关注点并不在你身上，至少在你开始演讲时是这样。他们关注的，很可能是他们手头的一条紧急信息、在此之前收到的一份贷款申请、阴晴不定的纳斯达克股市、他们的下一个约会、超期未交的报告，或者，与他们的配偶最近发生的一场争吵。

如果你希望立马进入演讲正题，介绍你的产品、服务或技术，那你就抢在了你的听众的前头，他们要跟上你就会有很大的压力。不要让他们劳神！

开场白可以克服这个问题。所谓开场白就是你为了抓住听众的注意力（同时，帮助你以一种舒适的、对话式的方式进入演讲正题）而说的一小段话。

在这一章中，你将学到起草演讲开场白的七种方式，每种方式都经过实践的检验，并且每种方式都配有案例。

七大经典开场白

1. **提问法**。提出一个针对听众或某一类听众的问题。

2. **摆事实法**。说出一个令人吃惊的统计数字或者一个很少有人知道的事实。

3. **回顾/展望法**。回顾过去或者展望未来。

4. **讲故事法**。讲一个简短的、人性化的有趣故事。

5. **引述法**。从一个令人尊敬的信息来源引述一段褒扬你的业务的话。

6. **成语法**。引用一个众所周知的成语。

7. **类比法**。对比两个看上去互不相关的事物来帮助你说明一个复杂、神秘或者模糊不清的主题。

提问法

开始演讲的一个好办法是向听众提一个问题。一个精心选择、相关性强的问题很快就会得到回应，吸引听众，打破演讲者与听众之间的藩篱，促使听众思考你带来的信息与他们之间的关系。

Intuit软件公司的创立首席执行官斯科特·库克有一次就使用过提问式开场白，取得了很好的效果。在Intuit公开上市之前，斯科特出现在旧金山的罗伯特孙–斯蒂芬公司技术投资会议上。下面我们来看看他是如何开始演讲的：

“女士们、先生们，早上好！在开始今天的演讲前，请允许我先提一个问题。你们当中有多少人自己计算个人收支账？大家能不能举一下手？”很自然，几乎所有的人都举起了手。

“好的，你们当中多少人喜欢干这个事？”每个人的手都放下来了。屋子里有人开始笑，所有的人都在听斯科特·库克往下讲。

斯科特继续说：“不单你们不喜欢。这世界上有成千上万的人都不喜欢计算个人收支。我们Intuit公司已经开发出一种简单、好用、便宜的新型个人理财工具，叫做Quicken。”

如果斯科特在演讲的一开始就进入对Quicken的详细介绍,他就死定了。如果他这样做的话,他的那些投资者听众会立刻出现"目光呆滞、神游八方、不知所云"的MEGO症候。但是,通过提问式开场白,他成功地吸引了他们的兴趣,使他们立即进入到演讲当中来。

不过,一定要慎用"举手给我看看"式的提问。它可能被听众认为是强人所难。许多这么做的听众可能并不喜欢这么直接地被人摆布。另外,如果没有人像你希望那样举起手来呢?这个问题就提得事与愿违了。斯科特·库克能够成功是因为他在创立Intuit公司之前,在巴恩公司做过管理咨询顾问,早就是一位有经验的演讲者了。

提问法的另一个有效方式可以避免这些尴尬:你可以用设问法问听众一个对他们有意义并且与他们息息相关的问题,然后马上就替他们说出一个答案。麦克·波普,原先是一家销售定制数字化学习课程软件的上市公司——DigitalThink的CFO,后来又做了该公司的CEO。他最早做的工作之一是在一个全体员工会议上把公司的一项新战略的要点向员工们宣布。他知道,这项新战略要求公司进行收缩,肯定会影响到一些员工的工作。他选择了强调新战略会给公司带来更大好处的办法。

麦克是以这种方式开始其演讲的:"如果我让弗雷德在这里定义一下DigitalThink的战略要点,他可能会给我一个答案。如果我再问丽萨同样的问题,我可能得到另一个答案。事实上,很可能公司有多少人我就会得到多少种答案。而且大家都是对的。那是因为我们一直什么都想做。这种办法再也行不通了。今天,我要在这里定义公司新的战略要点,这样我们整个公司才能作为一个整体步调一致地前进,并赢得成功。"

接下来,麦克介绍了新战略的内容。当他结束演讲时,听众开始自发地鼓掌,接着是一片赞同之声。通过向员工展示一个将带来更好的未来的计划(一个WIIFY),麦克使得听众能够接受他的新要求。

只要你提出的问题能够激发起听众的兴趣并且与听众密切相关,设问式提问法就可以成为打破演讲者与听众之间距离的破冰者。

摆事实法

摆事实式开场白指讲述一个简单而令人震惊的统计数据或事实,如市场增长数字、某一经济人口数据的详细资料,或者听众可能不熟悉的社会发展趋势等。这一事实必须与你演讲的主要命题以及你的B点密切相关。你的这一事实越不寻常、越令人吃惊、越具有震撼力,效果就越好。

艾德里安·斯利沃斯基是一位杰出的管理学家和Mercer管理咨询公司的副总裁。艾德里安常常向一群大公司的高级管理人演说,向他们解释他对未来十年业务增长之源的看法以及商业领袖们未来充分开发这些源泉应采取的战略。为了抓住听众的注意力,艾德里安会以一张标题为“成长危机”的幻灯片作为演讲的开始。这张幻灯片上列举了美国各行各业一些最大、最具声望并最受人尊重的公司。

在这样的背景下,艾德里安说:“每位投资者都在寻找能够持续提供两位数以上的销售与利润增长的公司。在我列出的这些公司中,所有的公司都不能够提供这种增长。一个也不能!很令人吃惊,对吧?但这是真的!我们的研究表明,如果剔除公司兼并以及其他特别的环境影响因素所带来的增长,在过去十年中,这些领先的公司中没有一个能够以两位数的比率实现增长。”

当艾德里安向听众(这些人都是一些像幻灯片上所列的那些公司一样的大公司管理者)指出这一事实时,许多人就已经坐不住了,所有的人都准备仔细地倾听艾德里安对于解决这一困境的建议。

回顾/展望法

你可以把这种方法归纳为“过去是那样的,现在是这样的”。回顾或展望通过把听众朝某个方向（回顾是后向，展望是前向）带离现下或当前的关注对象——手边的紧急信息、阴晴不定的纳斯达克股市或与配偶的争吵——从而使你能够抓住他们的注意力。

比如，你可以谈某些事情过去是怎么做的，现在又是怎么做的，而未来你又打算怎么做。这种对比能够高度突出你们公司提供的产品或服务的价值，从而有效构建起一条通往演讲主题和你的B点的道路。

一个高科技公司可以谈：它的产品5年前（5年对高科技世界来说是一个生命周期）是一个什么速度和能力，现在的产品在速度和能力上又有了巨大的提高，而未来6个月内将推出的新型产品又将比现在的产品在速度与能力上有更大的提高。通过这个说明，会让听众对该公司在推出其不断进步的解决方案的强大能力产生深刻印象。

回顾／展望法还可以用于激励。詹姆斯·里查德进入思科公司的13年中，担任了一系列高级管理岗位，后来才被提拔为公司CMO。他接手新职时，公司正处在困难时期。2002年，股市崩盘，高科技行业普遍经历顾客消费缓慢，尤其是电信部门更是经历了网络设备销售减少之痛。

在那一年的思科全球销售会议上，公司的销售队伍感到要完成销售定额具有很大的压力。詹姆斯负责做会议的主报告，在演讲时，他以回顾开始并迅速转向展望："我曾经也处于你们的位置上。我记得那些不费什么力气就能够从我们的客户手中获得定单的日子。当市场处于快速增长时期时，抓市场机遇总是更容易。但今天的世界已经不同了。需求已经大大减缓了。现在已经到了我们主动出击，寻找新的增长市场和新的收入源泉，创造新的市场机遇的时候了。"

讲故事法

我说的讲故事式开场白，不是让你去讲笑话。我和别的人一样喜欢好的笑话，但作为我给你以及我教过的每个人的专业建议，我建议你永远不要在演讲中讲笑话。没有人能够预计一个笑话将获得成功还是失败。即使它能够逗引听众发笑——大多数时候是这样——但它会减损而不是加强你的说服效果。

我所说的故事是一则非常短小的、往往是从个人兴趣角度去讲的故事。作为开场白，它之所以会有效，是因为我们天生就对别人感兴趣，关心别人。一个故事会立即使你的听众产生认同和共鸣。讲一个小故事是使一个抽象主题或者很可能会乏味的主题变得生动和有生气的一个简单而有效的办法。

被称为“伟大的沟通者”的罗纳尔多·里根为了使其主题更加个人化，几乎每两分钟就要讲一个故事。作为说明其主题的一个方法，他总是准备好一个简短的故事——关于勇敢的士兵、关于好心的护士或者关于威严的祖父等等。每一次，这些故事总能够从他的听众那里为他骗取到一片同情或者一个认同的微笑。

新闻报纸和杂志常常用故事来抓住读者的注意力。只要看看今天的报纸，你肯定能够找到至少一个故事式开场白的例子。每一个专业作家都知道该如何使这一方法奏效。

下面是一些如何利用故事来做一个强有力演讲的开场白的例子：

1996年春天，我为互联网搜索引擎公司——雅虎当时的首席执行官提姆·库戈尔工作。当时，他和他的团队（包括首席财务官盖瑞·瓦伦祖拉和公司创立人杨致远）一起准备其IPO路演。提姆和盖瑞是演讲者，因为杨难以控制自己，不适宜于回答问题。在考虑了几个可能的开场白之后，提姆决定用一个个人化的、真实的小故事作为演讲的开头，这个小故事解决了他关心的一个问题，而这个问题他认为是每位听众都会遇到的。他的故事大概是这样的：

女士们、先生们，你们好！你们可以想像得到，公司上市的时候是非常繁忙的：你得准备大量的证券交易委员会文件，与律师和审计师开会，准备路演演说，当然，还要管理公司。想像一下，上周当我突然发现已经是四月了，而我还没有准备好我的税务申报书时，我的感受是什么样的。关于我的收入我还有很多问题，而我甚至还没有机会和我的会计师一起坐坐。

幸运的是，我是在雅虎工作！于是，我赶紧行动，点开雅虎主页，点击那个叫做“金融”的菜单项，然后点击叫做“税收”的菜单项——于是，我所有问题的答案都在那儿了。

想想看，雅虎为大量主题提供了如此强大的网络搜索服务，从金融到旅行到娱乐到运动到健康等等；再想一想，互联网上正在飞速增加的各类用户群，您将会发现雅虎因各类用户群而获得的广告收入是一个多么富有吸引力的商业机会！欢迎你们加入到我们的这一行列中来。

雅虎的IPO故事中使用了一个有趣的新手法，对于其他的演讲原则具有启示作用。雅虎商业模式的一个关键因素是用一个青春、充满活力、蓬勃向上的形象来提升其品牌，这一形象通过其名字、广告甚至是它那黄紫相间的标识上那些卡通式字母得到了表达。在计划IPO路演时，雅虎团队及其顾问考虑了很多办法如何捕捉这一清新的形象而又不疏远那些庄重的投资者。有一段时间，他们甚至考虑过穿着公司标志色的丝质团队夹克参加路演，并散发装饰有公司标识的亮黄色玩具小笛子。这些计划都被放弃了，而改为在演讲开始以前播放一段用来确定演讲基调的录像。这段录像是以MTV方式拍摄的，充满了快速切换的快门和各种新奇的摄录角度，展现的是一群兴高采烈的年轻人跑着、跳着，做着各种杂技动作，一边唱着：“你yahoo了吗？(Are you yahoo？)”

从各种标准来看，这段录像都拍得非常棒。你可能会以为，作为一个资深的电视人，我肯定会欢迎在演讲一开始就来一段录像的主意吧。但是按照我一贯的做法，在考虑录像问题时，我提议把这段录像放到第二位来考虑，即把它放到提姆·库戈尔的开场白故事之后。我的理由是，毕竟投资商首先考虑的是管理而不是第一流的录像。事实上，提姆之所以被招募来管理这家处于起步阶段的公司就是因为他的老成持重。他曾经担任过里通工业公司(Litton Industries)的分公司——Intermec公司的总裁，在此之前，还在摩托罗拉公司呆过8年。提姆在这些广受尊敬的“成熟”公司中的成功经历要让投资界把这帮雅虎小孩当回事还有很长一段路要走。那么，为什么不把管理作为演讲中的“明星”呢？

为雅虎IPO认购的投资银行家否决了我的建议。一位媒体人的建议因为是“过于保守”而被投资银行家否决——这也许是历史上为数不多的几次之一吧。录像最先放。结果，也并没有什么坏影响。雅虎是如此热门，当它的彩车载歌载舞地前进的时候，成群结队热情的骑车人都大呼小叫着想登上这台彩车。

但是再往前回溯三年，在一个类似的场合中，我的建议受到了重视。Macromedia，这家多媒体制作工具的软件商请我为他们的IPO路演团队做教练。我一直没有时间为他们做这个项目，直到他们使用内部资源开发了一个动画短片作为路演的开头。在这段影片中，一个亮光闪闪的、拟人的黄色字母“M”合着生气勃勃的音轨乐曲节拍在屏幕上跳舞，一会儿旋转，一会儿跳跃。整个影片令人印象深刻。毫无疑问，如我一直坚持的那样，我建议把这段片子降到第二的位置，放到首席执行官的开场白之后。

然后，我帮助Macromedia的CEO巴德·科利根编写了如下的故事：

> 女士们、先生们，下午好！欢迎参加Macromedia公司的公开发行询价会。去年，我还是苹果电脑公司的“快乐之王”。我的那份工作可真不错——有无限的资源、资深的员工、充足的预算。那么

你也许会问我：为什么要跳槽来这家风险大、刚起步的公司？理由是：我在苹果的工作是评估和开发新技术，许多迷人的新项目和新设备都从我的桌子上走过，但只有一样真正吸引住了我的眼球，那就是多媒体。

现在，我确信最近你们已经听到了很多关于多媒体的事情。这个词好像每个人都挂在嘴边。但是如果你真要找一个人来解释一下这个词的话，大多数人都会有困难。所以，与其试图为多媒体下一个定义，不如让我来为你们放一段多媒体。

然后，巴德放映了那一小段影片。感谢巴德的开场白故事，现在，影片不再只是一段有趣而无益的小闹剧了。它已经成为Macromedia公司为千百万顾客提供的创造性产品的最有力的证明，因而与Macromedia的B点高度相关。

下面，让我们考虑一个来自于完全不同行业环境的例子。阿古斯保险公司是总部位于华盛顿的一家向公司员工销售工作地保险福利计划的公司。这些客户定制的计划可以让每个员工挑选各自最需要并愿意支付的保险范围，保险范围可以高于也可以低于雇主提供给他们的保险。

阿古斯公司的传统做法是：由保险业务员去各公司拜访，把公司员工都召集到一个房间里，给他们看一段关于其服务的一般性录像。然后，阿古斯公司的业务员发放小册子并等着回收保险单，但是能够签下保险单的人是极少数人。

当我和阿古斯公司的一个团队一起工作时，我向他们介绍了开场白的有关知识。在提供了一点帮助后，阿古斯公司的一名业务员卡罗·凯丝就根据真实的场景写出了以下的一段开场白：

去年，阿古斯公司的一位客户家里着火了。他们认为可能是电线短路造成的火灾，但没有人确切知道是怎么回事。无论怎么说，他们的家被烧成了一片白地，所有的东西几乎都烧光了。这真是一场灾难！他们不但失去自己的家，而且在财务上也处于困境。

就像许多人一样，我们的被保险人现在才意识到他离灾难才一步之遥。幸运的是，我们阿古斯公司给出了一个解决方案。阿古斯审查了他以前的保险计划，发现了保险范围存在的漏洞。于是，我们提供了多功能、低保费的保险项目，提供了该客户以前的保险计划不曾提供的保险范围。

所有人都认同这一场景。卡罗现在签下的阿古斯保险客户比以前多多了，这在很大程度上归功于具有很强说服力的那段开场白的力量。

引述法

你的另外一种选择是引述式开场白。我说的引述，不是引述威廉·莎士比亚、温斯顿·丘吉尔、约翰·F．肯尼迪，甚至是汤姆·彼德斯——除非，他们中的哪一位专门针对你们公司说过什么话。但是，如果你能够从《华尔街日报》或者行业报纸上摘抄下对你、你的产品或服务的赞扬或者正面评价，那么这一引述就有相关价值。一段赞扬性的引述能够引起听众的兴趣并使你在演讲一开始就赢得信任。

请抵制住跑到你附近的书店或图书馆买一本所谓的《1000万条名人名言——适用于各种场合》之类的书的诱惑。实践证明，在绝大多数情况下，这些引言常常是用在哪里都不合适。

当DigitalThink于1999年上市时，麦克·波普还是CFO(首席财务官)。那时，互联网泡沫成分已经很大了，一大批从事数字化学习的其他公司也纷纷上市。三年以后，当麦克连任该公司首席执行官时，我为他做了一个“强有力演讲”培训项目。当我介绍引述式开场白时，我注意到麦克露出了会心的笑容。

他为什么会笑呢？麦克解释说："我们上市那年，几乎每一家数字化学习公司的IPO路演都引用了约翰·钱伯斯（思科公司的CEO，互联网的中心人物之一）的话，他说：'互联网应用的下一个杀手型应用是教育。互联网上的教育市场是如此巨大，它将使电子邮件的使用看上去像一个完美的错误。'"对从事这一行业的公司来说，这段引言确实是极具相关性、证明力和说服力的开场白。

成语法

成语（或者说，俗语）也能构成一个很好的开场白。但一定要选择那些能够与你的主题以及你的B点建立自然而可信的联系的谚语。

下面是成语式开场白的几个例子：我曾经为一家生物技术公司的IPO路演工作过。这家公司是由三家在癌症研究领域有关联技术的小公司合并而成的。他们是这样开始其演讲的："整体大于部分之和（The whole is greater than the sum of its parts.）。"这一公理的原文出自于几何学的奠基者欧几里德，原文是："整体等于部分之和（The whole is equal to the sum of its parts.）。但这家生物科技公司的演讲者对这句名言做了一点修改。通过这一修改，他们立即把新公司由于共享竞争力与资源而产生的协同效应表达得淋漓尽致。

下面还有几个其他的例子：

一家制造图像显示屏的公司引用"眼见为实"(Seeing is believing.)，立即把他们独特产品的清晰度和可靠性表达了出来。

一家拥有语音识别技术的公司引用了"说起来容易做起来难"(Easier said than done.)。

一家在两个强大的竞争对手之间留下的利基市场中生存的公司引用了："在他们不在的地方痛揍他们(Hit'em where they ain't.)"。这句成语来源于很早以前的伟大棒球手魏·威利·基勒，他说："要在竞争中获胜你不必是块头最大的，也不必是最强壮的，你只需要把注意力放在一块别人都忽略的地方就行了。"

在上述每一个例子中，成语式开场白都从一开始就吸引了听众的注意力，从而使得演讲者能够把他们带到演讲的核心部分。抓住并且引领听众。

类比法

最后一个选项——类比式开场白——是我个人的最爱。所谓类比，就是在两个看上去不相关的事物之间做比较。在本书的序言中，我就把按摩治疗师与一个有说服力的演讲者做了一个类比。我希望它已经引起了你的注意。

一个精心设计的类比是解释那些神秘、面目不清或者复杂的事物的一个好办法。如果你的业务与技术复杂或者需要专业知识才能弄懂的产品、服务或系统有关，你可以找一个简单的、能够让听众抓住故事要旨的类比。

类比越简单、越清楚，越好。如果你打算向投资者推销一家为数据网络管理提供改进软件的公司，你也许可以通过稍微篡改一个熟悉的比喻来解释你的业务："你可以把我们当作修补信息高速公路上的坑坑洼洼的人，我们计划向那些在我们的收费高速公路上旅行的每位司机都收费。"

如果说，对网络故事来说关于道路的比喻是一个比较常见的选择，我发现，对一家生物技术公司来说，关于道路的比喻就不太寻常了。医疗科技（TheraTech）公司（现在叫犹他州沃孙（Watson）实验室公司）有一项技术，通过能经过皮肤渗透的膏药来有控制地释放药物效力。当我与医疗技术公司的研发副总裁、药学博士查尔斯·俄伯特一起做路演准备时，他开始讨论起其核心科技的本质来。当查尔斯富有启发性地全面介绍了医疗科技公司的矩阵系统与渗透性增强剂时，我要求他停下来先介绍一下这些术语。查尔斯说："你可以把这一矩阵系统想像成一台卡车，把药物想像成它装载的药物，把皮肤想像成一个那辆卡车必须停车的边境路口，而把渗透性增强剂想像成能够开启障碍使卡车得以通过的马达。”

科技是复杂的，相比较之下，商业就相对简单一些，但把两者结合起来往往是很困难的。尽管人类基因组排序背后的科技是非常复杂的，其商业潜力可以用这样一个类比来解释：“由于我们公司的研究者首先确定并绘制了几种导致重大疾病的一些基因，我们就处于一个能够向那些致力于消灭这些疾病的大型医药公司收取专利费的地位。这就好比你拥有一首热门歌曲的版权，能够在别人每次演唱这首歌时收取专利费。”

文思·蒙帝罗是微软移动设备部门的全球营销总监。他在微软公司在伦敦为欧洲独立软件销售商（ISV）组织的移动开发会议上做了一个公开演讲。独立软件销售商编写了成千上万的移动设备驱动程序以及其他无数的软件。

文思用一个类比式开场白开始了其演讲，用这一优雅的问候更有效地将听众引领到演讲主题上：

> 早上好！因为我是在欧洲，所以我还应该再加上：Bonjour，Buenos dias①，作为一个意大利裔美国人，我还要说一声：Buon giorno！②
>
> 我是一个历史迷，我研究过我祖先的祖国的历史。多少个世纪以来，意大利被分成了许多个自治的、战争不休的小国家。但在1870年，由于朱泽培·加里波第这位从游击队战士成长起来的伟大将军的英勇奋斗，意大利终于成为了一个统一的国家。
>
> 今天，移动世界在很大程度上就像昨日的意大利，大家各自割据称雄、战争不休。现在，战火已经蔓延到技术、平台和系统等各个方面。你们这些独立软件销售商因为这分裂的结果而受害不浅。我们微软公司听到了你们的心声，理解你们的困惑。作为我们的回

①法语和西班牙语：您好
②意大利语：您好

应，我们组建了一个合作伙伴生态系统，包括英特尔、德州仪器以及其他的大型硬件商。所有的这些公司都与微软一道致力于创设一个开放的平台，使得其成员能够参加微软1亿台移动设备的部署工作中去。今天，在这里，我们诚邀您的加盟，欢迎您成为这个生态系统的一员。

文思的这一开场白很优雅，采用了类比，无疑获得了听众的注意力。

复合型开场白

实际上，你可以把上述一些类型开场白组合起来，形成你自己的开场白。还记得在第1章中，网络电器（Network Appliance）公司的首席执行官丹·沃门豪文是怎样开始其IPO路演的吗？他用“名字有什么意义？（What's in a name?）”这句话开头（这是一句成语——朱利叶向她的罗密欧发出的不朽疑问）。接着，他问道：“什么是电器？（What's an appliance?）”（一个设问，随后是他的回答：“烤面包器就是一种电器”。）然后，丹用烤面包器做了一个类比：“烤面包器只做一件事并且把这件事情做得很好——那就是烤面包。”

通过这三重复合式开场白，丹确定赢得了听众的注意力，所以，他转而把这个类比与他演讲的其他部分相联系：“在网络上管理数据是一件非常复杂的事情。到目前为止，用来管理网络数据的都是那种能够做很多事情却什么也做不好的所谓仪器（device）。我们网络电器公司生产一种叫做文件服务器（File Server）的产品。文件服务器只做一件事情并且能够把这件事情做得很好——管理网络数据。”这时，丹已经准备好转向B点了：“当你面对网络数据爆炸性的增长形势时，你将发现：我们的文件服务器被定位成支撑这一增长的一个关键组成部分，网络电器公司被定位成一个成长型的公司。我们邀请您一同加入到这一成长中来。”

连接 B 点

要让你演讲的开场白发挥其最大效用,你要做的不仅仅是引发听众的兴趣。理想的开场白还应该进一步与你的 B 点建立联系。

在以上的每一个案例中，说完开场白之后，演讲者继续发挥，沿着通往 B 点的道路以各种不同的姿势跳跃前进。为了帮助你同样也做到这一点，你还需要两块垫脚石: 独特的营销定位(USP,the Unique Selling Proposition)和概念的论据(the Proof of Concept)。

■ **独特的营销定位 (USP)**。这是对你公司业务的一个非常简洁的总结,是介绍你或你的公司是做什么的、生产什么的或提供什么的一个基本前提。你可以把 USP 看作是你的演讲的“电梯版”: 想想看，你走进电梯，你刚摁下楼层按钮，突然美景就展现在你面前，你的心里会有多美。不过，你要注意噢，一定要选个四层的电梯，切不要选一个七十层的!

USP 应该用一句话——至多两句话——就说清楚。关于演讲，我最常听到的抱怨之一就是:“我都听他们讲了 30 分钟了，但我还是不知道他们是做什么的！”USP 就是要说明“他们”是做什么的。

记得丹· 沃门豪文的开头吗?“我们网络电器公司生产一种叫做文件服务器 (File Server) 的产品。文件服务器只做一件事情并且能够把这件事情做得很好——管理网络数据。”——一个非常清晰、简洁的 USP。

■ **概念的论据**。这是一个独立的演说要点，它将证明你的 USP。它为你的业务快速地赋予可信度。概念的论据是可选的——有的时候，你可以用开场白开头，连接上 USP，然后再直接转向 B 点，而不需要另外的说明。

但这是一个有价值的说明，并且当你选择把“概念的论据”包括进来时，你有众多的可选方式。例如，你可以用一个伟大的销售成绩："在推出该软件的第一天我们就卖出了85000份"；或者一个久负盛名的奖项："《商务周刊》把我们的产品评为本年度的十大产品之一"；或者一个令人印象深刻的赞誉："一位IBM的副总裁试用了我们的产品，他告诉我如果IBM能够发明这个产品他愿意付出任何代价。"

请把你的开场白、USP、概念的论据以及你的B点看作是相互之间具有互动性影响的转折点。一旦你能够在演讲开始时，把它们一气呵成，你的核心论点就将 "枪上刺刀、子弹上膛"单等你去讨论了。你就已经抓住了听众的注意力，他们将很清楚你想让他们做些什么了。

让我们再回到Intuit软件公司的创立CEO在Intuit公开上市前，在罗伯特孙一斯蒂芬技术投资会议上发表的那个演讲上。斯科特用两个提问："你们当中有多少人自己计算个人收支账？"和"你们当中多少人喜欢干这个事？"开始演讲。当笑声平息下去，所有的手都放下来时，斯科特继续说："不单你们不喜欢。这世界有成千上万的人都不喜欢计算个人收支。我们Intuit公司已经开发出一种简单、好用、便宜的新型个人理财工具，叫做Quicken。"(Intuit的USP）现在，斯科特开始切入正题了："我们确信这些成千上万的不愿自己计算个人收支的人们会大量购买Quicken……"。斯科特把开头安排得非常流畅，他跳过了他的"概念的论据"(但却没有跳过"跟我走！"的号召)，直接进入了他的B点："……一起把Intuit发展成为一个值得你们关注的公司。"

在该公司的那一历史性关头，斯科特的唯一目的就是让更多的潜在投资者和投资经理人对公司产生认知，为Intuit即将到来的IPO做好准备。与在这次会议上演讲的其他私人公司CEO们不同，那些人都是来融资的，而斯科特是唯一一个把演讲定调在："一个值得你们关注的公司"的人。斯科特去那里的目的不是为了筹集资金。(事实上，就在那次会议上，斯科特拒绝了相当大一笔投资，因为他已经从其主要投资人——克莱纳-帕金斯·考菲尔德和拜尔兄弟风险公司那里获得了所需的运营资本。）

补充说一句，斯科特从不羞于要求听众认购股票。我教过400多个CEO来准备IPO路演，几乎所有的人都要我来督促他们，才会发出行动号召。（记住：五宗罪之一就是："你的论点是什么？"）大多数CEO都不愿意用那个以"i"开头的词（"invest"，投资）。我也不主张他们这么做。相反，我推荐像"邀请（invite）"、"参与（participate）"和"分享（share）"这样一些词。在这400多位CEO中，只有斯科特·库克在演说的结尾，大胆地问道："那么，你们为什么要投资Intuit呢？"，然后为他们给出了答案。

还记得我们在第4章提到的，希瑞克斯公司的CEO杰瑞·罗杰怎样开始IPO路演演讲的吗？他说："希瑞克斯的竞争对手是声誉卓著的英特尔和AMD以及其他两个资金雄厚的大型公司。"（杰瑞的开场白是一个事实；在这个案例中，这是一个非常让人震惊的表述。）"因此，作为一家刚起步的、力图有所建树的小公司，我不得不回答一些潜在的新客户就希瑞克斯设计的与IBM兼容的微处理器提出的一些困难问题。"（希瑞克斯的USP）"有三个问题不断有人问起：'希瑞克斯的微处理器能够运行所有的应用软件吗？''希瑞克斯怎么跟英特尔竞争？'以及'希瑞克斯的财务状况是否稳定是否能够持续运营下去？'"

杰瑞接着说道："希瑞克斯已经开始批量生产486微处理器，这是最早能够用于商业销售的非英特尔生产的486微处理器。"（希瑞克斯的"概念的论据"）"但对于像您这样的潜在投资者来说，关于兼容性、竞争和财务状况的那三个问题还是很重要的。在我今天的演讲中，我将为您提供这三个问题的答案并证明希瑞克斯是一家真正值得投资的公司。"（希瑞克斯的B点。）

杰瑞的回答及其行动的号召显然是有说服力的：当希瑞克斯成为一家上市公司时，他们的定价是13美元，而第一轮认购就超过了19美元，这在1993

年是一个巨大的成功。

现在，让我们从杰瑞·罗杰CEO转向卡罗·凯丝，你在本章早些时候遇到过的那个阿古斯保险公司的保险推销员。卡罗以火灾场景作为她向其潜在客户做推销演讲的开头。在这个场景之后，卡罗接着说："我们的这个客户就像许多客户一样，购买了并不是根据他们个人需要定制的基本保险。现在，他意识到那意味着他离灾难只有一步之遥。幸运的是，我们阿古斯公司给出了一个解决方案。阿古斯公司能够为你提供客户定制的、增值性的保险套餐，这个套餐是根据你的个人需要量身定做的，能够保护你免于遭受严重的财务损失。"(阿古斯的USP) 卡罗已经为推出B点做好了准备，但为了达到更好的效果，她加上了"概念的论据"："也许这就是阿古斯公司成为这个国家成长最迅速的保险商之一的秘密所在。"现在，她已经为更强有力地推出B点做好了准备："我知道你们都希望能够抓住这一机遇，今天就签下这一重要的保单。"

用你的开场白、USP、概念的论据和B点强有力地开始你的演讲吧，你的听众会确定无疑地知道他们要去的目的地是哪里。现在，是你该告诉他们你会如何引领他们到达那里的时候了。

告诉他们你将要告诉他们什么

以上谈到的那些动态性转折点将使你的听众做好准备、进入状态，但是你是否想现在就直接一头扎到你的演讲主体中去呢？你是否希望现在就开始深入到你选择的第一个概念簇中去呢？还不行。我建议你首先要花点时间，让你的听众预览一下由你主要的议题组成的大纲。

要帮助你的听众建立方向感并跟上你的思想脉络，一个经典技巧是："告诉他们你将要告诉他们什么。"你也可以将其想成是给他们一个"森林的视角”。

在大多数商务演讲中，预览都放在“概览”或“演讲内容安排”幻灯片中来讲。在一个IPO路演中，则放在“投资亮点”幻灯片中讲。无论是哪种情况，它都归纳了一个公司的魅力所在。为什么不把按照概念簇的顺序把它画出来呢？为什么不把整个演讲都归纳到它上面去呢？这样做的话，你以及你的听众就能够看到所有主要概念簇以及将这些概念簇融为一体的叙述结构。这是一个既见树木又见森林的视角。你可以把它作为对演讲的最后质检。

但是“告诉你的听众你将告诉他们什么”不仅仅是给听众一个演讲内容目录。你还可以用两个动态转折点：B点的前向性链接(linking forward from Point B）和演讲耗时预告（forecasting the running time of your presentation）来展现你的叙述线索。

■ **B点的前向性链接**。在阿古斯保险公司的推销演讲中，当卡罗·凯丝征求订单——她说：“我知道你们都希望能够抓住这一机遇，今天就签下这一重要的保单。”——之后，她接着谈到了“概览”幻灯片，她说：“……因此，你们可以考虑一下与阿古斯签约的问题……”，然后她把“概览”幻灯片上的小标题（bullet）[①]说了一遍。

让我们把卡罗的前向性链接与更常见的无链接方式对比一下：“下面，我想谈谈我的演讲安排……”

在Intuit公司IPO路演演讲的开头，在斯科特·库克发出行动的号召——“那么，你们为什么要投资Intuit呢？”——之后，他用下面这句话为“投资机遇”幻灯片做了一个前向性链接（见图5.1）：“这里列出了一些为什么要把Intuit放到你的投资组合中去的理由。”然后，他简单地读了一遍小标题，说明每一个小点的价值。

---

①bullet：微软将其翻译成“项目符号”。在本书中，主要指各张幻灯片主标题下各个分项的标题。我们将其翻译成“小标题”，区别于“标题”（原书中对应的词是headline或title），译者注。

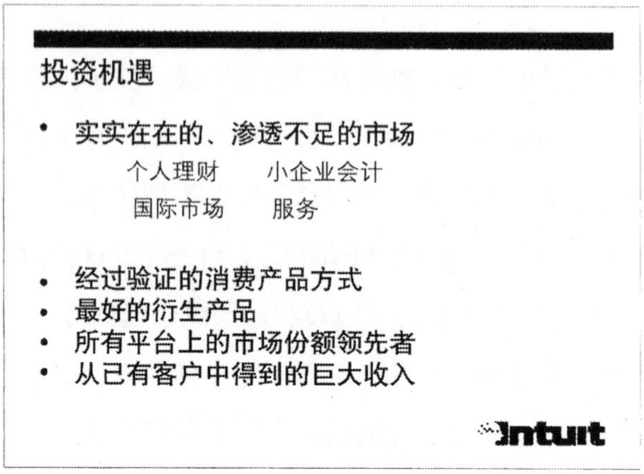

图 5.1 Intuit 公司 IPO 路演“投资机遇”幻灯片

这样，斯科特就不必像通常的做法那样逐字逐句地把小标题念一遍——那种做法只会惹恼听众，他们会想：“我又不是小孩子！难道我自己不识字吗？”

当斯科特讲完小标题之后，他又说：“请大家记住了，这是我们接下来的20分钟里的演讲大纲。让我们从最上面的市场机遇讲起。”这里他又加了一个前向性链接，这次是直接连接到他演讲的核心内容上了。

■ **预告时间**。如果从演讲一开始就确立一个结束点，而不是一头把你的听众拖进漆黑的隧道里时，听众在入口处时就能够看到演讲结束的灯光。通过声明你的演讲需要耗费的时间，你将向听众表明：你清楚他们的时间的价值，并且会让这些时间得到回报。这是“为听众着想”的又一表现。

通过给听众提供一个路线图并预报时间，你给了他们一个计划和一个日程安排表。这四个标楷体的词可以用一个词来命名：管理（manage）。又一次，你向听众发出了有效管理的下意识信息。

当然，没有人因为你仅仅“告诉他们你将告诉他们什么”，而把你当作一名杰出的经理。那是一个曲解。但是它的反命题是成立的：如果你带听众一头扎入一个黑暗的隧道里，他们就会觉得失控了。与之相反，如果你提早为他们指示出结束的灯光，他们会安心地坐下来，进入到你的信息中去，在下意识里，他们会对自己说："这些人知道自己在做什么，他们有计划，他们做好了准备。让我们来听一听他们要说什么吧。"

"告诉他们你将告诉他们什么"还会给演讲者带来额外的好处。当你点击你的"概览"幻灯片，为听众读一遍小标题时，你会在心里把演讲的各部分再过一遍，并提醒你自己整个演讲的结构。这将使你在进入演讲主体之后更轻松、更自信地从一个要点说到另一个要点。还记得ONI系统公司的修·马丁和他的"机构投资者的十大问题"是多么成功的吗？

此外，还有可能的是，你会有这么一天：在你的演讲即将开始五分钟之前，一个家伙走到你面前，说："实在对不起，但我们这次活动拖的时间实在太长了。我们原本计划给你半个钟头，但现在我们只有8分钟。"

真是令人发慌，不是吗？这时，你可以直接跳到"概览"幻灯片，围绕你的关键要点，带着你的听众在规定的时间内走一遍。毕竟，"概览"幻灯片就是你整个演讲的缩微照片，你可以用它来帮你对演讲做一个意料之外的浓缩，还能把你所有的思想都包括在内。

因此，古老的智慧果"告诉他们你将告诉他们什么"有一系列的好处：充当路线图、建立关联、预报时间、起提示作用以及作为演讲的浓缩形式使用。

现在，你可以接下来填充你预告的时间了——把你承诺告诉听众的事情告诉他们了。也就是说，详细地逐一讲解你的每个概念簇，在你粗壮的骨架上添加新鲜的血肉。

当然，当你讲完所有的概念簇，你还要"告诉他们你已经告诉了他们什么"。在大多数演讲中，这就是"总结"幻灯片要做的事情；在一个IPO路演中，这是"投资亮点"幻灯片要做的事情。无论在哪种情形中，它都是反映从演讲开始以来在它之前的所有内容的"一面镜子"。这面"镜子"把预览和总结连接起来，充当了演讲的“剧终”的角色。它还是对演讲主题的一个解析，简洁地把演说的各个部分紧紧地维系在了一起。在表述这一解析图象时，请把你的B点再陈述一遍。你的听众听到的最后一句话应该是你发出的行动号召。

关于总结，我还有一个重要的补充：简短一点！对于一本书来说，当只剩下几页了时，读者会知道大结局就在眼前，这时，作者有义务加快叙述的步伐。演讲也是这样。当你讲到“总结”幻灯片时，精练一点！

现在，你已经能够从一开始就有效地抓住你的听众，引领他们浏览各个部分，然后把他们带到B点。此外，你的整个故事现在已经完全满足了亚里士多德对故事的经典要求：起笔强大，中间实在，结尾有力（a strong beginning，a solid middle，and a decisive end）。

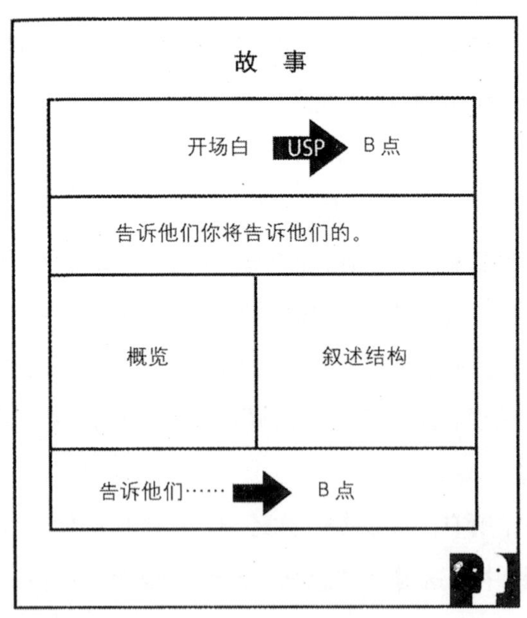

图5.2 强有力演讲的故事结构

我在做项目时，会给出一个故事结构图（见图5.2），这个图把前面所讲的内容都包括进去了。这是一个有用的工具，它能够帮助我们掌握一个基本的故事结构，无论对于哪种演讲都会有帮助。

用90秒开头

开场白、USP、一个连接B点的前向性链接、另一个连接“告诉他们……”的前向性链接、又一个连接“概览”的前向性链接——这是任何演讲的第一个重要步骤。这个连贯性的线索构成了极具动力的一击，为你在听众面前保持时间上的平衡提供了助力和能量。

重要的是，你要在演讲后的头90秒以内（最多90秒）按照其顺序“击中”这些要点。永远要记住演讲开头的重要性。如果你在头90秒里失去了听众，很可能你永远失去了他们。你决不会有第二次机会来给人留下第一印象。

> 你决不会有第二次机会来给人留下第一印象。

但是如果你能够抓住听众的注意力，定义出你的B点，在短短的90秒里建立听众对你的信任，听众就是你的了！他们将追随你无论去何方。

赢得最难对付的听众

DigitalThink的营销副总裁吉姆·福劳德曾参加我的一个项目。做这个项目，是为了帮助该公司新提拔的首席执行官麦克·波普编写一个演讲来公布公司的新战略重点。

做完那个项目的第二天，吉姆出席了商学院研究生校友会一个演讲活动。因为我告诉他我一直喜欢坐在演讲会场的后排，以便同时观察演讲者和听众，吉姆决定也这么做。应邀做演讲的客人是一名广受尊重的行业领袖，也经常演讲，但他的那场演讲从一开始就废话连篇，幻灯片又多又没意义。吉姆可以看到听众很快失去了兴趣，出现了MEGO症候。看到前排不断晃动的脑袋和辗转不安的身躯，吉姆露出了会心的笑容。他确切地知道了问题所在。

第二天，吉姆计划要给他在劳尔小学读一年级的儿子的班级做一个关于潜艇的演说——吉姆毕业于安娜波利斯海军军官学院，曾在美国海军阿尔巴尼号舰艇上担任过军官。吉姆知道，一屋子七岁左右的小孩比任何商业听众都难对付，因为这个年纪的孩子能够集中注意力的时间最短了。因此，他决定用他学到的如何编创商务演讲的知识来为这些一年级小学生准备演讲。

与Intuit公司的斯科特·库克一样，吉姆采取了这些小听众熟悉的举手回答问题式开场白。吉姆问了三个问题："你们中有多少人知道什么是潜艇？"所有的一年级小学生都举起了他们的手。"你们中有多少人曾经见过潜艇？"一半的一年级小学生都举起了他们的手。"你们中有多少人曾经见过潜艇飞起来？"这次，所有的小朋友开始笑起来，唧唧喳喳，或者屏息静听。吉姆抓住了他们的注意力。

吉姆接下来转向了他的B点："好，我今天到这里来就是要给你们讲讲关于潜艇的所有事情：……"然后，吉姆开始从他的B点建立前向链接，"告诉他们你将告诉他们什么"，吉姆说："……在潜艇里发生了什么事情，怎样驾驶一艘潜艇，怎样修理一艘潜艇，以及潜艇做的一些很酷的事情。等我讲完这些故事之后，也就是从现在开始15分钟之后"（吉姆的时间预告）"我将给你们看一艘飞起来的潜艇！"为了效果更好，吉姆给出了一个大大的WIIFY。

这赢得了更多的笑声、唧唧喳喳声和屏气静听，以及孩子们高兴的欢呼声。吉姆赢得了并且保持住了他的听众。通过使用幻灯图片，他使他们全神贯注地听了大约15分钟，直到结束。然后，他兑现他的诺言，点击他的电脑，打出一张正在进行紧急上浮训练的美国海军潜艇的图片。只见在喧嚣的大海上，潜艇冲出海面，活像一只正在表演绝技的海豚。

吉姆做到了我所说的一切：抓住、引领与送达。如果我的这一方法能够对容易疲劳的七岁孩子都有效，那么，它就会对那些渴望从投资中获得回报但又有着职业性的注意力时间短的特点的投资者产生效力，对那些希望找到关键性能更优越的产品的热切客户产生效力，以及，对那些正在寻找更有效的竞争战略的压力重重的经理们产生效力。是的，它能为改善你的演讲发挥效力！

第6章
视觉沟通

公司案例：
◆ 微软公司

图表应该扮演的角色

想像一下，你是一个演讲的听众，而幻灯片上的图表（graphics）却没有起到应用的作有。问题出在哪里？当我向我的商业客户询问这个问题时，最常见的答案包括：

- “图表乱七八糟的。”
- “幻灯片上的东西太多。”
- “幻灯片看起来太费眼了。”
- “幻灯片是个数据垃圾堆。”

现在，先把视觉效果放到一边，让我们从“为听众着想”角度来看看这个问题。这对你有什么影响？这是要命的MEGO症候的另一个版本——失败的图表与一个数据垃圾堆式的故事相类似，都有着同样的成因和影响。

导致这种现象的主要原因是演讲者没有分清文档（document）与演讲（presentation）的区别。他们把一场演讲当成了一个文档。商务文件包括：年度报告，充满了密集的文字和非常详细的表格（tables）、数据图（charts）和曲线图（graphs）；战略计划，充满了密集的文字和非常详细的表格、数据图和曲线图；市场分析报告，充满了密集的文字和非常详细的表格、数据图和曲线图；会议记录，充满了密集的文字和非常详细的表格、数据图和曲线图。尽管所有这些类型的文档就其本身而言是非常必要和重要的，但商务文档不是演讲。

因此，演讲图表（presentation graphics）的真正问题在于，演讲者使用的数据往往太多了，简直有点泛滥成灾。对那些密集的文字和非常详细的表格、数据图和曲线图，他们往往不加修改或略加修改，就复制过来，用作演讲图表。

我把这叫做“把演讲当作文档综合征”，它代表着困扰演讲的最常见的基本问题之一。演讲者已经如此习惯于依赖图表，特别是微软的PowerPoint幻灯片，以致于他们把演讲仅仅当作这些辅助工具的伴随物。事实上，许多人把演讲当作可有可无的。“我说，杰瑞”，他们会说，“下周我不能去听你的演讲了。但没关系，只要把你的幻灯片发给我就行了。”或者，有时候，他们会说：“请提前把你的幻灯片发给我。”于是，PowerPoint幻灯片成了人手一份的分发品（handouts）。

更糟的是，演讲者常常在演讲以前把幻灯片分发给听众。于是，听众读着分发的幻灯片打印品，看着幻灯片，听演讲者读着正在放映的幻灯片。这被称作“三重发布”，从听众的角度看，这是引发致命的MEGO症候的一种袭击。

把幻灯片当作一种分发品只不过是“把演讲当作文档综合征”的表现之一。其他三种表现是：把幻灯片当作帮助演讲者记住演讲内容的笔记；把过多的细节塞进幻灯片里似乎要证明其合理性；在幻灯片里塞满信息以便公司里的其他人使用同一个幻灯片时保持信息的一致性。

但是我的业务既不叫“强有力的分发品”，也不叫“强有力的笔记”，既不叫“强有力的细节”，也不叫“强有力的一致性”。我的业务叫做“强有力的演讲”。

演讲就是纯粹的演讲。它只能为一个目标服务。记得网络电器公司的CEO丹·沃门豪文怎么说的吗？“只做一件事情并把这件事情做好！”如果一个演讲要为两个或更多的目标服务，它就会两头不讨

> 演讲就是演讲，并且仅仅是演讲，而决不是文档。

好。演讲本身也会非驴非马，不伦不类。

演讲就是演讲，并且仅仅是演讲，而决不是文档。毕竟，微软公司为处理文档专门提供了Word软件，而为演讲专门提供了PowerPoint。不要把这对“双胞胎”搞混了。

如果你确实需要一份演讲的文档，微软公司的PowerPoint提供了笔记页面视图（Notes Page View）（见图6.1）。页面视图的顶部是你的听众能够看到的内容，会被投射到屏幕上。底部则是可用于分发的额外材料。

一定要确保在演讲之后再发放分发品。如果你在演讲之前或者演讲中散发，你的听众就会在你演讲的时候翻阅这些分发品，他们不会听你在说什么。

如果有人要求你为一个会议提供你的演讲复制件以便这些幻灯片能够以书的形式印刷出来，那么使用微软PowerPoint的笔记页面视图。这样，你

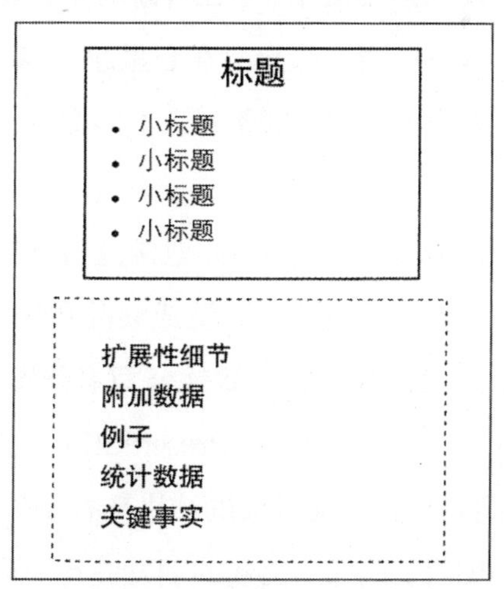

图6.1 Microsoft PowerPoint 的笔记页面视图

可以保持你的幻灯片作为纯粹的演讲材料的完整性。

如果有人要求你提前提供你的演讲复制件——这种事情经常发生——特别是在风险资本与金融行业中，请有礼貌地提供一份作为文档的商业计划或

执行总结。并且，请采用微软的 Word 文件而不是 PowerPoint 文件。

以演讲者为中心

“把演讲当作文档综合征”的另一个牺牲品是：当屏幕上出现一张充满密集的文字和非常详细的表格、数据图和曲线图的幻灯片时，听众的反应——听众的注意力会非自愿地立即被吸引到图表上，他们开始读这些图表。当他们开始读的时候，他们会停止听讲。于是，图表成为注意力的中心，演讲者成为幻灯片放映的附属品——最好的时候，他充当的是旁白者；最坏的时候，他充当的是口技表演者。

由于演讲者也成为了一个读图者，这一问题变得更加复杂了，因为这种读法常常无法超越逐字逐句念诵的水平。在听众看来，演讲者逐字逐句地念诵幻灯片有一种施恩于人的味道。听众会在心里想：“我又不是小孩！难道我不识字吗！”结果造成两者之间不能沟通，不能交流，更有可能的是，你无法说服他们。

更糟糕的情况是，演讲者开始喋喋不休地谈论幻灯片上没有的内容。实际上，这阻塞了听众的视觉与听觉通道，造成混乱和恼怒的情绪。

我的方法就不同了。我用我的客户微软公司看待图表的观点来看待它们。高层管理演讲团队（the Executive Presentations Team）是微软公司的一个专门部门，该部门负责在公司重大的演讲场合制作支持那些高级管理人员所需要的幻灯片与图表。该部门由我的朋友乔恩·布龙姆伯格领导，他是我在纽约戏剧界的“校友”。今天，乔恩是掌管一项大型业务的总监，他掌管的部门有能力制作出值得 CBS、迪斯尼或百老汇剧院的电视、广播、互联网播放或者真人现场演出的上乘之作来。

但意味深长的是，高层管理演讲团队也仅仅把PowerPoint软件——这一微软自身的产品——当作演说者的辅助工具。

> 幻灯片或其他图表是用来辅助演讲者的，而不是其他。

幻灯片或其他图表是用来辅助演讲者的，而不是其他。

我们每晚收看的有线新闻电视也是采取同一模式。我们看到，是主持人——无论彼得·詹宁斯、丹·拉泽或汤姆·布罗考——在为我们提供经过他们讲解的信息。是的，他们会使用图表，但他们的图表只起到辅助性作用。这些图像往往只包括一幅简单的图片和一两个主持人讲给我们听的故事的标题词———幅国会大厦的图片和四个字“税收辩论”，或一个药瓶的图片和三个字“处方药”。詹宁斯或者布罗考永远是位于舞台中央的主角。

我的表兄乔尔·歌德伯格的生活也符合这一模式。他作为一名图表艺术家已经为ABC新闻台工作了25年了。为了做好某一个图或某一个字，乔尔常常要花一个小时，用反相显示、染色、立体化、添加阴影以及其他许多他们那一行的技巧去制作。但这幅画或字出现在电视屏幕里的时候，只会在彼得·詹宁斯身后闪现几秒钟，就永远消失了。虽然我相信乔尔因为其才能得到了优厚的薪水，但为新闻带来了可信度因而拿着七位数薪水的人是彼得·詹宁斯，而不是别人。

对演讲来说，这种“以演讲者为中心，图表起辅助作用（Presenter Focus/Graphics Support）”的关系是唯一有效的模式。演讲不能当作文档用，除非它本身就是完整的——但这样的话，听众就不需要演讲者了。他们可以安静地坐着，自己阅读那些幻灯片。另一方面，如果说图表是文档的一个部分，那么，它们就不能独立存在，并且只起到了把注意力从演讲者身上吸引开的作用。这又是一个非驴非马的难题。

相反，当演讲者在图表的支持下为听众提供讲解时，演讲者才能够引导听众得出一个结论来。在这一过程中，演讲者掌控着（manage）听众的意识，创造了听众的下意识印象——这家伙能够进行有效管理(Effective

Management)。听众也获取到了演讲者提供的、经过视觉强化的信息。正如一则古老的中国谚语所说："闻而忘之，见而识之，行而悟之。"[①](I hear and I forget；I see and I remember；I do and I understand.)

少就是多

要让上述要点得以实现，我们需要一个指导原则。这条原则就是"少就是多"（Less is More)。这句话可追溯到20世纪最重要的建筑师和设计师之一、极简主义学派之父路德维希·米厄斯·冯·德·洛赫（1886～1969)。不过，"少就是多"在米厄斯出生之前就已经出现在罗伯特·布郎宁于1855年写的诗中："Andrea del Sarto"。

20世纪30年代，米厄斯指导了颇具影响的德国包豪设计学派，后来他来到了美国，设计了铜与玻璃结构的纽约城Seagram大厦等一大批时髦而经典的建筑结构。

米厄斯"少就是多"的格言成为过去100年中众多最伟大的设计师的指导原则。在制作你的演讲图表时，"少就是多"也应该成为你的指导原则。

它也是我的指导原则。尽管我在电视台工作多年，并接触到一大批像我表兄乔尔这样在价值几百万美元的控制室（他们管它叫"电子绘画室"）里工作、具有杰出才能的专业图表艺术家尽管在我使用不断升级换代的电子计算机图表程序——特别是堪称巅峰之作的微软PowerPointXP（其功能已经接近专业的"电子绘画室"）——作为基本工具工作近15年；我仍然认同并坚持"少就是多"的原则。能够拥有这些功能强大的工具是一件好事。但在设计图表时，我已经学会了依靠"少就是多"及其推论"当你不确定的时候，先把它放一边（When in doubt，leave it out)"的智慧。

①识，读"zhì"，古汉语中意为"记住"，译者注。

采用这种极简主义方法设计的幻灯片有一个重要的好处：它能够成为演讲者的一个快速的提示者、一个视觉上的助忆器。

受众心理学

除了“以演讲者为中心”和“少就是多”这两个强有力的图表设计基本概念之外，在这个方程式中还有第三个至关重要的因素：听众是如何接受他们看到的内容的。我把它叫做**“受众心理学”**(Perception Psychology)。

让我们先来分析一下人类的目光是如何移动的。

你熟悉整洁的手写稿和印刷精良的图书中那些装饰性首字母吧。它们都出现在一页的左上角，那是一本新书或一个新章开始的地方。杂志和报纸也常常用一个放大的首字母来开始一篇文章。这是因为，在美国、法国、西班牙和德国等西方国家中，语言文字都是从左到右、从上到下印刷的。结果，西方读者的眼睛习惯于从左上角开始阅读新的一页。

这并不是天生的。这是文化决定的，并通过学习而获得。在中东，书是从背面开始的，而且是从右向左读。因此，那些读者的眼睛习惯于从一页文字的右上角开始读。

对我们的眼睛这种习惯于跳到一页文字的左上角的倾向，我称之为“适应性回车”(the conditioned carriage return)。因为，这种运动让人回想起老式打字机的滑动架不断回车的运动。

当人们在阅读书、杂志或报纸等的内容时，他们的眼睛在每一页上都会做适应性回车。在演讲中，听众也会对每一张幻灯片做出同样的反应。

不过，两者之间还是有很大差别的。当你的目光在一页书或杂志上逡巡时，它们一次只移动五到八英寸。而在一个演讲中，当它们在一个会议室或大礼堂中的一块大屏幕上跳跃时，根据屏幕尺寸的大小，它们一次移动二到二十英尺。

因此，每当一个新的图表出现在屏幕上时，会发生以下事情：首先，由于一辈子养成的习惯，听众的目光会立刻跳到左上角。然后，他们的眼睛会突然意识到屏幕上还有更多的信息，因此，现在他们的眼睛要看到其他的信息就必须再做一个动作。这一个新动作比第一个动作还要更强有力一些。他们的眼睛完全不由自主地从左扫到右。我把这一动作叫做**“反射性横向扫描”**，如图6.2所示。

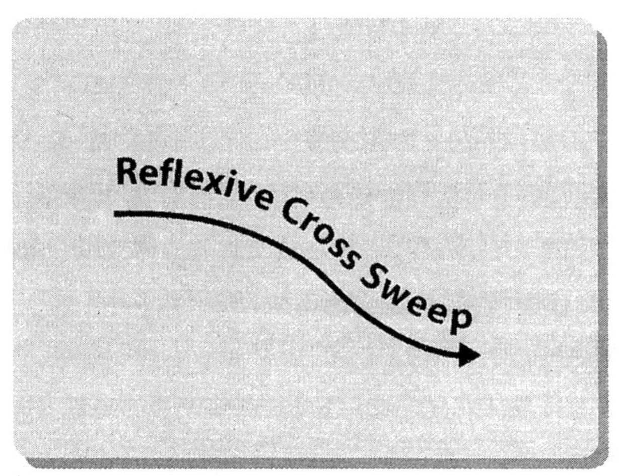

图6.2 反射性横向扫视

不像适应性回车是一种习得性的动作，反射性横向扫描的从左而右的动作显然是天生的。这个动作有时候是向下并向右的，有时候是向上并向右的。大多数画家都是根据向下并向右的眼睛动作来组织画面的。这就是为什么艺术家们常常是在画布的右下角签上他们的名字。

商务人员天性上也服从这一向右的反射性动作，但他们同时还习惯于走“好路”，喜欢看到理想中的收入与利润增长模式，这一模式可以用曲棍球棒来表示，如图6.3所示。

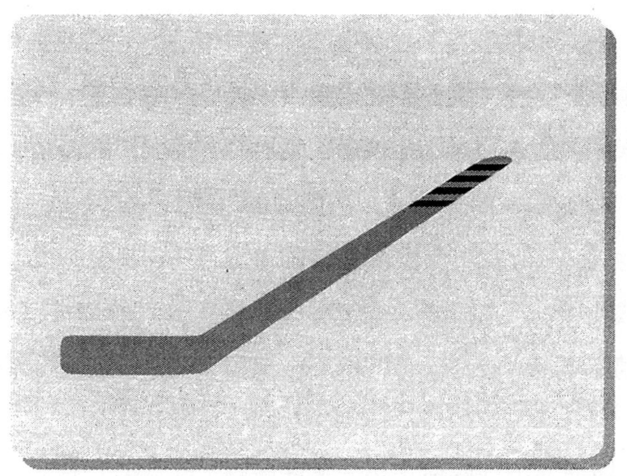

图6.3 曲棍球棒式运动：向上且向右

无论是向上并向右（如在商业界）还是向下并向右（如在艺术界），这种不由自主的从左到右的运动深深地植根于我们的天性之中。

没有人能够完全解释为什么这种反射性运动会发生。格式塔心理学家兼艺术与摄影学者鲁道夫·安海姆在其1954年出版的《创造性眼光的心理学》中给出了几个理论，有的听上去很有道理，有的却比较搞笑。听上去很有道理的一个：因为大多数人都是右撇子，他们的一个倾向是对视野右方的物体有更大的感受力。比较搞笑的一个：早期人类对太阳从左到右的运动有很深的印象，所以他们喜欢上了这种运动方式。（后一种理论只适合于赤道以北的人类，而且现在大多数古人类学家都相信人类最早的祖先起源于赤道以南的非洲，因此，这一理论很值得怀疑。）

无论这些理论是否站得住脚，眼睛具有从左向右运动的天性是无可置疑的。你可以明显感觉到这一点。当你扫视本书的这一页或者任何一页时，你自己都可以感觉到这一天性的存在。

当我还在干电视这一行时，我就把这一启示运用到指挥物品摆放以及指挥摄像机上。下一次，当你观看一个导演得不错的电影或电视剧时，可以注意一下剧中的人物是怎样在屏幕上移动的。通常情况下，那些值得同情的角色（观众可以辨认出这些人是主人公或女主人公）会按照符合眼光自然移动的规律，从屏幕左边向右边移动。相反，那些不值得同情的角色，那些观众不喜欢的恶棍，都是从右向左移动，与眼睛的自然规律作对。

即使当人物固定不动时，摄像机的移动也能够传递同样的情感：向右摇的全景镜头比较平滑，向左摇的全景镜头比较凝涩。这些非常微妙的差别助长了听众对剧情的情绪性反应，帮助他们像演员、导演和编剧设想的那样思考和感受。

萨姆·门德斯导演把这些技巧用于增强汤姆·汉克斯与鲍尔·纽曼主演的电影《通往地狱》的效果。在影片一开始，我们看到大萧条时期的一条城市街道，街道上挤满了行人——这些行人大多数是从左向右移动。然后，一个骑自行车的年轻小伙子出现了，他踩着车从右向左走，与画面格格不入。这个男孩就是汤姆·汉克斯的儿子，他遇到的苦难构成了这个故事的主体。从一开始，这些强有力的电影技巧就预言了整部片子的基调。

在戏剧院，导演们也把同样的方法应用于台上的演员：正面角色向右走，反面角色向左走。

> 通过对受众心理学的了解以及正确运用，你可以控制你的图表对听众产生的效果。

所有这些都可以追溯到我们在孩提时期第一次是如何学会获取信息的：阅读文本。通过对受众心理学的了解以及正确运用，你可以控制你的图表对听众产生的效果。就演讲而言，你当然希望这一效果是正面的。

在演讲中，当一个新的图像出现在屏幕上时，在这一瞬间，听众的眼睛会做两个动作：一个是向左，开始看这个幻灯片（适应性回车，Conditioned Carriage Return）；一个是向右，吸收所有的信息（反射性横向扫描，Reflexive Cross Sweep）。向右的这一动作可能是向上也可能是向下的。

然而，如果在设计图表的过程中，你把太多的数据放到了屏幕上，听众就不能在两个动作之内读完你的幻灯片。他们将被迫再做另一个动作，并且很可能不止增加一个动作。第三个动作，包括他们必须采取其他后续动作，将是一个苦差事，它向后移动并且违反受众心理学的教诲。我把这向后并向左的第三个动作称之为“强迫性回车”(Forced Carriage Return)。在图6.4中，你可以看到这三个动作。

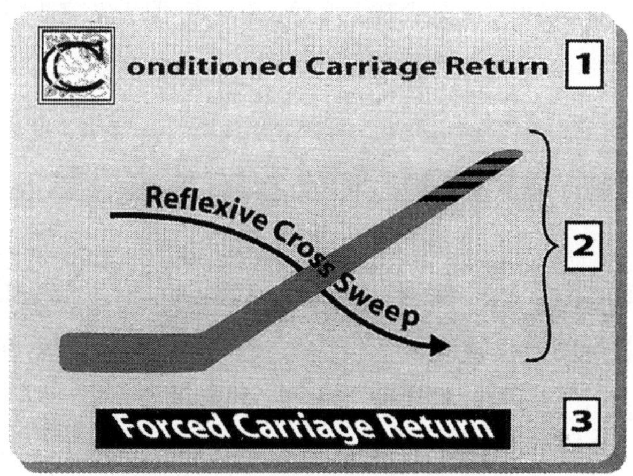

图6.4 过量图表信息导致的三个动作

这又一次使我们得出了“少就是多”信条的一个最重要的实用性结论：“别让我费神！”这一限制要求你不要让你的听众为理解你的想法而劳心伤神。这一限制同样适用于听众为弄懂你的图表而需要付出的劳动。因此，设计所有幻灯片时，你都应该尽量减少听众眼睛扫描的次数，要把听众的眼睛在屏幕上来回扫视的次数降低到最少的限度。为听众把幻灯片设计得容易看懂，他们对你的接受度会更高。

> 设计所有幻灯片时，你都应该尽量减少听众眼睛扫描的次数。

因此，使图表更有说服力、更强有力的主要原则有：

- **以演讲者为中心**

- **少就是多**
- **尽量减少眼睛扫描的次数**

下面所有的内容都是讲解如何应用这些原则的。

图表设计要素

为商务演讲所做的所有图表项目的所有特点可以浓缩成以下四个基本元素：

- **图形型**。照片、速描、地图、图标、徽标、抓屏图像或剪贴画。

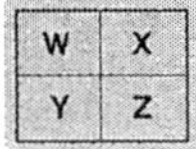

- **关系型**。表格、矩阵、等级图以及起组织作用的数据图。（你可以把一个关系数据图看作是以视觉表达方式表现一系列关系、联系或连接关系的一个图像。）

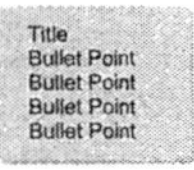

- **文本型**。文字用于两个地方：小标题和句子。

- **数字型**。用柱形图、饼图、面积图、折线图、直方图以及其他特殊的数据图表示的数字。

当你选择图形型或关系型图表时，你自然就做到了“少就是多”。一图胜千言。一个表格或一个数据图，就其实质来说，是把多个不同的元素组织起来，把多变成了少。因此，无论是图形型还是关系型图表都会立即符合米厄斯·冯·德·洛赫的原则。

然而，许多商务信息是不能够放到一个图或者表里来表达的。结果，大多数演讲都被大量的文本型与数字型图表堆满了。这只是麻烦的开始。首先，演讲者不得不使用更多而不是更少的数据，因而丧失了效率。更糟的是，他们成了“把演讲当作文档综合征”的牺牲品。

演讲就是演讲，而且仅仅是演讲。图表的主要作用是辅助演讲者并使得演讲者有机会给屏幕上打出的内容添加价值。

图表还帮助听众记住你的内容。记住那句中国谚语：“见而识之。”

在下一章中，你将会学习如何生成有说服力的文本型图表；在再下一章中，你将学习如何生成有说服力的数字型图表。这两章的重点是如何做到“少就是多”，从而以一种清楚、干脆并且有力的方式表达你的视觉性信息。

第7章
让文字说话

小标题vs句子

在前一章，我们看到所有的文本型幻灯片以两种形式出现：小标题或句子。这两个选择相互之间区别很大，各自具有不同的形式和功能。一定要把它们区分清楚。

小标题用来表达一个核心想法。它采取标题的形式。看看新闻报纸，你就会看到标题并不是一个完整的句子。基础英语语法告诉我们，句子必须有主语和动词。许多标题就没有主语和动词。一般来说，标题不使用完整句子包含的所有成分：定冠词（the，an，a），连词（and，but，or）以及介词（of，for，by，through）。

为什么要用这种速写风格的标题呢？有几个理由：如果在一个有限的空间里只需要塞进去更少的词，那么这些字就可以放大，从而增强可读性。此外，通过用几个词就给出故事的精华，就可能使读者在几秒种内快速扫描填满众多故事的整个页面，并从中挑选自己感兴趣的内容。

同样，好处、可读性和速度这些要求也适用于演讲幻灯片上的小标题。当你生成一个包含有小标题（bullets）的文本型幻灯片时，实际上，你只讲解（presenting）了标题（headlines）。那么，主体文字要放到哪里去呢？不要放到任何一张幻灯片上。作为一个演讲者，在这些小标题构成的骨架上增添血肉是你的责任。演讲者应提供主体文字，成为一个演讲的中心。

> 演讲者应成为演讲的中心。

采用这种方式，能够产生一个非常干脆、清楚的演讲。你可以把你的故事（已经在“脑力激荡”过程中进行提炼，并已经用概念簇的形式组织起来）中的大部分概念归纳进二到五个词长的、标题式小标题（headline-style bullets）中。公司故事中常见的一些概念包括：

- 突破性的新产品
- 经验丰富的管理团队
- 不断开拓的市场
- 目标战略

如果把它们应用到你的业务上，这些概念你可以讲多长时间？如果不会更长的话，很可能每个概念也得讲几分钟。因此，一个理想的演讲要通过演讲者的讲解来为幻灯片上那些标题式小标题（headline-style bullets）添加主体文字。

那么，句子有什么用呢？你什么时候可以把它们用在你的图表中呢？

你需要使用句子的唯一场合是在你要演讲的内容必须具备逐字逐句的准确性的时候。只有在你引用某一句特定的话时，你才可以在图表中使用一个句子。比如：

> PQR 技术公司是我今年见过的最令人兴奋的商业新概念。
>
> 汤姆·胡德孙
> 《高科技月刊》

对于引言来说，尽管整个句子是可以接受的，但大多数精心起草的演讲还是尽可能少用，而主要依靠文本型幻灯片中的小标题。

之所以避免在幻灯片中使用句子，一个重要理由是为了坚持“为听众着想”这一基本原则。句子比小标题要长，而且它们往往长达好几行。因此，在幻灯片上阅读句子通常需要更多的“眼睛扫描”，这会使得听众在吸收你的信息时更加吃力。让听众更易于理解你的图表。

——尽量减少眼睛扫描的次数！

转行

当一个小标题太长，一行放不下的时候，文本就会自动转到下一行。这叫做“转行”(wordwrap)，如图7.1所示。

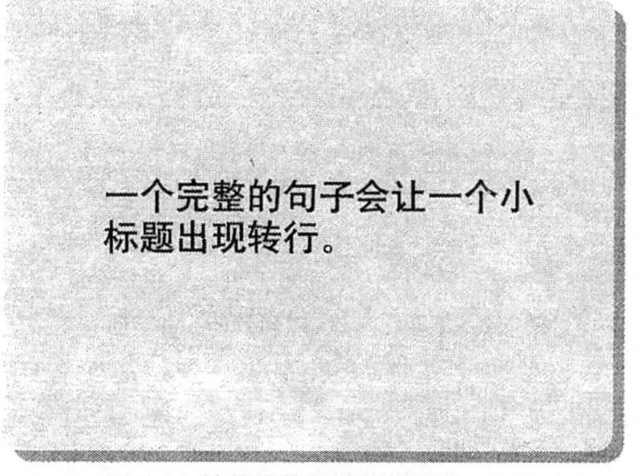

图7.1 转行迫使眼睛要扫两次

一个完整的句子几乎总是要转行，需要听众“再扫上一眼”——这意味着听众要花更多的力气。你可以通过略去定冠词、连词、介词和其他不必要的词，把一个句子式小标题(a sentence-style bullet)变成一个标题式小标题(a headline-style bullet)。通过把小标题限制在一行之内来“尽量减少眼睛扫描的次数”。

编写打动人心的幻灯片小标题

你应该会记得，我在我做的项目以及这本书中使用了“问题/解决方案叙述结构”。在前面的大多数章节中，我都是以要求你思考演讲中的问题作为一章的开始的。本着同样的精神，现在先让我们来看一个小标题特别成问题的幻灯片（见图 7.2）。

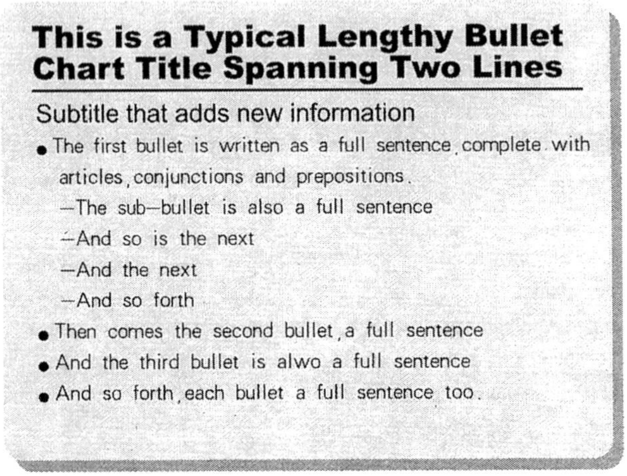

This is a Typical Lengthy Bullet Chart Title Spanning Two Lines

Subtitle that adds new information

- The first bullet is written as a full sentence, complete with articles, conjunctions and prepositions.
  - —The sub—bullet is also a full sentence
  - —And so is the next
  - —And the next
  - —And so forth
- Then comes the second bullet, a full sentence
- And the third bullet is alwo a full sentence
- And so forth, each bullet a full sentence too.

图 7.2　不要设计这样的幻灯片小标题

这个幻灯片是不是看起来有点眼熟呢？在我做项目的时候，会让参加者看看这张幻灯片。他们都乐了：这样的幻灯片真的是太常见了！这是一张真正用“数据堆砌”出来的幻灯片，需要动大手术。

首先，让我们看看这两行长的标题（title）。它需要“多扫一眼”才行。在这本书上，你的眼睛在页面上扫描的宽度也不过几英寸。在你的演讲当中，听众的眼睛要在一块大投影屏幕上横越好几英尺。你让听众的眼睛扫的距离越长，他们越吃力。要真正做到“为听众着想”！请把这个两行的标题换成一个一行的标题并且只表达一个概念。

其次，注意一下副标题。副标题带来了新的信息，听众不但要花力气理解这个新信息，而且还要确定它与主标题的关系。你需要用一个新的副标题来替换它。这个新的副标题应该能够轻松与主标题建立联系并且明显支持主标题。不过，最好还是去掉副标题。*少就是多！*

再次，让我们看一看第一个小标题。它写全了一句话的所有成分，把一个小标题变成了一个句子。这就使得听众要看更多眼，费更多的力气。请把这个小标题简化成新闻报纸式标题（newspaper-style headline）。其他所有的小标题都要做同样的修改。

这里有一个微妙却很重要的问题：大多数图形与字处理软件的默认设置都是在子小标题（sub-bullet）前加一条小横线。几个子小标题下来，这些小横线都能排成一个梯子了。一条小横线对一个从事金融业的人意味着什么？一个减号！它意味着"负面"、"否定"，这可不太让人舒服。

避免使用在下意识里代表负面信息的符号。

你不会想让你的听众产生这种感觉吧。避免使用这个在下意识里代表负面信息的微妙符号。你可以把默认符号改成一个句点。这样好一些，不过还是会让幻灯片显得有点零碎。不如把这些项目符号都删了，彻底消灭掉这些像摩斯尔电码一样的点点划划。这样，空间更敞亮一些，它会对你做出补偿，从"少"里为你带来"多"。

最后，让我们想一下：我们是否真的需要这些子小标题呢？答案常常是"不"。子小标题会增加一层复杂性，给听众带来更多的负担，往往得不偿失。记住，主体文字是由你这个演讲人来提供的。在演讲的过程中，你有足够的机会说出那些支持标题的文本细节来。

现在，如你所见，我们有了一个清楚的图表了（见图7.3）。

总结：

■ **少就是多**，一个幻灯片只讲一个概念，标题（title）只用一行。

■ **省略子小标题。**

■ **小标题只保留名词、动词和修饰语等关键词。**避免使用定冠词、连词和介词。（特别要避免使用介词，它们不但占位置，而且它们并列并且分开了重要的词。）

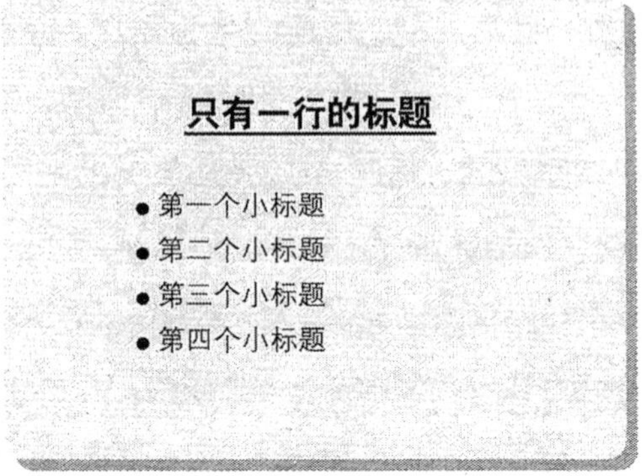

图7.3 “少就是多”的幻灯片

与其用“Strengths of our Company”这样的小标题，不如用“our Company's Strengths”这样的小标题。

要使你的小标题显得干净利落，可以试一试这个4×4公式：一张幻灯片不要超过四个子标题，一行子标题不要超过四个单词。如果主题需要，你也可以使用6×4公式：一张幻灯片不要超过六个子标题，一行子标题不要超过四个单词。这样做的最后一个好处是只用一套项目符号，一眼就能够看见，你和你的听众只要扫一眼就可以看到整个幻灯片上的所有内容。

用平行结构“尽量减少眼睛扫描的次数”

如果你的所有小标题在意思上是平行的，或者说是相类似的（比如，一系列的产品、产品的一系列特征或一系列好处等），那么，你的听众立即就能够清楚它们之间的关系。但是，无论何时，当你构建这样一种平行结构时，一定要特别注意这些小标题的语法形式。如果你每个小标题都用不同的语法形式来写的话，你就会迫使听众要多费很多力气才能抓住这一平行性逻辑。如果你像图7.4那样来表现平行结构的小标题，听众在每个小标题开始处都必须重新调整其思路。

图 7.4 非平行形式的小标题

别让我劳神！图7.4中每个小标题都有一个不同的语法形式：第一个小标题是使用被动动词的一个完整句子，第二个小标题是一个用前置式形容词来修饰的名词，第三个小标题是一个用前置式副词来修饰的形容词，等等。即使不用语法术语来说明，你也可以感觉到这四个小标题的语法形式是不一样的。

这个问题有点类似于会计中遇到的“小数位未对齐”的难题，即一系列数字没有按照一个有规则的小数位来排列。这使得这些数字很难被准确地阅读并做比较，因而是所有簿记员和会计最憎恨的一件事情。在幻灯片的小标题中，不具备平行结构的小标题也是听众最憎恨的。

要解决这一问题，你最好对每一组小标题都采用平行结构（语法上也同样要采用平行结构），以便使这些小标题所代表的概念的相似性和关系得以显现出来，如图7.5所示。

在图7.5中，每个小标题都采用了相同的“形容词＋名词”式语法形式。在意义与形式上都具有的平行性使得听众能够轻松看清它们之间的关系。通过这种组织结构，你可以把四个小标题一次性地显示出来。听众能够快速地看懂它们，然后把他们的注意力转回到你所讲的各个小标题的具体内容上来。

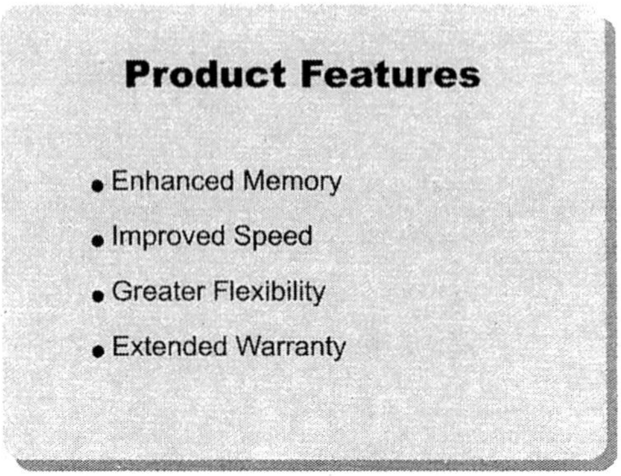

Product Features

- Enhanced Memory
- Improved Speed
- Greater Flexibility
- Extended Warranty

图 7.5　内容与图 7.4 同，但采用平行式语法结构

采用“逐行显示法”

有时候，没法使用平行结构，因此，小标题之间的关系并不是那么显而易见的。还有的时候，光说明一个概念就需要四个以上的小标题，可能要用五六个甚至更多的小标题才能够完全讲清楚一个主要概念。但是，一次性在屏幕上显示这么多的小标题，对听众的眼睛和脑子来说都有点过多了。这大大超出了他们的接受能力。

解决这一问题的有效方法是采取逐一列举法，一次显示一个标题。使用 Microsoft PowerPoint 或其他图表演示程序的“自定义动画”特性，可以轻松地做到这一点。先显示第一行，对它予以解释和讨论。然后，再点击显示下一行，对这一行进行解释和讨论，以此类推，直到显示出所有的小标题。

当你逐行显示你的小标题时，记住受众心理学：对听众来说，从左到右的运动最自然也最轻松。让你的听众舒服一点。在逐步显示小标题时，记得让它们从左至右地进入屏幕。（在 Microsoft PowerPoint 的 XP 版本中，你只要选择“自定义动画”、“进入”、“擦除”、“向右”就可以做到这一点。）

> 在逐行显示小标题时，让它们从左至右地进入屏幕。

> 你能够通过讨论、解释或提供支持性证据来为每个小标题增添价值。

在逐行显示小标题时，当你从一个小标题转向另一个小标题，要通过说明两者之间的关系来保持你的讲述的连贯性(continuity)。你还可以通过控制小标题的显示，使听众与你的叙述保持同步。不能让他们走在你的前面。最好是，你能够通过讨论、解释或提供支持性证据来为每个小标题增添价值（add value)。

小标题的层次

一些演说者不满足于只有一级小标题，因此，他们使用了子小标题，认为这样能够更加详细地阐发他们的想法。有时候，一层子标题似乎还不够，于是，他们使用了子子小标题（sub-sub-bullets)。偶尔还有一些演说者，他们完全被这种诱惑所控制，他们在一层又一层的小标题下不断地添加更多的子小标题，直到达到右脑能够承受的极限(见图7.6)。问题是没有几个听众能够跟着演讲者进入这么深的层次之中。

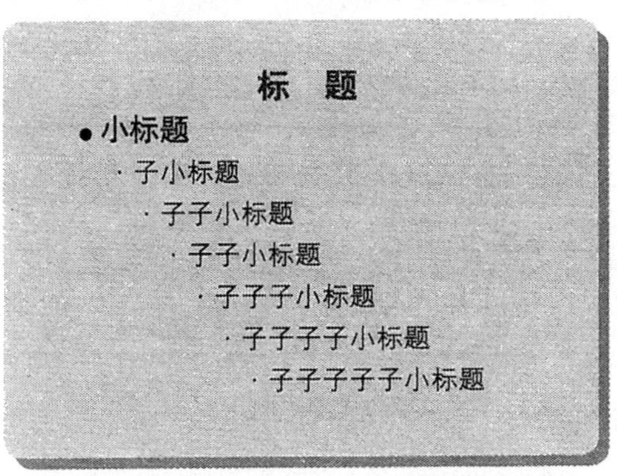

图7.6　多层结构的子小标题。你能够到达多深那一层?

你还是帮听众一个忙吧——最多只用一层子小标题。只有一层子标题（或者根本不用子小标题）会让你的幻灯片显得干净利落，容易读懂。它使

> 可通过在子标题前不使用任何项目符号而是空一格的方式来避免出现莫尔斯电码的效果。

听众不必把自己的思想像做柔体表演的杂技演员一样痛苦地弯来扭去，只为了挤进演讲者一环套一环的内在逻辑之中去。此外，记住：子标题前不要使用任何项目符号，只要空一格出来就行了，免得把一张幻灯片搞得跟个莫尔斯电报纸似的。少就是多。

如果一定要用子小标题，每个小标题底下的子小标题的数量最好一样（如图7.7所示）。也就是说，如果第一个小标题有两个子小标题，其他每个小标题也应该带两个子小标题。这种对仗会构成一个对称的图像，同时也传递出这样一个信息：你的这些思想是具有逻辑性的。有组织的视觉效果会传递出有效管理的下意识信息。

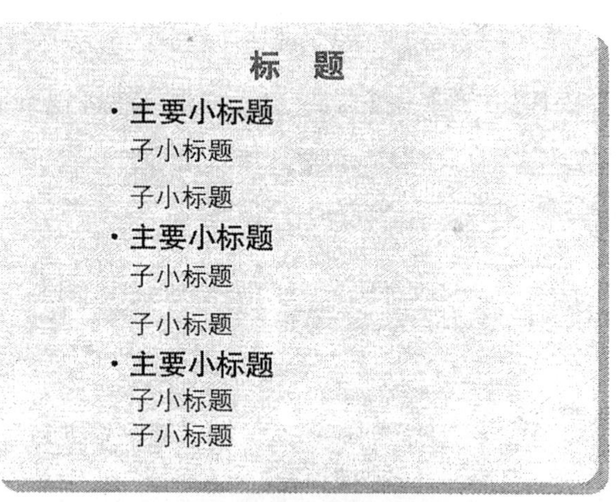

图7.7　只有一级子小标题的幻灯片

排版风格

现在，我们来谈谈应用文本型幻灯片的形式性技巧，无论它们是一个小标题还是一个句子。这些也许是你的听众永远不会意识到的小细节，但对于他们如何接受你的幻灯片（进而是你的信息）却有重要的下意识性影响。但你生成文本型幻灯片时，请务必遵守这些简单而直白的形式原则。

正确并尽可能少地使用所有格／复数形式——如果一定要用的话

这是语法学和文体学上的一个小常识，令人吃惊的是，极少有人知道这一点：用一个省字号加“s”(‘s)来表示复数形式是很糟糕的英语用法。省字号加“s”只能够用于省略形式（单词有一个以上字母被省略掉了，像I’ll，can’t，the company’s headquarters等）以及所有格形式（比如，IBM’s new chairman，the company’s headquarters等）。

毫无疑问，许多人错误地把省字号加“s”形式应用于复数形式，特别是复数形式的缩略语或数字，如图7.8所示。

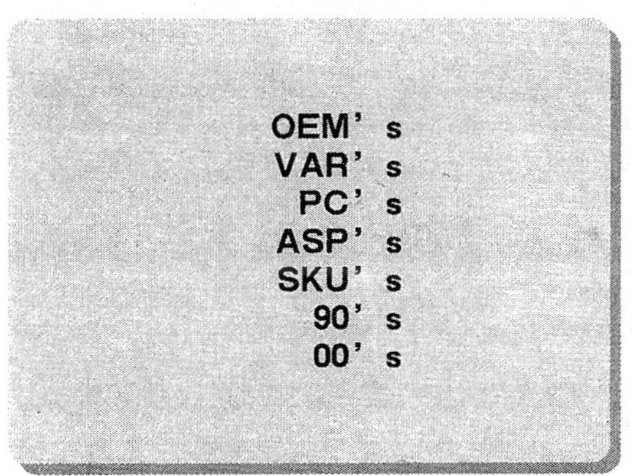

图7.8　用省字号加”s“来表示复数形式是错误的

这一语法错误能够对听众造成短暂的混乱，使听众花费更多的力气。看看下面这个句子：

> DVD’s produe sharper images than VHS’s because a DVD’s resolution of 500 lines is greater than a VHS’s resolution of 240 lines.

第一个DVD和VHS都是复数形式，第二个DVD和VHS都是所有格形式。

使用缩略语具有一定的风险，因为一部分听众可能并不熟悉这些缩略语。如果你一定要用缩略语，把它变成复数形式的正确用法是加一个小写的“s”，但不要加省字号。同样的原则也适用于数字或者其他需要表示为复数形式的词（见图7.9）。

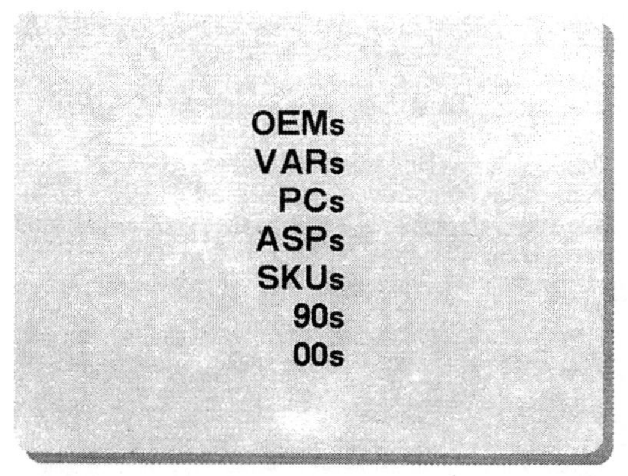

图7.9 表示复数形式的正确方法：小写“s”并且不加省字号

如果一定要用缩略语，把它变成复数形式的正确用法是加一个小写的“s”，但不加省字号。

> 如果一定要用缩略语，把它变成复数形式的正确用法是加一个小写的“s”，但不加省字号。

事实上，你可以并且也应该在演讲中完全避免使用省字号加“s”的方式。尽管那样做在语法上是正确的，但你可以在文字修饰上也应用一下“少就是多”的原则。删掉省字号和“s”，就删掉了多余的字符，这会使文字更加好读、易懂。你能看出“IBM's new chairman”和“New IBM chairman”有什么区别吗？

字体选择要简单

大多数图表软件（包括Microsoft PowerPoint）提供了数十种不同风格

的字型，我们把它叫做“字体”。一些成本意识很强的演讲者可能是这样想的：“既然我们为所有的字体都付过钱了，为什么不把它们都用上呢？”结果把一张幻灯片搞得像一封勒索赎金的绑架信似的（见图7.10）。

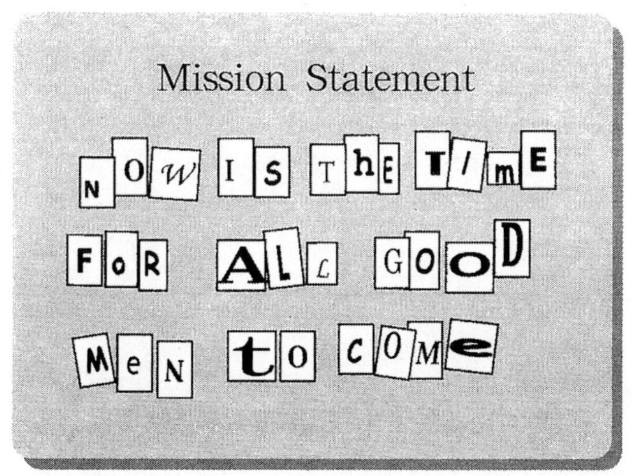

图7.10 勒索信式的幻灯片

在编写文本型幻灯片时，一定要抵制住诱惑，别在字体选择上搞得太有“创造性”了。在一个演讲中，只能使用两种或者最多三种不同的字体。这会让你的幻灯片有一个统一的面貌，让人感觉它所传递的是清晰、一致的信息。

> 在一个演讲中，只能使用两种或者最多三种不同的字体。

在增添创造性风格的同时又保持简洁的一个好办法是：对标题（titles）使用一种字体，对小标题（bullets）使用另一种字体；或者，使用同一字体的两个字号，标题用大一点的字号，小标题用小一点的字号。你还可以通过为标题选择一个颜色，为小标题选择另一个颜色来增加你的特色。或者，你还可以分别为标题和小标题选用同一字体的倾斜格式和正常格式。在选择印刷字体时，“少就是多”的原则也一样适用。

空距要适当

我们假设你在生成幻灯片小标题时，遵守了 4 × 4 规则，做出了一张如图 7.11 所示的幻灯片。

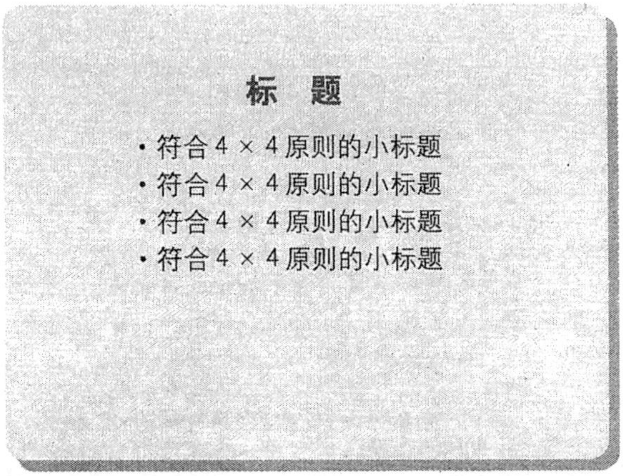

标 题

· 符合 4 × 4 原则的小标题
· 符合 4 × 4 原则的小标题
· 符合 4 × 4 原则的小标题
· 符合 4 × 4 原则的小标题

图 7.11 符合 4 × 4 规则但还存在问题的幻灯片

看出什么问题来没有？在这张幻灯片上,所有的小标题都挤在了幻灯片的上半部分，而下半部分都是空白。这个样子不但失去了平衡，而且让人产生了“还有什么没有讲”的感觉。通过适当地留出空距，你可以轻松地解决这一问题：把这些小标题均匀地分布到整张幻灯片上（见图 7.12)。

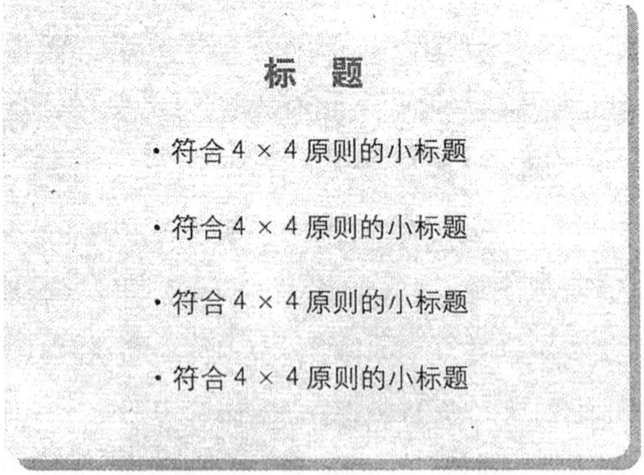

标 题

· 符合 4 × 4 原则的小标题

· 符合 4 × 4 原则的小标题

· 符合 4 × 4 原则的小标题

· 符合 4 × 4 原则的小标题

图 7.12 符合 4 × 4 规则且空距恰当的幻灯片

视觉效果

许多商务演讲所用的幻灯片一张接一张全部都是文本型的,没有一张图形型、关系型或数字型的幻灯片。这不仅是“把演讲当作文档综合征”的表现，而且这种幻灯片看起来既乏味又惹人烦。一连看上20张都是文字的幻灯片，观众立马就会出现“目光呆滞，神游八方”的MEGO症候。

而且，全是文字的幻灯片即使完全是按照我们前面所讲过的原则设计的，读起来也会让人感到非常费劲。图7.13就是一个例子。

保险整体解决方案

- 公司方案
  设备 · 存货 · 员工
- 员工方案
  生命 · 健康 · 残疾
- 顾客方案
  质保 · 利益冲突 · 可靠性
- 管理方案
  专利 · 诽谤 · 停工

图7.13　一张全文本型幻灯片，乘以20，等于MEGO症候

这张幻灯片确实没有什么“错误”，但它肯定不会让人感兴趣，甚至可以说，缺少视觉上的吸引力。

像这种全文本型幻灯片，可以通过添加底纹的方式，不增删一个字而获得更好的效果。其秘诀是使用Microsoft PowerPoint提供的那些简单设计工具。图7.14是修改之后的例子。

通过把文字放在方框里，并给这些方框增加线条和阴影，你创造出一个更有吸引力并且更有意思的新版本。它还使得其中的信息更易为听众阅读。

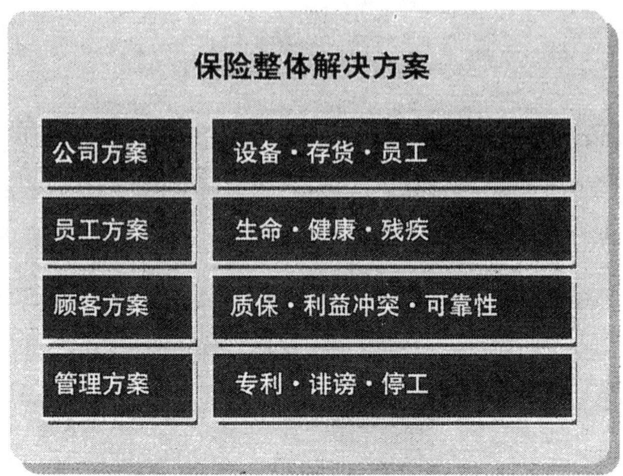

图 7.14 添加底纹后的效果

通过在视觉上把相关的项目组合到一起，减少了听众为了跟上你的叙述进程而做的理解性工作。

Microsoft PowerPoint为你向文本型幻灯片增添底纹，提供了丰富的设计选择，包括数不尽的样式、颜色、元素和格式。(图 7.14的彩色效果，请看插图 1。)

你也可以通过运用“反相显字”技术来达到强调的目的。通过把正文的字体颜色与背景颜色调换过来用于标题文字，“反相显字”技术可以使你的标题更加突出于正文（见图 7.15)。

图7.15 反相显字效果

你还可以添加条纹、边框、立体效果和页眉来增强背景的设计效果。为此，Microsoft PowerPoint等图表设计软件也提供了很多有趣的并且易于使用的设计选项。例如，你可以选择采取渐变式阴影，如图7.16所示。

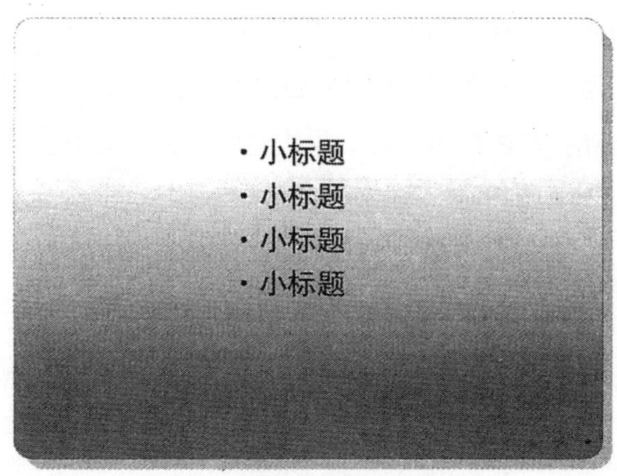

图7.16 渐变式阴影

乍一看，它的设计效果还是很酷的。但你很快会意识到，这样很难看清楚最后一个小标题。别担心，图表工具箱总是有解决办法的。你可以加一个双层的渐变式阴影，如图7.17所示。

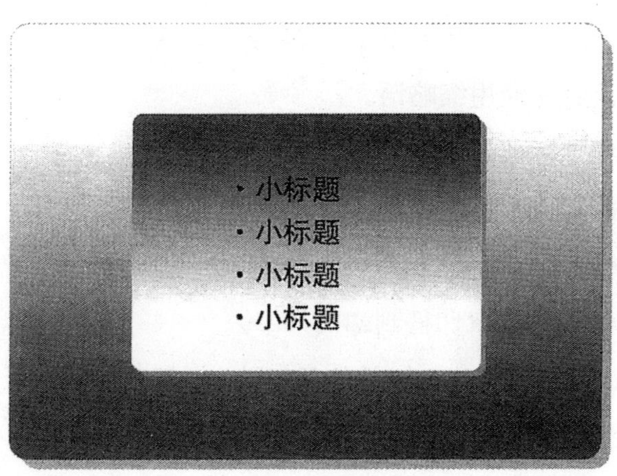

图7.17 渐变式阴影

但现在，你发现你看不清第一行了！

这里的关键要点和字体选择时是一样的——记住“少就是多”的原则。许多演讲者喜欢把玩他们能获得的、各式各样的花哨的图表工具，但你只要选择一两种能够增强幻灯片的清晰度与吸引力的图表效果就行了，并且在整个演讲中你只使用这一两种效果。选择由包含有限种数颜色(最多两到三种)与公司徽标颜色互相搭配的配色方案，并且前后一致地使用它们。例如，如果你在第一张幻灯片上使用了一个金黄色边框、深蓝色字体的标题，那么，以后的每一张幻灯片都应该有一个金黄色边框、深蓝色字体的标题。

> 你只要选择一两种能够增强幻灯片的清晰度与吸引力的图表效果就行了，并且在整个演讲中你只使用这一两种效果。

最后，请按照以下简单的原则来优化你的文本型幻灯片：

文本使用指南

- 形成一个**统一的样式与感觉**，并在整个演讲中贯彻始终。
- 在**字体选择以及边框选择上保持一致**。
- **字号选择一致**，最小字号不小于24号或28号。
- 尽一切可能**避免使用缩略语**。
- **使用阴影和加粗效果**，增强所有文字的可读性。
- **使用强烈的对比**：文字用浅色，背景用深色；或者相反。
- **加入公司徽标**，但别把它搞得像个霓虹灯招牌；相反，把它作为一个浅浅的、具有浮雕效果的水印插到幻灯片中去。
- **避免拖沓**，在任何一张幻灯片的任何地方，都不要使用反复出现的标语口号、时间限制、版权标志或者无处不在的“公司机密”警示。
- **运用留白**。你不必用信息填满每张幻灯片的边边角角。报纸广告常常用大片留白来突出文本。把这些广告找出来看看，想想区别在哪里，跟着学一学。

你可能已经注意到，我没有提到不同字体的区别，也没有讲文本对齐方式是左对齐、右对齐还是中间对齐更好。这些排版上的事情是一个个人口味的问题，正如一条拉丁谚语所说的：“口味无所谓好坏”。

遵守以上的原则，你的文本型图表就会变得简洁一致，富有逻辑性，并且会增强向听众发出的“有效管理”的下意识信息。

下一章，你将看到我们如何把生成有说服力的文本型图表的这些指导原则运用到数字型图表上。

第 8 章

让数字歌唱

数字型图表的力量

在任何商务演讲中，数字都扮演着一个关键角色。收入、销售量、利润和市场份额就是商业成绩单上的优点、业绩与缺点，每个商务人员都了解这些数字的重要性。

但这并不是说每一个商务人员都能轻松地理解这些数字。有些人眼睛很毒，他们能够立刻从数字上发现关键性的发展趋势，能很快从一大堆数字中挑选出最重要的项目。但是，我们大多数人需要一点时间和大量的说明性材料才能够完全理解一份损益表或资产负债表的含义。

当你需要说服别人的时候，你不但希望赢得那些理解能力强的听众的支持，而且也希望赢得那些理解能力稍微弱一点的听众的支持。经过专业化设计的数字型图表能够帮助你做到这一点。它们把数字和小数形象地表现为视觉图像，从而能够把抽象的关系变具体，使它们更容易被理解。

不幸的是，许多在演讲中使用的数字型图表不但没有使事实更加清晰，反而起到了遮蔽事实，使之模糊不清的作用。很多时候，这些图表不过是一个数据垃圾堆，充满了没有必要的数据，并且缺乏组织性，视觉效果上非常凌乱、多余。要把这样的幻灯片讲清楚需要花费很长一段时间，而听众要理解这样的幻灯片需要的时间更长。听众们往往会觉得这样的幻灯片不值得他们费工夫而放弃理解它们的努力。许多重要的演讲就这样“翻了船”。

不要让这种事情发生在你的演讲上。你在第6章学习过的那些基本原则，如“以演讲者为中心”、“少就是多”以及“尽量减少听众眼睛扫描的次数”等，都适用于数字型图表。让这些原则成为你创作清晰而有说服力的图表的指南，帮助你把故事“说到家”，并强化你的关键思想。

以演讲者为中心，少就是多，并且尽量减少听众眼睛扫描的次数。

以演讲者为中心，少就是多，并且尽量减少听众眼睛扫描的次数。

柱形图

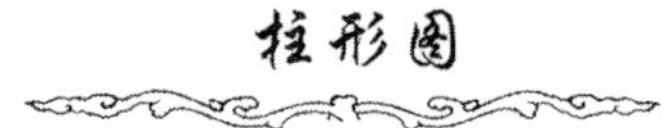

让我们用“问题／解决方案”式叙述结构来讲解这个问题。首先，让我们看一个太常见不过的数字型幻灯片，一个如图8.1和彩插2所示的柱形图。你可能在许多演讲中都见过这类图形。它要说明的是一个处在上升时期的公司六年以来稳定增长的销售额——这应该是你讲述一个公司历史时最令听众兴奋的一个信息了。

图8.1中包含有大量信息。事实上，问题就出在：对于一个演讲来说，它所承载的信息太多了。如果这个数据图是出现在一份文件中，比如一个商

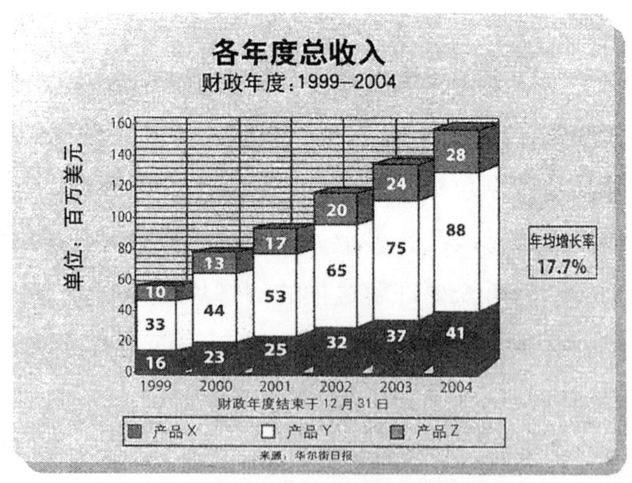

图8.1　不要设计这样的柱形图

业计划或一份年度报表里时，读者——他们是作者的“听众”——可能会需要所有的这些数据，以便能够理解这个图表并确认这些数字。而且读者也拥有理解这份文件的更便捷的途径。但是，在演讲中，听众不得不在放大的屏幕图像上反复用眼，为了看清这些密密麻麻的数字，同时脑子里还要处理所有这些数据。对这些数字的吸收与思考活动超过了听众能够承受的限度，切断了听众与演讲者的联系。于是，幻灯片成了演讲的中心。

听起来很熟悉吧？曾经困扰故事的这些基本问题，同样对图表造成了不利影响，极大地削弱了说服的潜力。

那么，如何成功地传递这些信息呢？首先，注意看一下这张幻灯片上塞进去多少乱七八糟的东西。它有一个标题，还有一个副标题——这两个标题实际上都在重复相同的信息。它有两个说明性文字：一个在幻灯片的左边（“单位：百万美元”），文字是侧着放的；一个趴在幻灯片的底部（“财政年度结束于12月31日”）。每个说明性文字都占据了相当大一块空间，但其提供的信息要么比较简单要么不太重要。这张幻灯片上还有39个数字：9个是图表左边的刻度；6个放在图表的底部，是年份刻度；还有18个写在6个柱形条上。年综合增长率向右边突出，活像一个舷外推进器架子。标明是《华尔街日报》的资料来源用的字号太小，以致于淹没在与字体颜色对比度很小的背景色里。代表年收入的6个柱形条各自被分为3个不同颜色的部分。所有的这些数据后面是一个刻度网格，活像一个便宜的、篾制地下室软百叶窗。

显然，设计这张幻灯片的人要么从来没有听说过“少就是多”，要么就是不相信这一原则。

想想看，你的眼睛（还有你的脑子）得多花多少工夫才能够吸收所有这些信息。你不但要穿越这密密麻麻的文本和数字“泥沼”去猜测哪些数据是重要的，哪些不是，而且你还得辛辛苦苦地在这些互不连接的部分之间建立联系。总之，这个幻灯片在视觉效果上是一团糟。我们如何才能把它修改好呢？

首先，我们应该对那些又臭又长的内容进行处理，该简化的简化，该删掉的删掉。既然标题和副标题相互重复，就把副标题删掉。6个柱形条下本来就已经清楚地标明了年份，因此，没有必要再用副标题来标明年份。

与其占用那么大的空间去放："单位：百万美元"和"财政年度结束于12月31日"这两个标签，不如使用简单的缩略语。没必要把年份写全，在这个语境中，如果一个柱形条上标明"99"，每个听众都会明白它代表的是1999年，而不是1899年或2099年。应该加大"《华尔街日报》"的字号，让它获得应有的地位。最后，听众是否真的需要知道每个产品的确切销售额呢？很可能不需要——这取决于这张幻灯片的侧重点。如果这张幻灯片的目的是要说明总收入的增长，那么，听众可以从各个产品所占色块的相对大小来粗略地了解各个产品的销售额。把柱形条上的那些个数字都拿掉。

做了这番改动之后，区别就大了。我们已经大大削减了听众为理解这张图所必须做的工作。不过，还可以改进。为了搞清柱形条上不同色块所代表的含义，听众的目光必须像一个游游①上下蹦哒，才能把图表底部的图例与柱状条上的色块对应起来。

只有当听众发现了位于幻灯片底部的图例，知道了产品X、Y、Z分别用什么颜色表示之后，解释才是清楚的。即使在本书的页面上看——两者之间的距离只有几英寸——你也能够感觉到这一目光的运动。想像一下，当你要在一个投影屏幕上穿越好几英尺的距离时，是一种什么样的感受。尽量减少听众眼睛扫描的次数！

此外，如果哪位听众想知道某一特定柱形条的数值，他的眼睛必须像一个快速而愤怒的乒乓球一样前后、左右地在刻度与柱形条之间快速移动——但却白费力气，因为，在远处人的眼睛是没法找到那根确切的刻度线的。再

①游游（yo—yo）：一种线轴形玩具，中间绕有拉线，拉动此线后，它会因自身的重量和冲力上升或下降，译者注。

一次，我们需要尽量减少听众眼睛扫描的次数！

要解决这些问题，我们只需做几个简单的调整。请看图8.2。

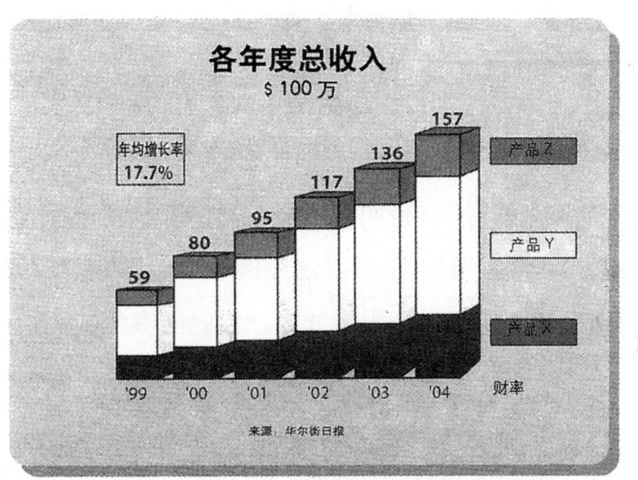

图8.2 经过修改的柱形图，更简单也更清晰

通过把刻度从左边删去并把年总收入直接写在柱形条的顶部，我们一眼就能看清收入增长的趋势。通过删去图表底部的图例（包括那些常见的小方块）、直接在图表的右边对应柱形条上色块的地方放置同一颜色并标注有产品名称的长条形色块，人们只要一眼扫过去，就能辨认出产品X、Y、Z来。当然，更简单的办法是不用这个把三种产品放在一块的年总收入数据图，而是分别给每个产品各自创建一个数据图。

注意看柱形条的三维效果。有的人喜欢这种效果，有些人不喜欢。如同前一章所说的，这也是一个个人偏好的问题。还是那句拉丁谚语："口味没有好坏之分"。

简化之后的幻灯片肯定会给听众留下更为深刻的印象。这个讲述公司销售稳定增长的故事令人印象深刻，会更加强有力地达到其目的。通过无情地删除不必要的字词、数字、刻度和图例，任何数字型幻灯片都可以得到戏剧般的改善。

通过无情地删除不必要的字词、数字、刻度和图例，任何数字型幻灯片都可以得到戏剧般的改善。

通过无情地删除不必要的字词、数字、刻度和图例，任何数字型幻灯片都可以得到戏剧般的改善。

饼图

图8.3是一个典型的饼图（也叫环形图）。这种数据图对于表现可分为几个从属部分的总数非常有用。在图8.3这个例子中，图表表现的是一个公司的销售量在地理上分布情况。一眼看过去，你就能够清楚地知道每个部分

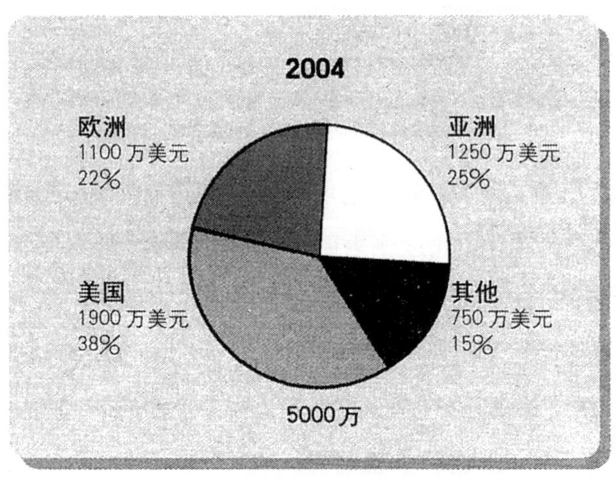

图8.3　一个典型的饼图

（或者说每个楔形块）在总数中所占的相对份额。

不幸的是，这个图表有点不必要的零碎，而且读来让人感到困惑。它把一个销售地区的名称、销售数据和所占百分比叠在了一起（比如，“欧洲”、“1100万美元”和“22%”），迫使读图者停下来，理清每个元素的确切含义。

现在，来看一看图8.4。

地理名称仍然放在饼图之外，但百分比现在放在各个楔形中。这种安排

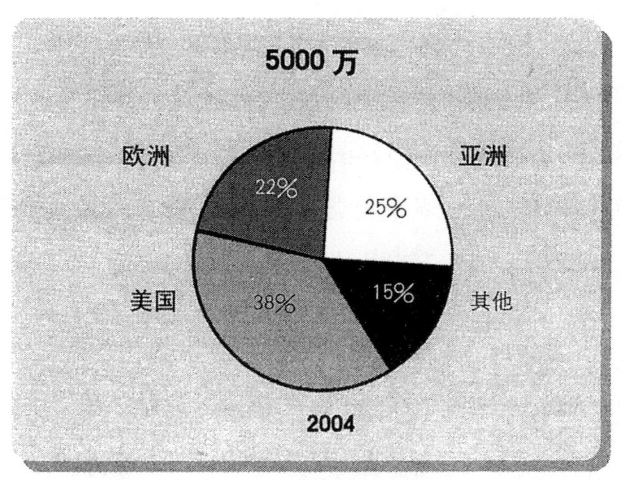

图 8.4 简化后的饼图

更清楚一些，因为文本总是要比数字占更多的空间。如果有哪个楔形太小，放不下对应的数字，你可以使用指示延长线，也就是说，把数字放到楔形以外并用一根线指向其所隶属的楔形。

注意看一下，我们是如何把图注文字与数字分开从而使得两者都更易读的。还要注意，我们省略了第一个图中标注的美元数字。因为，在一个饼图中，最重要的信息是每个楔形的相对大小。

最后，请注意：我们把日期移到了饼图的底部。这是大多数商务图表中时间期限出现的地方。

> 在一个饼图中，最重要的信息是每个楔形的相对大小。

当你生成一个饼图时，请遵照这些通用性原则行事。它会使你做出来的饼图更加好读、易懂。

数字型图表的排版

在图 8.5 中，左边的图注文字是竖排的。这样排版的图是很难阅读的。想一想：这个竖排的词（“年度收入”）有四个字，这使你的眼睛要回四次车

（英文是 revenues，8 个字母，眼睛要回 8 次车）。天呀！

这个问题可以轻松解决，见图 8.6。

你应该像图 8.6 那样使用横排图注文字，这会使图表更清楚、更好读。

竖排图注文字的一个近表亲是类似于图 8.7 的侧着的横排的图注文字。

图 8.7 所示的图注排列方式是从文档（document）中“移植”过来的。

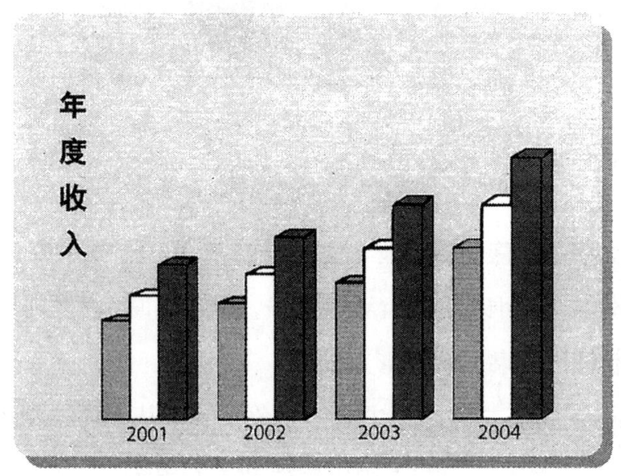

图 8.5　左边的图注文字是竖排的

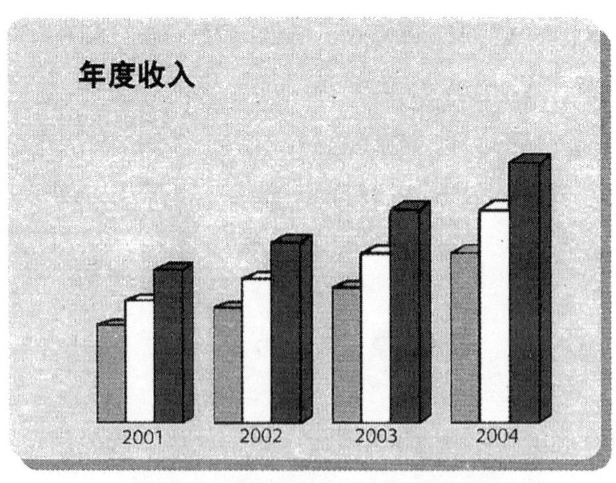

图 8.6　水平排的图注文字可读性更强

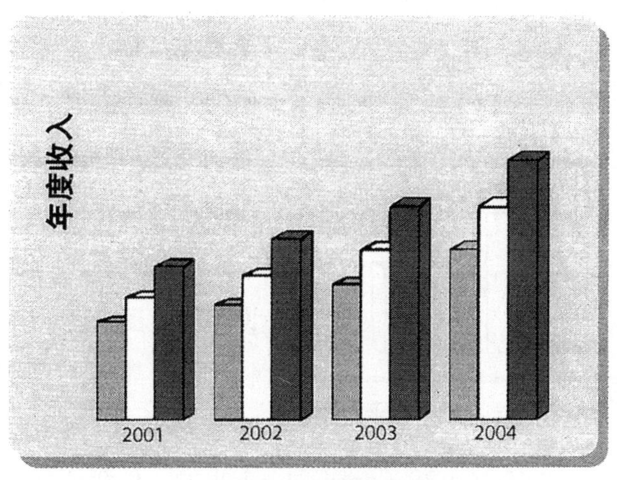

图8.7 侧排的图注文字

在一个文档中，为了读到“年度收入”这个词，读者可以把文档旋转过来。但是，在投射到屏幕上的一个演讲幻灯片中，听众就必须扭着脖子，侧着脑袋，才能读懂这个词。

这种情况的修改方案同竖排图注文字的修改一样（见图8.6）。把图注文字横着排，让听众读起来更方便一些。这样，你不但减少了听众用眼睛扫描的次数，还减少了他们转动脑袋的次数。

“曲棍球棒”形运动

适应性眼睛运动的另一个范例与听众接收信息以及对其做出反映的方式有关。由于商务人员长期与图表打交道，他们已经习惯于对曲棍球棒形（从左到右逐渐升高）作出正面反应。在他们心目中，向右下角倾斜的运动则意味着负面效果，因而是一种违背人的本性的运动。

我不希望你给听众留下这样的印象。相反，你应像图8.9那样用从左到右不断上升的方式安排这些图柱。好了，这时的“曲棍球棒”反映的是一个上升的趋势。而且，这些图柱以贵公司的名字作为顶点。通过把你的公司名

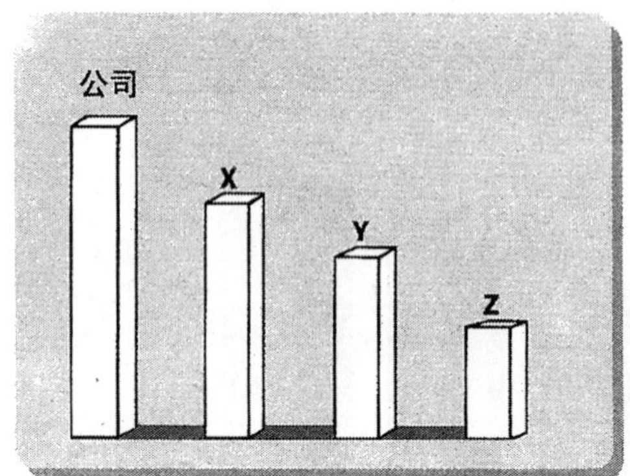

图8.8 相反的“曲棍球棒”形，一个不断下降的趋势

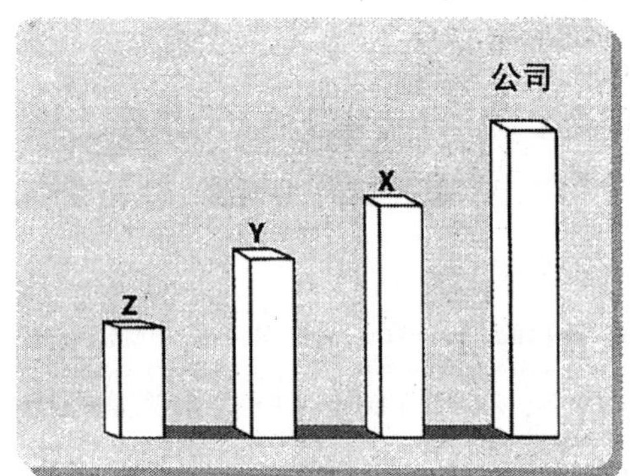

图8.9 自然的“曲棍球棒”形，向右上角延伸

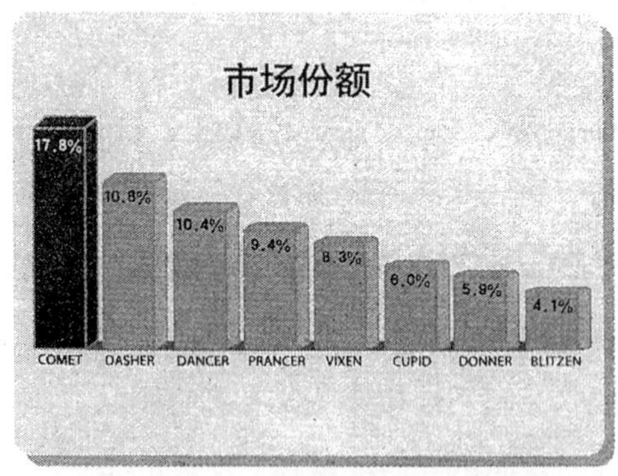

图8.10 违反“曲棍球棒”规则的一个例子

称放在最顶点，不仅从策略上讲使你的公司占据了一个优势地位，而且它还将是听众最后看到并记住的一个词。

不幸的是，许多演讲者(包括许多专业图表艺术家)设计出来的柱状图表都违背了这些心理规则。图8.10是从一则报纸广告中复制下来的，但稍微做了一点小修改以保护当事人（我们采用了一个虚拟的银行名字——“Comet”(彗星))。

Comet公司想夸耀自己在认购公司债务方面超越了其他对手，处于市场领导地位。但是，尽管Comet公司有值得骄傲的业绩，但其广告设计者却使用了向下而不是向上的图柱表现方式，这样，与其期望的正面效果相反，造成了听众的负面印象。

图8.11说明了Comet公司的广告应该怎样做。

雕虫小技？是的，但……

但是对于本章所讲的风格问

题，你也许会觉得这只不过是一些雕虫小技而已。“哎呀，拜托，”你也许会说：“我的听众里面又没有图表艺术家或设计师。我就是把柱状图的顺序弄反了，或者把图注文字竖排了，那又怎么样？难道真的有人会在乎吗？”

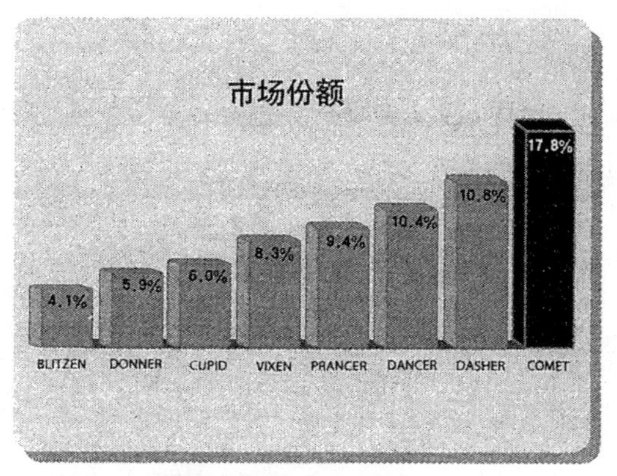

图 8.11 遵守上升趋势的一个例子

也许没人会在乎，或者说也许真的没有人下意识地去注意这些问题。但是，要记住：我们在视觉图形上的文化适应性是深植于人的潜意识中的，并且非常强大。因此，即使你的听众没有明确意识到这些设计上的缺陷，但他们也会因这些缺陷而产生难受、不安或厌恶的情绪。他们自己可能都不知道到底是什么让他们感觉不舒服，他们最多会想：“嗯，这几张幻灯片看起来有点怪怪的。”或者：“好象有什么东西不对劲。”

这会是一个严重的问题吗？很可能。记住：很多时候，在你进行说服时，你是在与许多强劲的反对势力——从你直接的竞争者到听众的冷漠、无动于衷与毫不关心等更微妙的反对势力——在做斗争。你的听众很可能会怀疑你的经验，质疑你的动机，对你所说的事情没有兴趣，或者，仅仅是注意力分散。你承受不起忽略任何可能影响听众的因素所付出的代价——无论这种影响看起来可能是多么的微妙。

> 你承受不起忽略任何可能影响听众的因素的代价——无论这种影响看起来可能是多么的微妙。

说服听众响应你的号召来采取行动就好比是一场爬陡坡的艰难战斗。为什么要因为阻碍信息传达的图表设计而使这一战斗更加艰难——哪怕只增加了 10% 的难度——呢？让你的图表为你效劳而不是反对你！

第9章
用图表使故事更流畅

公司案例：
◆ 英特尔公司
◆ Modex 医疗公司

35000英尺高的视角

在前面两章中，我们主要讲述了如何设计图表从而使其能够清楚、有效地传达信息的问题。你已经了解了从字体到图表说明等各个方面的许多细节。现在，让我们回到本书前几章提到一个概念——“使故事流畅起来”。

对于如何帮助其受众保持方向性并跟上其进程，每一种沟通媒介都有其独特的技巧。比如说文本吧。对于文本而言，读者就是作者的受众。在一本书、杂志、报纸或者一份打印出来的报告中，设计者与编辑为读者提供了许多工具来帮助读者抓住作者的线索——目录、索引、页眉或页脚出现的章节标题等等。更为重要的是，读者拥有大量随意获取作者材料的手段：他们可以通过翻阅目录或索引，自我导航，他们可以随时前后翻动书页以抓住整个线索。读过俄国小说吗？在俄国小说中，一般会把所有人物的名字与绰号列在书前。而在剧本中，在第一幕戏之前，会有一个“出场人物表”，即整出戏的人物表。在长期的实践过程中，读者已经习惯于书面文本中自我导航的方式。

但演讲就不一样了。在一场演讲中，听众只能以一种线性方式接受演讲者的材料：一次一张幻灯片，一次一句话，而这一切都处在演讲者的控制下。一旦一张幻灯片从屏幕上消失了，那它就不会再回来了。听众没有办法通过随意地前后翻动页来把握演讲的线索。

如同在故事讲述中一样，演讲的听众在接受视觉内容时也只能站在“树木”的高度。也正如在故事讲述中一样，演讲者的任务是使听众从“树木”的高度提升到能够看见整片森林的高度。如前所述，演讲者的任务是引领听众的意识，不过，现在演讲者还可以同时引领听众的眼睛。

第4章的“叙述结构”技巧和第5章的“告诉他们你想告诉他们什么”的技巧可以帮助听众跟上你的叙述,但这两者都仅仅是在你做口头演讲时发挥作用的技巧。图表也可以用来表达你的叙述线索。你可以通过幻灯片设计来表达各个概念之间的关联,也可以使用一套简单的视觉工具来创造连贯性,并帮助听众来追踪你演讲的整个逻辑线索。

但是,在引入这些工具之前,我们有必要回过头去审视一下演讲的线索,并且是站在35000英尺的高度从整体上来审视它。要这样做,有一个有用的工具,它就是图9.1所示的“故事板表单(Storyboard Form)”。

建立一个故事全景图。

电视与电影导演用故事板来规划其终端产品——无论是一个60秒的广告还是一部投资几百万美元、带有特效镜头的史诗性影片。他们先规划出每场戏的摄像机镜头,然后再考虑如何把一幕幕戏剪辑成一部

图9.1　强有力演讲的故事板表单

片子。我为我的客户提供了这个故事板的纸制版本。Microsoft PowerPoint 则提供了“幻灯片浏览”视图（Slide Sorter view）。这两种方法都为你提供了一个故事全景图。

这一视图可以让你一眼看到某一特定演讲的所有幻灯片。它能让你尽量少纠缠细节，并为你把握整个景象提供一个更宽阔的视野。这是一个非常有效的规划工具，它能够帮助你检查故事的发展线索。注意，在每个幻灯片图片下还有一个小的长方框，你可以在那里输入你的口述笔记，以便进一步明确你的线索。

图9.2说明了全景图是如何发挥作用的。我们看见幻灯片放在“故事板表单”中，并成组分布，体现了你为演讲选定的叙述结构。在这个例子中，这个演讲包括4个部分：“导言”部分、“机遇”部分、“能力”部分和“结论”部分。每一个部分都由一系列幻灯片支持着，在每个部分中，每一张幻灯片都应按照逻辑放对地方。

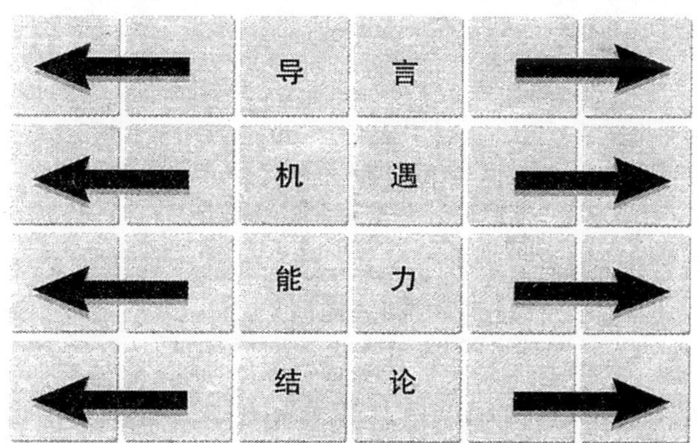

图9.2 全景图

当你采用这种视图扫描幻灯片时，如果某些幻灯片放的位置不对，你马上就可以看出来。你可能想把它们放到这一序列中的另一个地方。或者，你可能会发现有些幻灯片是多余的，这时，你可能会想删掉它们。演讲中任何一部分与下一部分的关系必须是清楚的。如果不是这样的话，你也许应该重新考虑一下幻灯片的次序。你可以添加、删除或修改幻灯片，从而使得逻辑性更强，甚至你可以试着使用另一种叙述结构。

> 检查演讲线索的最好办法是把各张幻灯片的主标题挑出来读一下。

检查演讲线索的最好办法是把各张幻灯片的主标题挑出来读一下。如图9.3所示。忽略小标题、图表以及其他内容之后，如果你能够追溯整个演讲的逻辑，你就已经做到了逻辑清楚。一个能够做到逻辑清楚的演讲会使得听众更容易听懂，而你也更好讲。在Microsoft Powerpoint中，你可以使用“幻灯片浏览”①或“大纲”视图，达到只阅读主标题的目的。

检查演讲线索的最好办法是把各张幻灯片的主标题(titles)挑出来读一下。

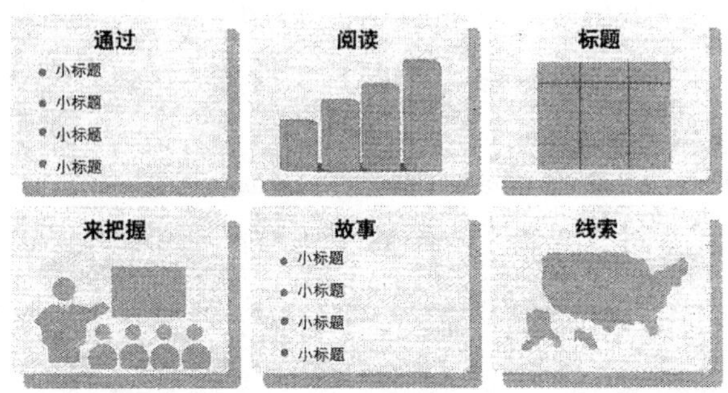

图9.3　对演讲线索的检查

连贯性图表技巧

如果口头表述的逻辑很清楚，你可以借助图表来更好地展现你的演讲线索。经过精心设计的图表不仅能够清楚、富有吸引力地向听众传递信息，它们还能够帮助你在各个概念之间建立关联。再强调一次，全景式视图能够为全面把握你的演讲线索提供一个完美的视角。如果你的图表连贯性不明显，

①原文为Slide Sorter view，直译为“‘幻灯片整理者’视图”，而Microsoft Powerpoint2000中文版其译为“‘幻灯片浏览’视图”。

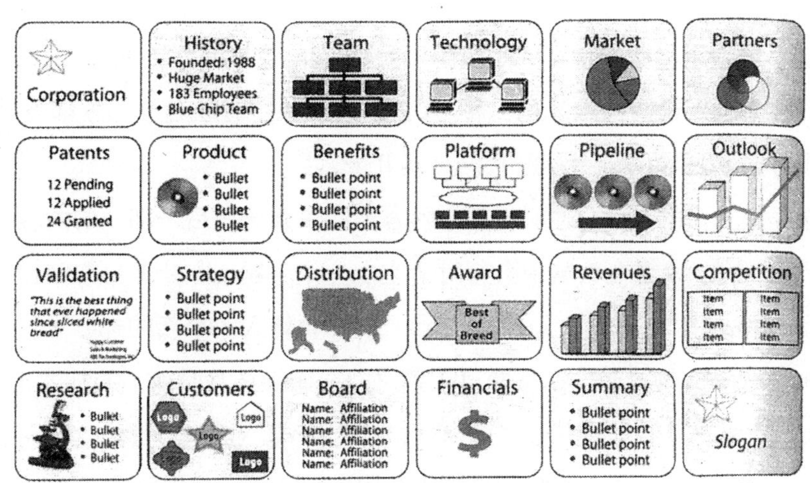

图 9.4 没有两张幻灯片是类似的

"幻灯片浏览"视图可能看起来如图 9.4 所示。

请你试着一张幻灯片接一张幻灯片地把这个故事板看一遍。在这个故事板上，没有两张幻灯片看上去是一样的，因而对这个演讲而言，读到每张幻灯片时都有重新开始的感觉。这就迫使你必须不断做出努力，去适应新的内容、版式和样式的不同幻灯片。(如果各张幻灯片使用的是不同配色方案，这种适应性阅读的努力就更加费劲了，请看彩插4。) 好了，现在站在听众的角度想一想。不像你能够方便地利用全景图，听众一次只能够看到一张新的幻灯片，因而，他们必须付出比你大得多的努力才能够适应每张幻灯片的新内容、新版式和新样式。也许，等到演讲结束时，他们早已经精疲力尽了，而且更有可能的是，他们已经累得晕头转向、不知所云了。别让他们劳神!

幸运的是，有很多久经考验的图表技巧可以帮助你在幻灯片中展现演讲的线索。现在，让我们了解一下这些技巧及其从真实的商务演讲中精选出来的说明性案例。

标题页幻灯片

第一个也是最简单的连贯性技巧是"标题页幻灯片"(Bumper Slide)。

这个技巧来源于出版领域。你可以看一下那些非虚构题材的大部头图书。你很可能会发现，这些书是分篇、章、节的，并且很多时候各个部分都被只写了篇章序号和标题的一个标题页给分隔开来。

这样做的目的是：标志前一部分内容已结束并导入后一部分的内容。这样做的好处是：读者在头脑中会暂时清空上一个主题，为阅读下一个主题做好准备。在演讲中，标题页幻灯片表示："现在要转入一个新的部分了！"你可以把标题页幻灯片当作西餐两道正菜之间在撤换杯盘时所上的加冰果汁。

图9.5是最简单也最有效的标题页幻灯片格式。它只有一行文字(记住：不要回行，以"尽量减少眼睛扫描的次数")。而这一行文字预告了下一部分演讲的内容。比如，你可以在不同标题页幻灯片上写上："市场机遇"、"独特的技术"、"行业领导地位"或者"业务成就"，每一张标题页幻灯片将引出围绕上述某一主题的一系列幻灯片。

图9.5 文字居中排的标题页幻灯片

为了使标题页幻灯片与其他幻灯片区别开来，请把这行标题页文字做上下和左右居中。

也可以用一个简单的图形或标志来创建标题页幻灯片。它可以是公司的徽标(logo)、与演讲主题相关的一个图形或者是提示下一部分演讲内容的一个图标。

你还可以把你的演讲进程当作标题页幻灯片（见图9.6），并用它来追踪演讲的整体框架。使用这一方法时，每张标题页幻灯片将列出完整的演讲进程，并突出显示要讲到的那个项目标题，同时淡化其他的项目标题。这样，听众一眼就能够看清下一部分要讲什么（彩色幻灯片效果请看彩插5）。

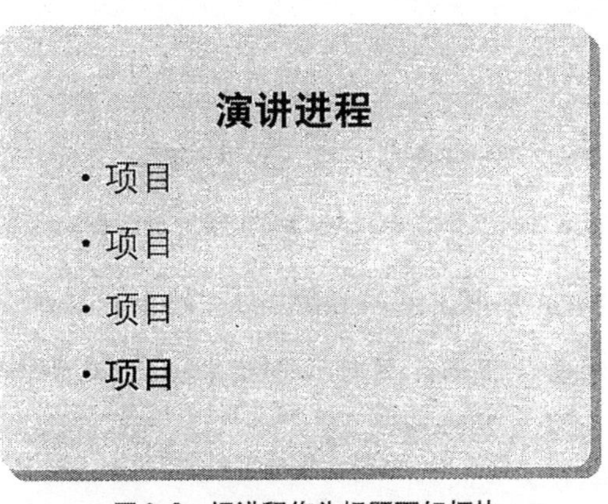

图9.6 把进程作为标题页幻灯片

这样的标题页幻灯片会非常明确地告诉你的听众：他们已经听到哪里了，他们已经听过哪些内容，以及将要听到哪些内容。你可以把它当作一个当前进度表。注意：这种方法只适用于时间比较长——也就是说30分钟以上的演讲。如果演讲比较短，你的听众就会觉得你在小瞧他们，假仁假义——他们会想："哎呀！早知道了！还用得着你来提醒我吗？"

但在比较长也比较复杂的演讲中，你的听众会非常感谢您能提供这些指路牌。下面是来自生物科技公司的一个例子。

1999年，Modex医疗公司的首席执行官杰奎斯·艾辛格尔博士邀请我帮助他及其团队准备公司的IPO路演。Modex医疗公司是一家瑞士的生物技术公司，致力于细胞疗法。该公司于次年在瑞士的纳斯达克——Nouveau Marche（SWXNM）股票市场上市，业绩非常好。

但到了2001年中期，整个生物科技行业特别是像Modex这样尚处在成长时期的公司不再为投资者看好，Modex的股价一路下滑。杰奎斯制定了新的发展战略，力图通过获得更多的相关技术来提高公司利润。在获得这些技术之后，杰奎斯打电话给我，让我帮助他准备一个新演讲，来向瑞士金融界宣讲公司的这一新战略。

由于本章的重点是图表的连贯性，因此，我只讨论杰奎斯这一演讲的核心部分。在这一部分中，杰奎斯希望向潜在的新投资者——他们没有一个是生物技术科学家——讲述其扩展核心业务的新计划。

杰奎斯在演讲开始部分有一个干脆有力的开头，演讲的结尾是关于战略和财务的两部分内容，而其演讲的核心部分可谓标题页幻灯片运用的典范之作。他首先用一个简单的圆圈来界定Modex公司在皮肤研究方面原创性成果及其后续进展，如图9.7所示。

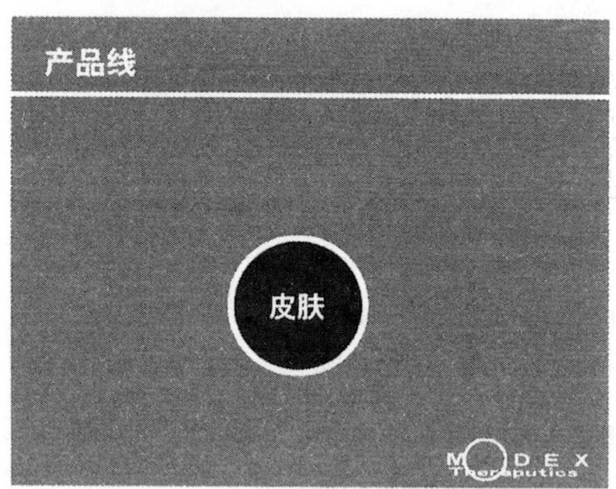

图9.7　Modex医疗公司的核心业务幻灯片

然后，他使用Microsoft Powerpoint的动画效果，从这个大圆圈中弹出三个小圆圈，如图9.8所示。弹出的这些小圆圈表示Modex已经从最初的商业模式(皮肤)扩展到相关的疾病治疗。这一图形化的扩张动作揭示了主题，表示公司正在开辟通向潜在新收入源泉的一条产品线。与此同时，这一标题页幻灯片也构成了后面要讲述的材料的一个进程安排。

在其口头讲述中，杰奎斯说，他将以相同的内容框架逐一介绍每个皮肤病业务的发展计划。——这是不是听起来有点耳熟？实际上，这就是“形式/功能式”与“平行结构式”相结合的叙述结构在图表上的表现方式。

接着，杰奎斯采用突出显示（highlighting）相应的小圆圈（见图9.9）的方式，进入对第一种皮肤病“慢性创伤”的论述。

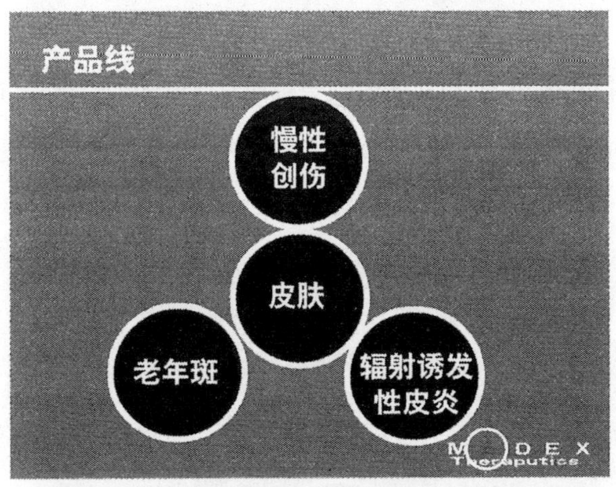

图9.8 Modex医疗公司扩展后的核心业务幻灯片

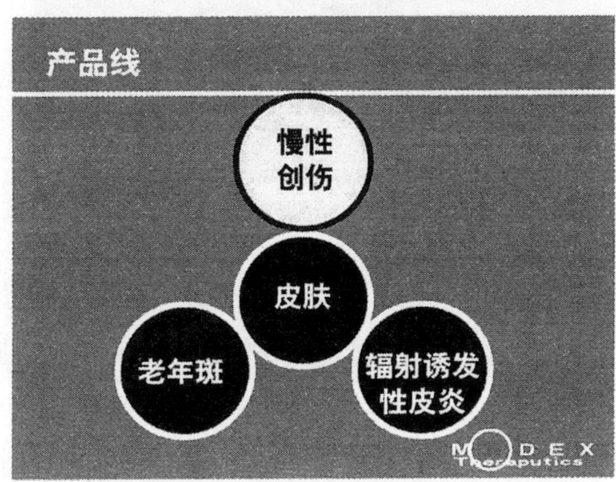

图9.9 Modex医疗公司扩展后的核心业务幻灯片

然后，杰奎斯用了19张幻灯片深入讨论了“慢性创伤”这一主题，这19张幻灯片大多数都组织得像标题页幻灯片一样简单。例如，他用了一个金字塔来表示市场的不同层次。这个金字塔先是出现在一组五张的幻灯片中，然后出现在同一部分的另外一组三张幻灯片中。其中，有两张幻灯片是图形，两张是饼图，还有两张是方框图，只带有很少的文字，用以标志相关信息。19张幻灯片中只有4张是文本型幻灯片。这当然不是“把演讲当作文档”的表现。

现在，杰奎斯准备讲另外一个主题“辐射诱发性皮炎”了。他回到他的标题页幻灯片，把突出显示(highlighting)效果转移到这个新的小圆圈上，如图9.10所示。

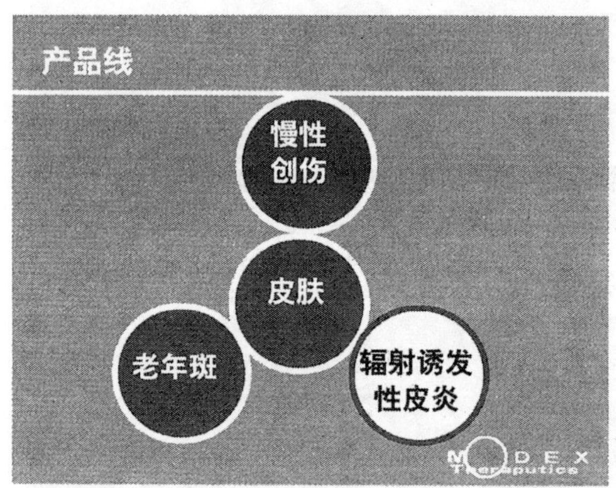

图9.10 Modex医疗公司扩展后的核心业务幻灯片

他用一组五张的幻灯片讨论了“辐射诱发性皮炎”这一主题。然后，他又回到他的标题页幻灯片，把突出显示效果转移到最后一个皮肤病“老人斑”上，如图9.11所示。

请注意：在本例中，各个标题页幻灯片之间有足够多数量的幻灯片，这就保证了它们的重复出现不会让听众觉得演讲者是在“假仁假义”，多此一举。

杰奎斯又用了一组五张的幻灯片来讨论“老人斑”，两张是带图形的，三张是文字型的。至此，他已经讲完了核心业务，准备开始向这次演讲的最终目的发起冲击了。

尽管Modex的故事非常复杂，并带有许多支持性细节，但由于杰奎斯采用了用标题页幻灯片连接和关联起来的一致性图表，对于听众而言，这个故事依然脉络清楚，容易听懂。

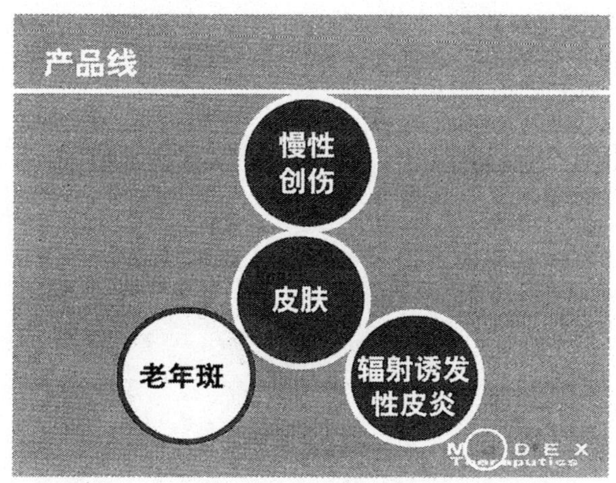

图 9.11 Modex 医疗公司扩展后的核心业务幻灯片

指示标/颜色代码

指示标/颜色代码（Indexing/Color Coding）是在比较长的演讲中为听众导航的另外一种图表连贯性技巧。相比较而言，标题页幻灯片是断断续续出现的，而指示标法则是采用一个重复出现的图形来构成连贯性。这一不断重现的图形被分成不同颜色或形状的部分，代表演讲中的不同部分。标志法通过突出显示这一图形中的不同颜色或形状的部分来告诉听众，目前所讲内容在演讲中的位置。这种方法可以使听众只须花费自己以及演讲者的少许努力就能够跟踪演讲的线索。

这种技巧多用于各种技术性演讲。这种技术性演讲往往有多个部分，每个部分又由众多内容较艰深并且相互独立的细节构成。为了讲解这一技巧，我们最好还是举一个由四个部分组成的战略的简单例子，如图9.12～图9.15所示（这些图的彩色版本请看彩插6～彩插9）。

我们用一个由四个不同颜色的等分楔形构成的圆形饼图来表示该公司由四个部分组成的业务战略（见图9.12）。如果你是演讲者，你会在演讲开始以后不久显示这张幻灯片，用以说明和讨论公司的整体战略。当你把焦点放到第一个战略要素（战略A）上时，你可以把这个饼图作为图标放到幻灯片

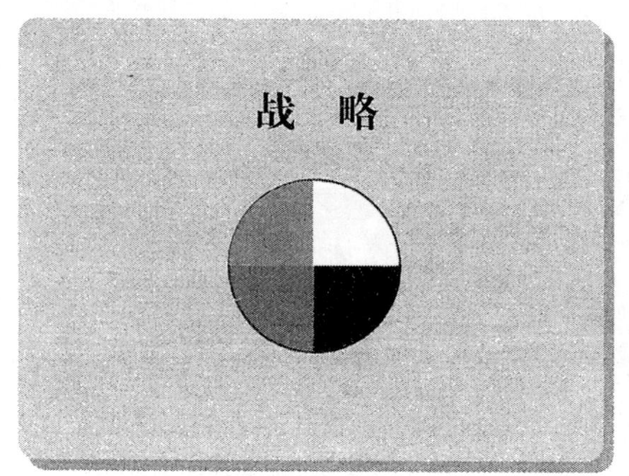

图9.12　用指示标／颜色代码法来表示分为四部分的一个业务战略

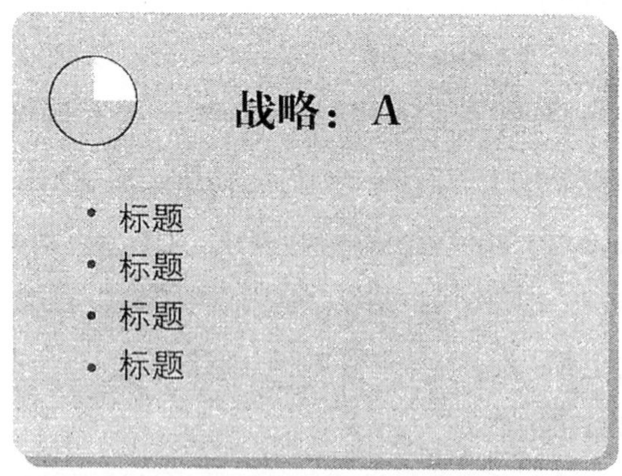

图9.13　突出显示第一个战略要素

的左上角，并用指定的颜色突出显示对应的一个楔形，如图9.13所示。然后，你可以在这张幻灯片的小标题中添加与这部分战略有关的细节。这样，这个饼图就成为清楚地标明这部分内容在演讲中位置的一个指示标。

第二张幻灯片（见图9.14）论述的是该战略的第二部分。现在，指示标上的突出显示部分变为第二个饼状楔形及其指定颜色。解释性的小标题也随之改变，从而为你提供详细的讨论要点。

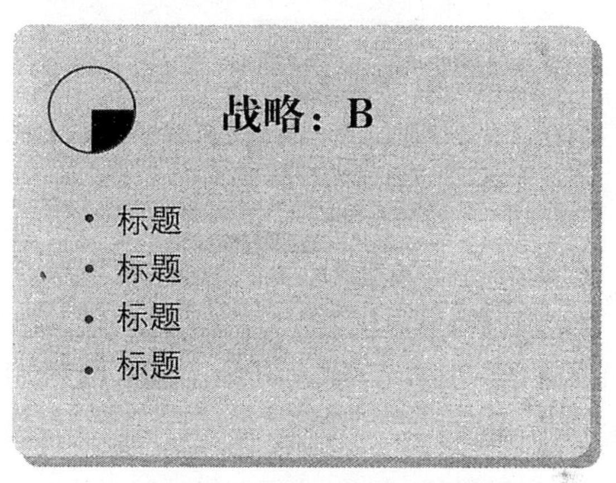

图9.14 突出显示第二个战略要素

现在，你猜都可以猜到另两张幻灯片的进程了。突出显示将按照次序出现在另两个楔形上，这样转了一圈，构成了一个完整的循环。使用“指示标/颜色编码”方案会使听众容易追踪你的演讲进度。此外，它还创造了微妙的、下意识的心理波动——引起听众的期待，然后满足它们。听众会预计到第三个和第四个楔形会很快出现在屏幕上，当颜色按照他们的预期变化时，他们会有一种解脱感和满意感。

好了，让我们再回到这一循环过程的结尾（见图9.15）。此时，该战略的所有四个部分带着指定的颜色又重新出现在一个大的饼图中。你可以使用这张幻灯片对这一战略做归纳总结，然后在这个饼图外面再加一个环，并以此来说明未来的战略方向，从而为演讲获得加分。

这一系列的幻灯片构成了一系列的指路牌,从视觉上支持你的口头论述,帮助你在演讲的所有阶段保持正确的航向,并引领听众到达你的结论。

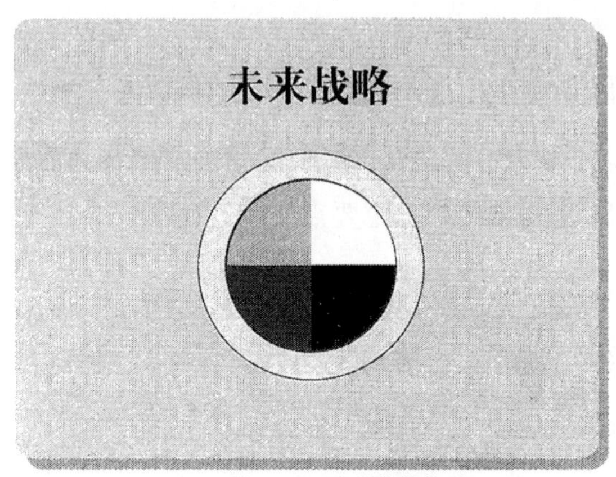

图9.15 重现整体战略

图标

另一种图表连贯性技巧是图标(Icons)法。这是一些对你演讲中各个概念之间的关系起说明作用的符号。图标用一种速写的形式说明这些关联,从而使听众凭直觉就能快速地抓住它们。由于图标是图形性的,它们自然符合“少就是多”的准则。图标还使得演讲者从只有文字的一系列幻灯片中解脱出来,从而减轻“把演讲当成是文档”的症状。经过精心挑选的图标是一种非常优秀的演讲工具。

这里介绍几种经典的图标以及运用它们来表达演讲内容的方法。

在中国人的宇宙观中,阴和阳(见图9.16)是一对互相对立的力量,它们的结合产生了宇宙间的万物。对西方听众而言,这一阴/阳图标则仅仅意味着“两个部分和谐共存”。你可以在主题为两种力量的融合的演讲中使用这一图标,比如,用来解释两家公司的合并或者讨论你们公司的两条产品线及其互为补充所衍生的利益等。

许多人都赞成所谓的“三三定律”,该定律认为“三”是最好记的一个

图9.16 阴阳图标

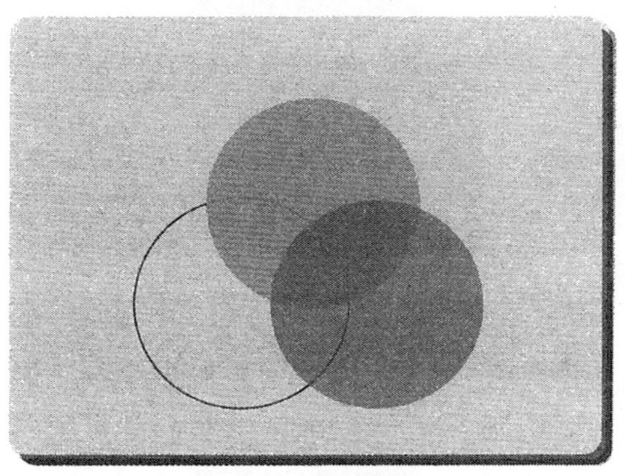

图9.17 三环图标

数字。如果你的故事中包括三个要素，你可以从众多表示“三”的图标中挑选一个来表述你的故事，如：三角形、三叉戟、三脚凳、三个首尾相接的箭头和三环（见图9.17）等。

这个图形所表示的是三个事物之间的和谐关系。你可以用这个图标的某种变形来表达三种力量、三个群体或三个单位是如何一起工作或联合的。例如，你可以用它来讲述一个故事，说明一个公司是如何服务于三个各自不同但又互有重叠的市场或顾客群体——比如企业、政府和学校的。或者，用它来说明一个公司由三个方面构成的竞争战略。当你选择这个图标的时候，要记住：一定要把有两个环的一侧朝下，因为这样才构成一个稳定的画面。

如果你的故事包含四个关键因素，你可以试试图9.18中的图标，该图标表示的是四个部分的和谐。你可以在演讲中使用它，并用其来说明四个互为补充的产品、四个一起工作的部门（如销售部门、市场部门、信息技术部门和客户服务部门等）、一个战略计划中的四个要素，或者一个公司的四个业务市场（如北美、南美、亚洲和欧洲等）。

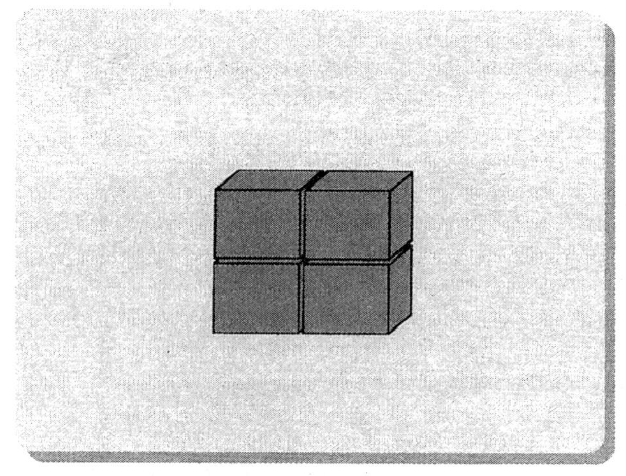

图 9.18　四部分和谐共存图标

图9.19中的金字塔图标表示的是一组等级式关系。它可以用来表示一个组织中的管理层级，从针对低定价的大众化市场（金字塔底层）到高定价的专门销售对象（金字塔尖）的一系列产品，或者一系列建立在宽厚基础上并逐一提升、直到最先进的概念的一系列概念。

你可能已经注意到，我在第4章中就是用一个金字塔（参见图4.1）来说明“空间式叙述结构”的。在我自己的演讲和培训项目中，我在论述一个有说服力的演讲所必须具备的要素时，通常是把讲好一个故事作为演讲的基础要素，然后一步一步地讲解其他的技巧，而把如何回答针对这个故事提出的问题作为这个金字塔的“塔尖”。你可能还会想起你曾经见过的数十种其

图 9.19 等级关系图标

他的图标，这些图标都有着各自独特的视觉涵义。

有些公司——比如思科——花费了相当大的精力来开发图标。由于其涉及的技术非常复杂，思科希望尽量用图形而不是文字来表示这些技术，从而使听众更容易理解它们。一图值千金！

当思科发布一个新的产品家族时，它会小心翼翼地开发出一个特别的图形来代表这一家族。该公司甚至做出了巨大的努力来开发概念性图形，从而使行业内广泛使用的一些功能与工作方法图标化。这些概念性图标是如此重要，以至于思科公司为开发这些图标专门制定了一系列指导原则。

盖瑞·斯图沃特从1991年起就担任思科公司的技术绘图员，并见证了像路由器（Router）、ATM交换机(ATM switch)、网云（Network Cloud)、防火墙（Firewall)、桥（Bridge)、通信服务器（Communication Server）和目录服务器（Directory Server）等一大批网络技术要件的图标的诞生（上述图标见图 9.20、彩插 10)。

很多年以来，思科逐渐积累起一个丰富的图标库，并将之广泛应用于演讲和各种文献中。思科还把这些图标放在一个公开网站上予以公布（www.

cisco.com,在该网络的搜索引擎中键入“icons”),结果,这些符号成为了行业术语,同时也成为思科公司一个价值巨大的原创品牌。

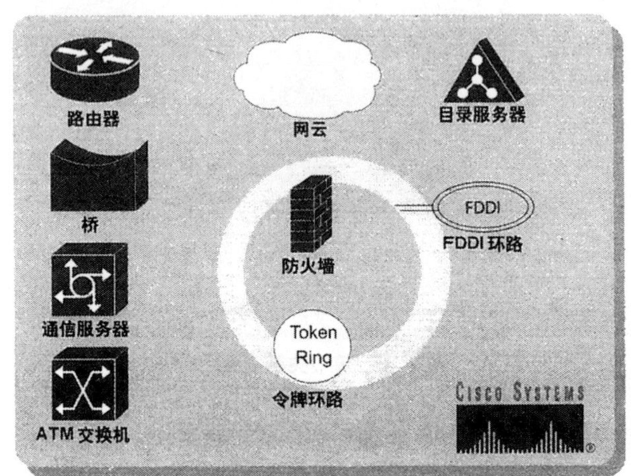

图9.20 思科公司的图标库

如果有一个图标能够抓住并表达出你的各个概念之间关系的实质,那么,应该考虑把它作为一个可视化符号应用于整个演讲过程中。

锚定物

下一个技巧叫做“锚定物”(Anchor Objects)。在这种方法中,一个重复出现的图像出现在一系列幻灯片中,表示一种持续性的关系。如果说“指示标/颜色编码法”是用一个重复出现的图像(如饼图或金字塔)来创造连贯性,“锚定物法”则是用一幅插图的一个有机组成部分作为重复出现的图像。这个图像或物体可以是一幅照片、一幅素描图、一幅地图、一个图标、一幅屏幕抓图、一个徽标(logo)或一幅剪贴画。

使用这种方法时,你用一张包含“锚定物”的幻灯片作为一系列幻灯片的第一张。在下一张幻灯片中,这个物体还在原位,但与另外一个物体相连接,从而建立起两个物体之间的关联。在接下来的一张幻灯片中,这两个物体继续在原位“锚定”，而又一个物体出现了并且与它们相连接。这一视觉化的连续过程说明了各个物体之间的关系，并使你的听众获得了连贯性。

图9.21说明了这一方法是如何起作用的。

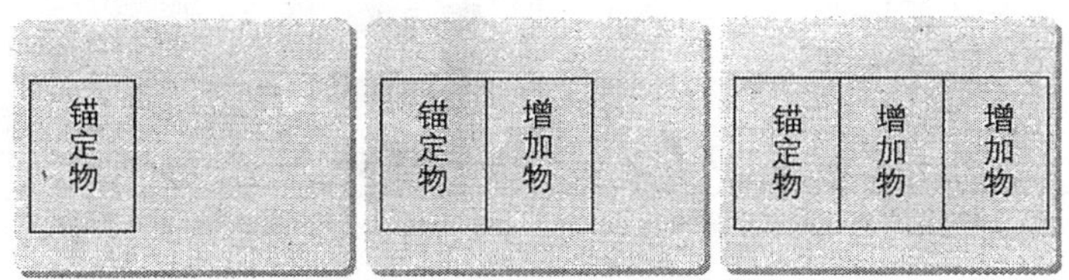

图9.21 锚定物法的变化过程

当你用新物体来连接“锚定物”时，你还可以用不同颜色或阴影来突出显示这一新物体，或者用增加边框的方式来创造强调的效果。创造强调效果的另一种办法是用拉出式放大图（enlarging as a callout）或者以前景或背景元素来增加深度的方式，来扩大某一物体。下一个例子将会说明后一种方法。

在第4章中，我们提到过英特尔开发下一代集成电路P6的攻关小组领导人罗伯特·科尔韦尔博士。在一个技术论坛的新品发布演讲中，鲍伯采用了新芯片的电路设计图作为跟踪其演讲线索的“锚定物”，设计电路图只使用了最基本的黑色和白色。

在以后的幻灯片（见图9.22～图9.26）中，每张幻灯片都与前一张有所不同。鲍伯通过对调设计电路图的黑白色的方式突出显示一些元件，使听众的注意焦点从芯片设计的一个元件转到另外一个。在演讲中，鲍伯还在前景上使用了拉出式放大图。

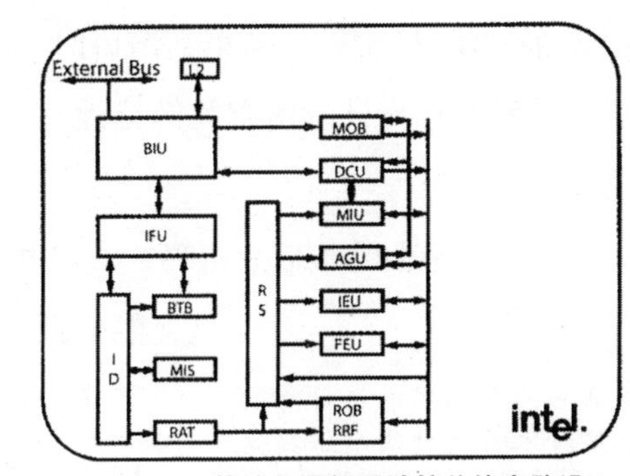

图9.22 英特尔用新设计的芯片电路设计图作为锚定物

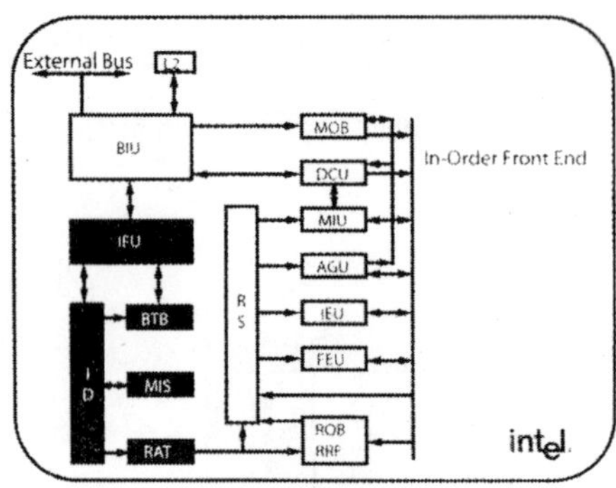

图9.23 突出显示锚定物的某一部分以示强调

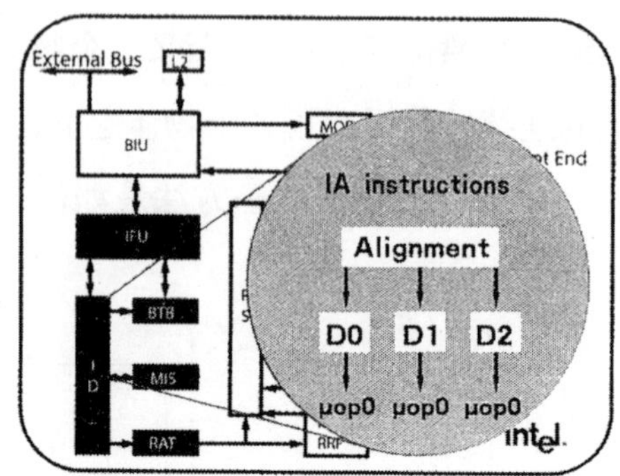

图9.24 放大锚定物的某一部分以示强调

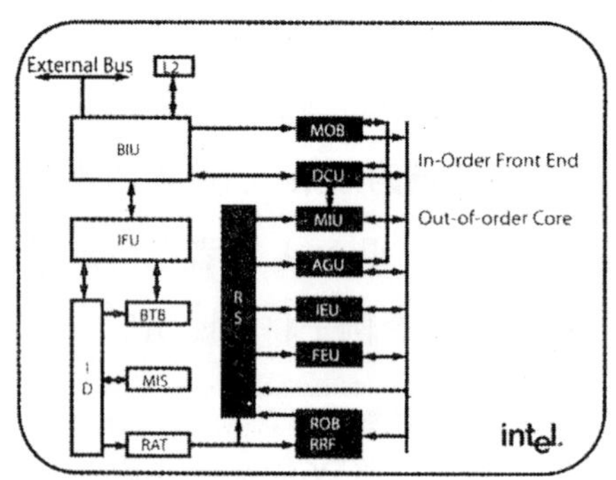

图9.25 突出显示另一个部分

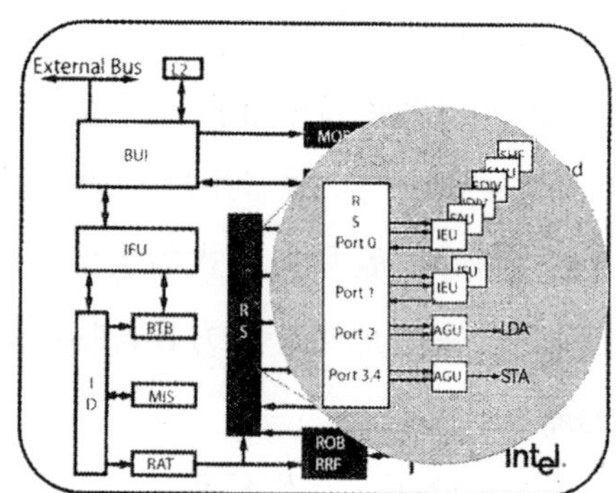

图9.26 放大锚定物的另一个部分以示强调

这一简单的图表设计为高度技术性的口头演讲提供了一幅清晰的路线图。当鲍伯·科尔韦尔结束其演讲时，作为其同行的听众不但清楚地理解了英特尔新芯片设计的所有关键特性，而且对鲍伯以及英特尔公司产生了尊敬之情。

还记得鲍伯的事后分析吗？“我并没有像我担心的那样被问到什么刁钻的问题。我猜测，可能是因为我看起来已经做了充分的准备并且似乎完全控制了演讲的进程，那些抱有敌意的提问者害怕会“输掉”与我的辩论，因而不敢向我发难。”

> 这一简单的图表设计为高度技术性的口头演讲提供了一幅清晰的路线图。

预期性留白

我们要介绍的最后一种图表连贯性技巧来源于电影，它叫做“预期性留白”(Anticipation Space)。它是如何做的呢？

让我们想像一下：你正在看一部电影。在某一个特定场景中，一个剧中人物以特写镜头出现，他的脸占满了屏幕。不久，摄像机慢慢地扩大了取景的范围，而把这一人物逐渐压缩到屏幕的左下角，但依然可以看见。我们现在可以看到背景了，场景是在一家咖啡馆里，这个剧中人正独自坐在这家咖啡馆的一个桌子前。这时，你预期到什么会发生呢？

当我向我的客户询问这个问题时，他们一致回答说：“有人或什么东西要进入这个场景。”当我问他们为什么这么想时，他们说：“因为要填补屏幕右边的空白”。

对，他们答对了！多年观看电影和电视的经验，使我们习惯性地认识到：当屏幕上出现一个很大的空置空间时，这个空间将很快会被填上。在我们想像中的那个电影场景中，那个男人的情人可能会出现并且坐在咖啡桌对面的座位上。

在商务演讲中，同样可以借助一些简单的图表创造出听众的期待心理。请看图9.27。

需求	我们的解决方案
项目 项目 项目 项目	

图9.27 预期性留白

当你看到这张幻灯片时，你会有什么样的期待？对了，你预期到这张幻灯片右边的空置空间将会被填满。更确切地说，你预期到会有4个项目出现，以对应左边的4个项目。4是唯一可能的数目。3个项目将会使你感到失望，5个则会让你感到困惑。

图9.27所示的幻灯片之后只可能跟一张如图9.28所示的幻灯片。这张幻灯片回答了我们的问题，符合我们的期望，满足了我们的预期。其所传递的下意识信息是：我们公司兑现了自己的承诺，并已经把它付诸实践。

需求	我们的解决方案
项目	项目
项目	项目
项目	项目
项目	项目

图9.28　满足预期

“预期性留白”是一种简单但是非常具有视觉冲击力的技巧，并且还是下意识地操控（subliminally managing）听众意识的一种方法。

下面是一家公司如何运用“预期性留白”来表达一个“议题/行动方案+矩阵式+平行追踪式”叙述结构的：这家公司成长缓慢，正试图进行一次转型。它引进了一个全新的管理团队，并决定重新定位整个商业模式。他们打电话给我，让我帮助准备一个演讲，向其员工、投资者和其他利益相关者解释其转型战略。

新管理团队辨认出公司重新定位所必须涉及的五个因素。在他们的第一张幻灯片（见图9.29）中，他们设计了一个矩阵，在矩阵的一边列出了这五个因素，而把另一边对应的地方留出空白，用以填充他们计划采取的行动，从而建立起听众的预期。

公司重新定位

因素	行动
原理	
目标	
挑战	
方法	
结果	

图9.29　矩阵／平行追踪式叙述结构的预期留白

在下一张幻灯片（见图9.30）中，他们对应每个因素填上一个行动方案。这样，就满足了听众的预期。

公司重新定位

因素	行动
原理	项目
目标	项目
挑战	项目
方法	项目
结果	项目

图9.30　同一矩阵，预期留白已被填满

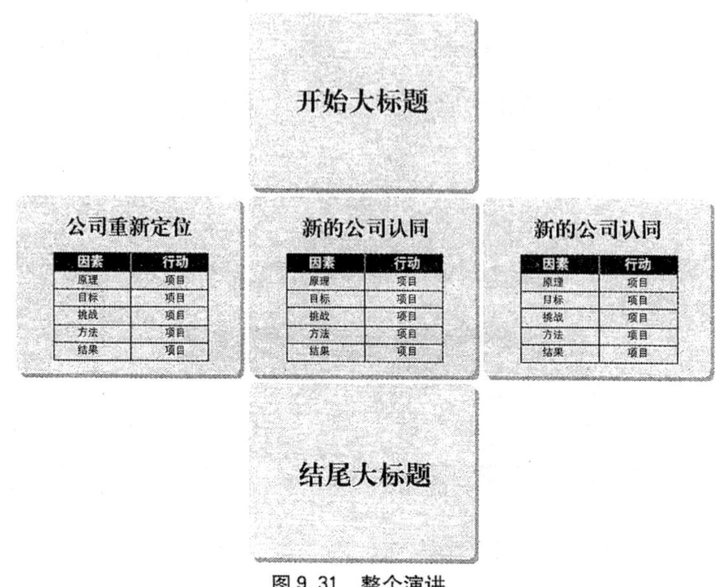

图 9.31 整个演讲

采用同样的方式，他们接下来用另一张幻灯片来讨论公司的认同(CIdentity)问题。他们在左边列出了他们必须解决的因素，然后用他们打算采取的行动来填充右边的空白。在第三张幻灯片中，按照同样的“平行追踪式叙述结构”，他们再次采用相同的形式来讨论产品定位。同样，他们在左边列上因素，用他们打算采取的行动来填充右边的空白。

这三个幻灯片，加上一个“开始大标题”幻灯片（an Openning Title slide）和一个“结尾大标题”幻灯片(a Closing Title slide)构成了其整个演讲的主干（见图 9.31)。

简单吧？是的。要知道这个新团队原本是带着他们做的整整48张全文字型幻灯片来参加我的演讲研讨的，你的这种感觉会更强烈一些。经过我的修改，这五张幻灯片构成的演讲主干部分成为对该公司计划执行的转型战略的一个简单而生动的写照。

现在，我们复习一下。五个图表连贯性技巧是：

1．**标题页幻灯片法**。标题页幻灯片指插入一个演讲的各个部分之间的图表型间隔物，目的是将其作为一个干脆利落、简单明了的转折性标志。

2．**指示标／颜色编码法。**指示标／颜色编码法用一个重复出现的物体作为指示标志，通过突出显示指示标中的不同色块，来标识一个较长演讲中各个部分的位置。

3．**图标法。**图标法通过使用众所周知的象征性符号来说明各个概念之间的关系。

4．**锚定物法。**锚定物法以一个重复出现的、作为一个插图的有机部分的图像来创建连贯性。

5．**预期性留白法。**预期性留白法通过先留白而后填充的方式来创造并满足下意识的听众预期。

以上五种简单的图表连贯性技巧对演讲的清晰度与一致性具有重大影响。如果运用得巧妙，它们能够使一个又长又复杂的故事更易于被听众理解和记忆。

“以演讲者为中心”的再讨论

让我来问一个问题。在整本书中我一再强调其重要性，但在整个第9章及其之前关于图表的三章中，我一次也没有提到B点或WIIFY，那么，你认为，应该把你的B点和听众的WIIFY放在故事板的什么地方？或者说，放在哪张幻灯片里？

正确的答案是：哪里都不放。B点和WIIFY不会出现在任何一张幻灯片中。它们应该由你——演讲者讲出来。

我故意问这个问题，是为了通过这个小把戏来强化你们“以演讲者为中心”的观点。幻灯片不是演讲，它们仅仅是演讲者的支持工具。是你——演讲者，必须在A点抓住（grab）你的听众，引领（navigate）他们悠游于演讲的各个部分，把他们送达（deposit）B点。

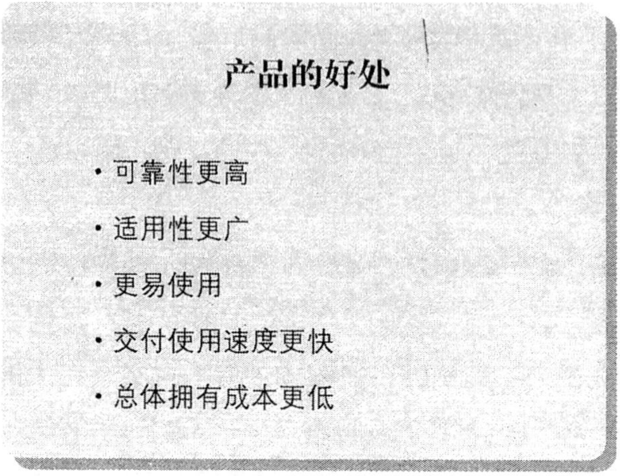

产品的好处

· 可靠性更高
· 适用性更广
· 更易使用
· 交付使用速度更快
· 总体拥有成本更低

图 9.32　WIIFY 在哪里？

假设一家公司的 CEO 在一场听众为潜在投资者的演讲中，放映了如图 9.32 所示的一张幻灯片。

在讨论完这张幻灯片上开列的各种产品好处之后，这位 CEO 总结说："您可以看到，我们的产品为我们的顾客提供了众多的好处。"然后，他就开始讲下一张幻灯片。但是这样的话，他就错失了一个机会。

相反，这位 CEO 应该说："由于能够给消费者带来如此多的好处，这一产品会给公司带来大量回头客。回头客意味着不断出现的销售收入，而不断出现的销售收入则意味着股东价值的增长。这使得我们公司成为您的一个重要投资机会。"

这样一个陈述既包括了 WIIFY，又包括了 B 点，但这一切都不会出现在任何一张幻灯片中，而要通过演讲者之口说出来。这样，演讲者就能把听众带到一个结论上来，并带他们进入一个 Aha 时刻！

图表与 35000 英尺高的视角

现在，让我们来复习一下在前四章中学过的演讲图表知识。

统领所有图表的基本原则是：**“以演讲者为中心”**、**“少就是多”**、**“尽量减少眼睛扫描次数”**。在编创文本型和数字型幻灯片时，所有这些原则都非常重要。

> 以演讲者为中心，少就是多，尽量减少眼睛扫描次数。

文本型和数字型幻灯片要与其他两种主要的图表型幻灯片——图形型和关系型幻灯片混合使用，以避免出现致命的“把演讲当成文件”综合征。应该使用各种方法来起草幻灯片，并在一个“故事板表单”中表现你的故事。

“故事板”是从35000英尺的高度对整个演讲做全景式俯瞰的工具。Microsoft PowerPoint的“幻灯片浏览”视图能够提供这种全景式视角。“故事板”帮助你检查图表是否清晰地传递了信息、顺序是否正确。如果各幻灯片之间或者各部分之间的衔接关系不清楚，应考虑重新组织你的幻灯片，或者在口头演说稿中起草一个强有力的衔接，并在你的口头演说中使这一逻辑性关联得以显现。

最后，要使用“图表连贯性”技巧——图标法、指示标／颜色编码法、锚定物法和预期性留白法来帮助听众，使他们在整个演讲过程中保持方向感。应该使用标题页幻灯片法在各个主题之间创造清晰的衔接关系，使整个演讲更流畅。

这些工具可以保证你的听众无论何时都知道你讲到哪里了，知道任何一张幻灯片在整个演讲的叙述结构中处于什么一个位置。

图9.33叫做“故事板线索结构图”，它是“故事结构”（参见图5.2）与“故事板表单”的混合物，它综合了创建一个和谐的全景式视图所需要的所有技巧。通过把一个精心编制的故事的开头、中间与结尾与幻灯片缩略图清楚地对应起来，你就会对如何讲述整个故事胸有成竹。这是发挥到极至的“既见树木又见森林”的视角。

> 通过把一个精心编制的故事的开头、中间与结尾与幻灯片缩略图清楚地对应起来，你就会对如何讲述整个故事胸有成竹。

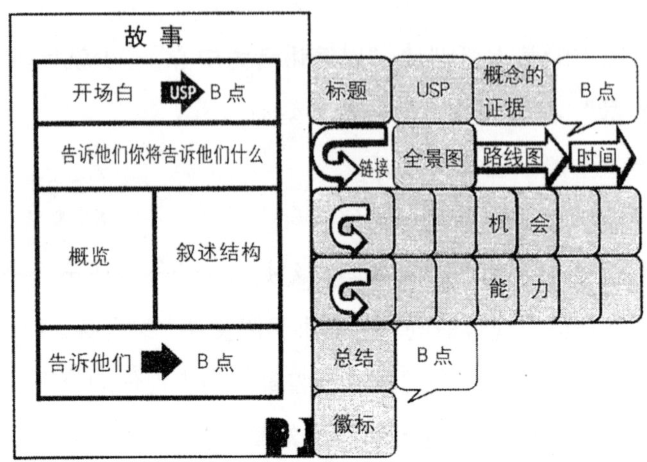

图9.33 故事板线索结构图

这个结构图是把你的所有演讲元素融合到一起的有用工具。请注意：这些缩略形式的幻灯片都是空的。我只在上面写上了更高层次的概念和相互影响的几个要点，以使你把注意力放在线索上。下面说一下“故事板线索结构图”是如何工作的：

- **开场标题幻灯片**。它是开场白的背景，与以下幻灯片连接：
- **独特营销定位（USP）幻灯片**。它与以下幻灯片连接：
- **概念的证据幻灯片**。在此处，演讲出现一个小高潮——演讲者口头论述B点。
- 在此之后是一个至关重要但常常被忽视的前向链接，它连接到**“概览”幻灯片**。“概览”幻灯片起着预告整个演讲的作用。在此之后，还有另一个前向性链接，它连接到一个陈述（内容是：听众可以把“概览”幻灯片作演讲的路线图或进度安排），然后是预告演讲时间。接着，回到路线图的顶部，开始演讲。

这时，口头叙述开始引领整个演讲的主体部分。在示例图中，是用“机遇/能力式叙述结构”来组织所有幻灯片的。一旦完成主体部分之后，接下来就转向：

■ **总结性幻灯片。**它重新回顾整个演讲，并以口头叙述做结论，得出B点。

■ **公司徽标幻灯片。**它使听众记住公司的品牌形象，加强了你的B点（见而志之）。

下面这个例子讲述了阿古斯保险公司的推销员卡罗·凯丝是如何运用“故事板线索结构图”将其口头叙述与幻灯片融为一体的：

■ **在放映标题幻灯片之前。**卡罗以一位家里被烧成白地的客户的故事作为开场白。接着，她通过建立链接，继续往下讲：“就像许多客户一样，这个客户购买了并非根据个人需要定制的基本保险。现在，他意识到那意味着他离灾难只有一步之遥。幸运的是，我们阿古斯公司给出了一个解决方案。”

■ **点击独特营销定位（USP）幻灯片。**卡罗接着说：“阿古斯公司能够为你提供客户定制的、增值性的保险套餐，这个套餐是根据你的个人需要量身定做的，能够保护你免于遭受严重的财务损失。”她在同一张幻灯片上连接其“概念的证据”：“也许这就是阿古斯公司成为这个国家成长最迅速的保险商之一的秘密所在。”她继续用同一张幻灯片说出她的“B点”：“我知道你们都希望能够抓住这一机遇，今天就签下这一重要的保单。”

■ **点击概览幻灯片。**这时，卡罗从B点进行前向链接：“因此，你可以考虑与阿古斯公司签约了……”然后，她读了一遍她的“概览”幻灯片的小标题，接着她说：“请把它当作是我下面15分钟之内演讲的一个路线图。现在，让我们从第一个主题开始。”

“故事板线索结构图”为演讲提供了一个35000英尺高的全景式视角。利用这一工具，你能够使听众清楚地感受到你的连贯性和流畅性。当你觉得自己能够把握住材料时，你就能把自信的感觉传递给听众，从而增强你演讲的说服力。

第 10 章

赋予故事生命

公司案例：

◆ 中点软件公司
（Central Point Software）

前几章我们主要讨论演讲的视觉效果问题。现在，我们需要再回过头来，重新把演讲作为一个整体来考虑，特别要考虑演讲的口头表达问题。

现在，让我们回到第5章提及的“故事结构”。这个结构表中包含着任何演讲故事中最基本的结构：**开场白、B点、概览和叙述结构**。

这个结构表展现出了你的演讲故事的整个线索，但因为其高度简略，是俯瞰森林的视角，所以只能显示出最突出的要点。然而只有当你为演讲增加细节，即用来讲述故事的具体措辞时，你的演讲才能焕发出生命的活力。

如何才能够在“故事结构”的骨架上准备出一个血肉丰满的演讲？答案是：采用一种叫做“口语化”（verbalization）的方法来准备和练习演讲。

口语化：神奇的药方

口语化指通过事先练习把你的演讲提纲发展一个血肉丰满的演讲。请大声说出你在演讲中要说的每一个字，同时使用你的幻灯片。演讲时你在预定的听众面前会怎么做，练习中你就应该怎么做。事实上，所有真正有说服力的演讲都会采用这一神奇方法。

但是，在我的演讲研讨班上，很多商业客户都不愿意搞口语化练习。一些人声称他们的演讲还没有准备好，却不知道口语化可以推动这一准备进程。还有些人表示，在别人面前“做戏”自己会害羞或者会感到不舒服。更有一些人觉得做口语化练习没有必要。无论借口是什么，他们都试图绕过这一程序，并且常常向我保证：“哎呀，不要担心啦。

在发表演讲之前我会把它稿定的。不会有问题的啦。”

不幸的是，我太清楚大多数商务人员是怎么排练他们的演讲的了。这些演讲者会在屏幕上翻动幻灯片，一边看着幻灯片，一边念念有词，比如：“好，翻到这张幻灯片时，我要说一下关于销售收入的问题……而翻到这一张幻灯片时，我要讲一讲我们的盈利模式……再翻到下一张，我将放一张我们实验室的照片，讲一下研究与开发的问题。”

听起来是不是有点耳熟？这种排练方式根本没有任何效果。谈论怎么做演讲不是练习演讲的好办法，就像谈论网球并不能提高你反手接球的能力一样。我把这种方法叫做“空谈”，因为它只能使你与你的演讲更加疏远。

空谈的一个近表亲（也更为常见的一种做法）是喃喃自语。我们大家都见过这种做法：演讲者一边在计算机上点击幻灯片或者来回翻动这些幻灯片的一个打印版本，一边在嘴里含混不清地嘟囔着谁也听不懂的词句。

> 要准备一场“强有力演讲”的唯一方法是大声把它讲出来，就像你真正要做演讲那天一样。

上述两种方法都不是口语化。

要准备一场“强有力演讲”，唯一的办法是大声把它讲出来，就像真正要做演讲那天一样。提前把整个演讲一遍，说出你的关键要点，构建出有逻辑的关联，做一次真正意义上的口语化。只有这样，在你的头脑中这些概念才会像水晶一样清澈。

以下是我个人的体会：由于几乎每个工作日都要做演讲，因此我不必对那些已经以这种或那种方式讲了几千次的材料进行口语化练习。但是，一旦要用新材料演讲，我就会提前做大量的口语化练习。一个例子就是我在第4章提到的关于金字塔的演讲。我经常在各种会议上这个演讲，告诉听众编创一个优秀演讲的各个基本要素，并且开门见山地指出故事编创是演讲金字塔的基石。

尽管我已经用不同的版本把这个演讲讲了无数遍了，但是一旦我打算采用一个新的故事版本时，我总是要把它“口语化”上二十几遍。如果我要演讲的内容是全新的材料，那么，我会把练习的遍数翻上一倍。

我的另一个体会来源于为一个刚起步的技术公司CEO做项目的经历。这位CEO是作为一位科学家开始其商业生涯的，他在自己的车库里开发出了一项神奇的技术，并依靠自我奋斗获得了成功，根本没做过什么演讲。但是当他的技术火起来并且公司计划上市时，他知道自己不得不出面去做IPO路演。他聘请我为他服务，我和他一起一步接一步地把本书已讲过的各个步骤都走了一遍，但是“口语化”除外。

就在他要向投资银行家们发表路演演讲的那天早上，他开始发慌了。我把他的幻灯片打印出来，摊在会议室的桌上，要求他从头到尾讲一遍。但是，他刚一开始讲就结巴，这使他更加惊慌失措。我要求他再来一遍。当他把那些幻灯片讲到第二遍时，他的结巴开始减少。我要求他再多来几遍。

到他讲到第五遍的时候，他的结巴消失了；到第六遍的时候，他开始使用连贯性技巧；而到午饭时分银行家们到达时，他已经能够相当流利地演讲了。精心准备的故事和图表打下了坚实的基础，再辅以口语化练习，赋予了的演讲者足够的心理舒适度。

精心准备的故事和图表打下了坚实的基础，再辅以口语化练习，赋予了的演讲者足够的心理舒适度。

当你进行口语化练习时，请根据你的“故事板表单”（见图9.1）来讲。采用这种全景式视角可保持你演讲时的方向感。很快，你会发现贯彻着“少就是多”原则的幻灯片会成为你的指路人。尽管只有短短的一行，每个小标题（bullet）却可以提示你记起大段的文字。还记得那位罗马演说家是如何把论坛上的柱子作为提示词的吗？同样，你也可以把幻灯片作为你的“罗马柱”。

无论是口语化练习还是在真正的听众面前发表演讲，你都应努力使你口中说出的话变化小一点。如果你的演讲大纲经过口语化练习的仔细推敲，它的逻辑性就会更强，而经过口语化练习的适应，你的心理舒适度就会更高，从而保证你在演讲时能够把关键要点说得既清晰又有说服力。这就是口语化的魔力所在。

间隔式学习

教育学家认为，分布式学习（distributed learning）和集中式学习（massed learning）之间存在巨大区别。分布式学习是在较长一段时间中发生的，由于其有利于对知识的吸收和理解，因而效率更高。分布式学习是间隔式学习（spaced learning）的同义词，而集中式学习是拥挤（cramming）的同义词。

美国每个上过学的孩子都听说过亚伯拉罕·林肯在一个信封背面写出《葛底斯堡演说》的故事。这个故事暗示：林肯是在未做任何准备或者只做了很少准备的情况下，匆匆写出这一经典演说来的。

关于这个故事有好几个不同的版本。在其获得普利策奖金的著作《林肯在葛底斯堡》[①]一书中，盖瑞·威尔斯记录了这一故事不太为人所知的其他几个版本。在这些故事版本中，林肯"在去华盛顿一家照相馆的路上思考这次演说，并把它写在一个硬纸板上……在他乘坐火车的80英里旅途过程中……用铅笔把它写下了……在献礼仪式之前的那个晚上，写下了它……在他发表演说的那天早上，甚至在艾弗雷特（葛底斯堡仪式上另一位演说者）演说时，他还在脑子里构思它。"

也许这些故事之所以有魅力，就在于许多商务人员就是以这种方式准备演讲的。现为NetIQ公司CEO的查尔斯·M．伯森伯格，曾经是一家半导体设计公司MIPS的总裁，在1989年曾参与过MIPS公司的IPO路演。后来，查

①Gary Wills, Lincoln at Gettsyburg:The Words That Remade America (New York: Simon & Schuster, 1992).

尔斯成了中点软件公司（Central Point Software）的CEO，他便雇我为该公司的IPO路演服务。我曾经向查尔斯介绍你在本书中学过的那些故事技巧：框架性构造、脑力激荡、概念集簇以及叙述结构。

当第一天的培训进行到一半时，查尔斯忍不住大笑，说："在MIPS的时候，我们都是在去乘飞机去路演之前，在去机场的出租车上做所有这些事情的！"

查尔斯并不是商务人员中的特例。每当我问客户是否有过在演讲前的最后一分钟还在赶演讲稿的经历时，我常常会听到一片害羞的笑声。在这个问题，有很多版本的托词：

"哎呀！我没有时间做演讲，不过我会在飞机上把它搞定的！"

"我有一个会议要赶不上了，你能不能替我做一个演讲？"

"我没有时间做这个事情，这样吧，让市场部把一些材料攒一下。"

最后，不幸的是，太多的商务人员采用的是这样一种方法："让我想想，汤姆的幻灯片我可以用三张，迪克的我可以用四张，还有，哈瑞的我也可以用四张。"记得我给这种方法取的名字吗？——"弗兰克斯坦拼凑法"。

如果上述做法听起来比较熟悉，这也难怪大家愿意相信亚伯拉罕·林肯就是用这类办法写出不朽的《葛底斯堡演说》的。但是，真实的情况正好相反。通过详细调查林肯创作《葛底斯堡演说》的复杂历史，盖瑞·威尔斯揭开了他称之为"愚蠢但却顽固的神话"。威尔斯认为，《葛底斯堡演说》产生于19世纪人们普遍对古典雄辩术感兴趣的背景下，而且林肯本人热爱阅读文献和圣经，一生勤学不辍，并不断实践。林肯对丹尼尔·韦伯的演说术十分崇拜，此外，威尔斯还说林肯："他是一个写作速度慢的人，喜欢整理自己的观点并不断锤炼自己的逻辑与用词。这种方式也为林肯留下的其他不朽公开文章所证明。"

威尔斯还告诉我们，林肯把口语化练习与间隔式学习结合了起来，"这确实是林肯口才流利的秘密：他不但大声读书，说出自己的想法，而且把写作当作整理思想的一种方式。”

接着，威尔斯彻底粉碎了《葛底斯堡演说》是即席之作的神话。他引用了好几份具体的历史证据说明:至少在演说两天之前林肯就在华盛顿组织其信息与观点了，并且在前往葛底斯堡的沿途都在继续为此工作。而且，在1863年11月19日这个不朽的日子里，林肯是“拿着一两张稿纸”站着发表演说的，尽管这个演说总共只有272个英文单词!

无论是崇高的亚伯拉罕·林肯演讲还是世俗的字谜爱好，都说明了间隔式学习的功效。资深的纵横字谜都知道：如果被一个字谜难住了，就暂时把它放到一边。过一阵子再回来，就不会再被卡住了。许多演讲者也认识到间隔式学习的价值，他们报告说，在把演讲短暂搁置一段时间之后，再看自己的演讲或演说(Speech)，能很快发现多种改进方法。这可能是从一个新的视角来看待演讲的结果，也可能是让大脑无意识地处理材料的结果——不这样做的话，有意识的大脑就会介入进来。此外，采用新视角的结果使得演讲者能够更好地把握演讲，并感觉到（同时也显得）更加自信。

既然间隔式学习有如此多的优点，为什么还有这么多的演讲者要把演讲拖到最后一分钟来处理呢？因为像你一样，大多数商务人员都承载着过多的工作、过大的压力和过紧的日程安排。但是，如果承认每一次演讲都是一次关键性任务的话，那么，这些借口就不能自圆其说了。

我们大家都熟悉安迪·沃霍尔“每个人都可以在15分钟内闻名世界”的观点。我想把沃霍尔的观点扩展一下，我要说：每个演讲者都有15或者30或者60分钟——无论时间如何分配或限制——来使得听众为他叫好！你为何不愿让这些时间中的每一分钟都发挥其应有的效用呢？你为何不利用好你所能得到每一种工具和技巧，从一开始就抓住听众的思想，引领他们悠游于演讲的各个部分，直到把他们送达B点呢？

借助间隔式学习的力量，这些事情你都可以做到，成就你能成就的所有梦想。

顺便说一句，对我提倡的原则，我一直身体力行。本书中的大多数材料都是在我开始搞“强有力演讲”项目之后的15年时间内逐渐积累下来的，除了你刚读过的这个部分之外。我是在阅读了威尔斯的书之后才决定写这一段文字的。我用3天多的时间写了37页草稿——这还不包括利用我的编辑顾问和出版商提供的材料所写的草稿。

如果你觉得阅读本章有所收获，你可以感谢间隔式学习。为了你的利益，你也应该好好利用这一工具。

内部链接

现在，你可以利用“故事结构图”中的那些主要元素来建筑你的演讲“大厦”了。你可以把这些元素看作构造这座大厦的“砖块”，但这些“砖块”还需要“水泥”来把它们粘在一起。这种黏合剂就是一套叫做“链接”(linkage)的口头演讲工具——各张幻灯片之间和演讲的各个部分之间的口述性衔接。

在第4章，我曾经讲过的那些投资银行家会议就很好地说明了链接的重要性。我之所以要参加这些会议，是因为这些会议使我能够在很短的时间内听到许多场演讲。在每次会议中，我都要听到几十个高级管理人员做管理演讲，可以说，他们个个都是经验丰富、沉着自信的演说者。但我发现，大多数人都是用同一种方式来进行演讲的：他们在屏幕上点击一张幻灯片，然后说：“现在，我想谈谈关于……的问题……”，然后他们开始讨论这张幻灯片。接着，这位演讲者再点击下一张幻灯片，然后说：“现在，我想谈谈关于……的问题……”，然后开始讨论这张新的幻灯片。再点击一张新的幻灯片，然后又说：“现在，我想谈谈关于……的问题……”——如此循环，直到演讲结束。

这种老套的用词不仅因为用得太滥而招人讨厌，而且也破坏了演讲的连贯性。事实上，它使得每一张幻灯片都如同一个新演讲。我把这种方式叫做“重新启动”（rebooting），这对于听众来说是一个大问题。由于不清楚各个概念的背景，又不知道各个概念之间的关联关系，听众只能在“树梢”的高度徘徊，一次只能见到一棵树，而不知道这棵树与其他的树是什么关系。而所缺失的这一关联就是原本应该由演讲者来提供的口述性衔接。

这些关联可以分为两大类：内部链接（Internal Linkage）——把演讲各部分内容连结在一起的陈述；外部链接（External Linkage）——把演讲各部分内容与你的听众连结在一起的陈述。在本章中，我们将讲解内部链接（总共有12种），而把外部链接留到下一章再来讲。

12种内部链接

1. **引用叙述结构**（Reference the Flow Structure）。在沿你的演讲脉络推进时，不断重提你的主要叙述结构。

2. **逻辑性衔接**(Logical Transition)。在结束已经讲完的主题的同时，引入将要讲到的主题。

3. **交叉引用**(Cross-Reference)。向前或向后引用你演讲中的其他论述。

4. **设问**(Rhetorical Question)。提出一个相关的问题，然后给出答案。

5. **重复主题**(Recurring Theme)。在演讲的前段举一个例子或者提出一个数据，然后在整个演讲中重复几次提到它。

6. **前后呼应**(Symmetry)。在演讲的前段举一个例子或者提出一个数据，直到结尾才又提起它。

7. **排比**(Mantra)。重复地使用一个有感染力的短语或口号。

8. **小结**(Internal Summary)。在关键的转折处停下来做一个扼要重述。

9. **列举**(Enumeration)。把相关的概念作为一个整体来集中介绍，然后再逐一介绍它们。

10. **做计算**(Do the Math)。用比例关系来说明数字信息。

11. **强化B点**(Point B Reinforcement)。在演讲中的几个地方重提你的行动号召。

12. **说出你的公司名称**(Say Your Company Name)。经常提到你的公司、产品或服务的名称。

在演讲中，你应该有意识地使用这些内部链接，让听众能够更容易抓住你的演讲脉络。下面，让我们更详细地了解一下这12个内部链接，每个链接我们都会带上一些简短的例子。

引用叙述结构

如果说后面我们将要说到的其他内部链接都是你可以有选择地使用——你可以把它们结合着使用，也可以配套起来使用，那么，“引用叙述结构”则不是可以自由选择使用的，而是必须使用的一种链接。它为你提供了另外一种把听众从“树梢”高度带到能连贯地俯瞰“森林”的高度的方法。

它的原理是这样的：如果你选择了“问题／解决方案式”作为你演讲的叙述结构，那么，你就要不断地提到你的业务所解决的问题。在整个演讲中，你可以使用这样的句子：“因此，你可以看到，我们独特的解决方案是如何解决这一影响千百万人的问题的。”

同样，如果你选择了“机会／能力式”叙述结构，你应该不断提到利用你们公司的产品或服务所能够抓住的巨大机会。

或者，如果你选择了“数字式” 叙述结构（比如，“购买我们的产品的十大理由”等），那么，你就应该向听众列举（或者，像大卫·勒特曼一样倒着列举）出这些理由。让他们知道哪些地方是你演讲中的转折点：“下面是第一个理由……现在，让我们列出第二个理由……最后，第十个也是最好的一个理由是……”

逻辑性衔接

逻辑性衔接是最简单也是最直接的一种内部链接。简单地说，就是清楚地说明某个概念与下一个概念之间的关联。

举个例子，假设有一组演讲人要详细介绍你们公司的业务及其发展计划，而你就是这些演讲人中的一位。如果你用下面的话结束你负责的那部分演讲："好了，我要讲的内容就是这些。下面，我想请出我的同事南希，看看她要为我们说点什么。"你就未能在你的演讲以及下一位演讲人要讲的内容之间建立关联。因为这里没有逻辑性衔接。这就好比一位接力赛选手把接力棒掉在了跑道上，逼得后一位选手还得弯腰去捡。由于你的衔接不好，你就让听众的手从你手中滑落了，让他们没有方向感地在演讲的各个概念之间漂流。如果你是这样说的："现在，你们已经看到了我们的业务所存在的巨大机会，也知道了我们是如何去争取把握这一机遇的。我相信，你们肯定想知道我们是否在财务上也做好了抓住这一机会的准备。下面，我们的首席财务官南希将上台来告诉你这一答案。"这就是一个清楚的链接。你既结束了上一个主题（你负责的那部分演讲），又引入了下一个主题（南希负责的那部分演讲）。这样，你就把接力棒直接传下去了，并保持了对听众注意力的控制。

你可以把逻辑性衔接当作是我们在第9章讲到的标题页幻灯片在口头陈述上的表亲。这两种衔接都具有"结束／引入"功能，起到了在演讲的不同部分之间清空听众头脑的作用。就像在西餐大宴上的加冰果汁，起到了在两道主菜之间清理碗碟的作用。

交叉引用

交叉引用是另一种有效的链接方式。让我们假设你在一个演讲的前段已经引入了一个技术性概念，但你并不想在那时就深入做详细的解释。你可以简单地说你会在后面深入讨论这个问题，这时，你就做了一个前向引用(forward reference)。而且，当你又讲到这个概念时，你可以说：“现在，让我们回到我前面介绍过的那个概念。”，这时，你做的是一个后向引用(backward reference)。

如果使用得当，前向和后向引用将成为你的一个非常强大的工具。但是，前向引用也会产生反作用。有多少次你听到演讲者做了一个前向引用却又没有了下文？如果听众还记得这个引用，并且意识到你实际上没有详细说明这个概念，他们就会很失望。即使他们不能清楚地记起来，他们也会有一个模糊的感觉：“好像还有什么没有讲到。”这两种结果都会让听众感到被你忽视了。如果你一定要做一个前向引用，务必记得像你承诺的那样来讨论它。

与之相反，后向引用几乎是不会出错的。当你向后链接你在前面演讲中讲过的一个概念时，你将加强这个概念。同时，这也表明你的材料组织得当，前后一致。下意识信息是：有效管理。

当你是一个演讲团队的一员时，你还可以后向引用其他演讲人。在演讲中互相提到一两次各自的名字：“正如弗兰克所说，在这个领域里我们的研发部门拥有好几位世界一流的专家”。这类的陈述会发出你们合作得很好的信息。

设问

你可以使用设问来构成一个简短而关键的衔接。你可以提出一个从你已经结束的部分引申出来的问题或者一个可以从逻辑上引出你要讲的内容的问题，然后给出回答。

比如，在说完你们公司在过去一年的业绩之后，你可以用一个设问转到公司未来的计划上去：“以此为起点，我们要达到一个什么新目标呢？”在解释了你们公司打算如何利用一个新的市场机会时，你可以通过这样的设问转到你们的运营计划上:“我们计划怎样利用这一机会呢?”或者,你可以问:“我们是如何迎接竞争的呢?”从而把话题从公司的业绩转到该领域与其他公司的比较上。

运用设问式内部链接要有节制,太多的设问会听起来让人反感。用词不当也会让人反感:“我们是否已经建立顾客服务中心,由受过大学教育的员工来处理复杂的服务问题呢?”这听起来就有点假了。在组织你的问题的时候,要用听众的语言来问,比如:“我们如何处理复杂的服务问题?”

重复主题

所谓重复出现的主题(Recurring Theme)就是在你的演讲过程中不断穿插出现的一个主题。比如说,如果你把一个名叫路易斯·金的女顾客的故事作为你演讲的开场白,那么,在你的演讲过程中,你可以把这个路易斯·金多提几次,用她来代表成千上万个满意于你们公司的产品或服务的顾客。比如,当你说到你们高效的生产方法时,你可以说:“由于我们产品的单位成本低,我们就能够定出一个能够让路易斯·金这样的顾客接受的价格。”,而当你要解释你们是如何通过一次成功的营销战役来发布新产品时,你可以说:“路易斯·金在《今日美国》报纸上看到了我们的一个整版广告,并拨打了我们登载在广告上的800免费电话。”

前后呼应

运用重复主题式内部链接的另一种方式是在演讲开始时引用这一主题,然后就不再提它了,直到演讲结束时才再说起它。这种链接形式叫做前后呼应(Symmetry)。你可以在开场白中引用顾客路易斯·金的故事,然后在演讲的最后,你说:“还记得路易斯·金吗?”它起到了卡在一排书的两端的书挡的作用,让听众松了一口气,并形成出令人满意的下意识印象。

排比

排比(Mantra)是在你的演讲中重复多次出现的一组气势宏大的短语或口号。这一技巧可以一直追溯到古希腊的演说家，他们把它叫做“anaphora”。

现代也有很多演说家使用排比取得了惊人的演说效果。第二次世界大战时，温斯顿·丘吉尔在对被纳粹德国包围的英国人民发表的一次振奋人心的演说中，一口气用了12个短语“我们将”：“我们将战斗到底，我们将在法国战斗，我们将在近海和大洋中战斗，我们将在天空中战斗，并且越战越强，越战越有信心，我们将不惜一切代价保卫本土……”

马丁·路德·金，在其具有历史意义的民权演说中，把“我有一个梦想”这个短语使用了16次之多。

而约翰·F. 肯尼迪令人难忘的就职演说，也因为在三句话中用了五个“问（ask）”字而闻名于世：“因此，我的美国同胞们！不要问你的国家能够为你做什么，要问你能够为你的国家做什么。世界公民们！不要问美国能够为你做什么，要问我们大家一起能够为人类的自由做什么。最后，无论你是美国公民还是世界公民，你都有权问问我们：是否已经达到了我们要求你们做到的努力与牺牲的高标准。”

与这五个“问”字相比，不那么出名的是，在这次14分钟长的演讲中，肯尼迪总共16次用到了“让我们”（let）这个短语。

许多公司花费了大量的时间和金钱聘请专业营销顾问来制定公司的口号（slogan）或者说标志语（tag lines）。比如，微软的标志语是：“今天你要去哪里？”（Where do you want to go today?），思科的标志语是：“你准备好了吗？”（Are you ready?），而英特尔的标志语则是：“内含英特尔芯片”（Intel Inside）。

你的排比不一定要用你们公司的标志语。你可以编创一个专门用于你的演讲的标志语。比如，如果你要演讲公司的转型战略以及公司已经发生的变化，你可以重复使用这句话:“那是过去了，现在是这样的。”如果你希望说服新客户试用你的产品或服务，你可以引用中国谚语“千里之行始于足下”，然后不断向你的听众发出“走出足下这一步”的号召。

排比会成为你的演讲当中最好记的短语或句子，因此一定要小心选择。如果要使用排比，一定要做到有力、简洁并富有感染力。更重要的是，一定要确保你的排比支持你的关键性说服主题——你的B点。

小结

小结(Internal Summary)是在演讲过程中一两处关键的转折关头说:“让我们回顾一下我们前面已经讲过的内容……”，以此清空听众的大脑（或者说，撤换他们的“碗碟”）的一种方法。

接下来你要会讲什么，你自己是非常清楚的，但对于听众来说，却是全新的内容。因此，他们需要一点时间来消化你已经说过和在屏幕上显示过的内容。如果你不给他们这个喘息时间，听众就会出现“目光呆滞，神游八方”的MEGO综合征，或者更糟——他们会打断你，并把你的演讲带到不相关的主题上去。

无论你的听众多么聪明、多么识多见广，他们吸收你的想法的速度不可能像你表达的速度那样快。在橄榄球赛中，接球卫（wide receivers）知道他们要往哪儿跑，而防守后卫(defensive backs)却不知道，这就给了接球卫很大的优势。不过，在橄榄球赛中，每个队都有机会调换进攻或防守的角色。但在演讲中，演讲者与听众的角色却是固定的。因此，无论何时都要让听众确切地知道你要去的地方，这样他们才可能跟上你的步伐。

一旦你简要地讲完了你的小结，你就可以继续前进，进入演讲的下一个部分了。你可以把这种链接技巧看作是“告诉他们你要告诉他们什么”方法的一个缩微版。

列举

假设你现在要演讲产品线中的4种新产品。与其依次把这四个新产品讲一遍，不如先把这四个新产品向听众做个概述性的介绍。应该给他们一个俯瞰森林的视角，而不是让他们一次只能看到一棵树。

把它们作为一个组合来介绍："我们今天要公布一组新产品，这组新产品总共四个，它们各自针对一个不同的细分市场。"然后逐一详细讨论每个产品："产品A最适合于初学者，因为它提供了……"讨论完这四个产品之后，要简要地回顾一下整个产品线："正如你们看到的那样，这四个产品实际上能够满足几乎所有人的需求……"

不过，一定要慎用列举法(Enumeration)。不要在每个主题下设置六个子主题，然后又在每个子主题下设置八个子标题。你的听众会吃不消的，他们不能跟着你的左脑思维走那么远。他们没法记住那么多的细节，你也不应该期望他们能够做到这一点。当你采用列举式连接的时候，只能列一层标题子，并且在逐一说明时一定要精练。

做计算

当你讨论演讲中的数字信息时，应通过比较、对照或解释，为听众提供相对比例的概念。比如："辩论时间为45分钟，也就是说每个候选人大约有22分钟。综观整个辩论过程，通过统计候选人发出的行动号召发现，一位候选人阐述了其B点共21次，另一位候选人则阐述了27次，平均每分钟阐述B点一次。"或者，"不良的药物拮抗效应是一个严重的问题。造成药物拮抗的医疗处方中，需要住院治疗的不到一成，但其绝对数字则达到了每年270万例。这些药物拮抗中，能致人于死亡的不到2%，大约有5万人，比每年死于车祸的人数还多。"

强化B点

正如“故事结构”所表明的那样，在演讲的开头和结尾强化你的B点是非常重要的。经验表明，无论什么演讲，听众记得最清楚的两个部分是演讲的开头和结尾。因此，在这些关键部位一定要突出你的B点和行动号召。

然而，即使在最简单的演讲中，你也要多强调几次你的B点。这是确保听众抓住你的B点，记住它并理解支持它的其他说服性要点的最好办法。

说出你的公司名称

在做商务演讲时，提到你们公司的名字几乎是不可避免的，因此可以把它作为一种自然的链接方式。不过，在引用时一定要用全名，比如要用“顶峰仪器”而不要用“我们公司”、“本公司”或“我们”。这样才会在听众的心目中强化公司的名字——你要考虑到：在激烈的竞争环境中，听众不只是听你的一场演讲，在各种会议场合，你往往必须与其他许多公司竞争才能赢得更多的听众关注。

这也是基本的品牌区分工作。今天，各个公司都花费了大量的时间、精力和金钱来开发公司标识（logos）、标识色（colors）和口号（slogans），以树立公司的形象；而他们花在发布这一形象上的时间、精力和金钱更多——他们把这些标识几乎印在了从咖啡杯到T恤到棒球帽的所有东西上。比较之下，让公司发言人鲜活而个人化地促进公司品牌无论是在时间还是成本上都是效率更高的事情。

内部链接的应用

在演讲中应该使用多少个链接？正确的答案是：“不多不少，够用就行”。使用链接的数量应该刚好使得演讲成为一个紧密连结的整体。最好的结果应该是使演讲中每个要素都与下一个要素关联，并且所有的要素都导向一个结论——B点。

从上述内部链接选项中挑选出你觉得适合于你个人的演讲及说话风格的链接。在编创演讲时规划好这些链接，在每次口语化时练习它们，并在正式演讲时使用它们。

> 在编创演讲时规划好链接，在每次口语化时练习它们，并在正式演讲时使用它们。

斟酌措辞

要赋予你演讲的故事以生命，最后一个阶段是斟酌用来讲述故事的词句，我把这个阶段叫做“修辞学”（Phraseology）阶段。

你可能记得，在第4章中，我提到在做“强有力演讲”项目以及写作本书时，使用的是“问题／解决方案式”叙述结构。也就是说，对于一个演讲的各个基本方面，我会告诉你怎么做是不对的，然后再告诉你怎样做才是对。在讲述演讲的措辞时，为了保持一致，我收集了在演讲中它们都给演讲者带来不良影响的一些常见短语（我相信你也会认出它们来），然后，我将告诉你如何使用正确表述同一想法。

第一个例子可能是所有这些例子中最常见的一个：

- “Now I'd like to……”（“现在，我想……”）

听起来很熟悉吧？你可能像我一样经常听到这个短语。事实上，它不但是在商务演讲中常见，在政治演讲、大学讲座、教堂布道、颁奖仪式、婚礼宴会上都很常见。

这句话有什么毛病呢？它太“以演讲者为中心”了。它暗示演讲者正在不顾听众的感受独断地作出一个决定：“我不在乎你怎么想，反正我就想这么干。”

它也过于模糊和不确定。如果你想做一件事情，为什么不直接去做呢？

有多少次在飞机降落的时候，你听到过空中小姐说："我想首先欢迎您来到旧金山。"为什么不简单一点，就说："欢迎来到旧金山"？

纠正办法：让这一短语以听众为中心，考虑大家的感受，并且语气确定。不要用"我想"（"like"）这个词，直接就说：

- "I'm going to talk about……"（"我将讨论……"）

或者更体贴一些，邀请听众和你一起来——改用以下采用第一人称复数的方式：

- "Let's look at……"（"让我们看看……"）
- "Let's……"（"让我们……"）

下面这个短语暗示了什么？

- "Like I said……"（"正像我所说的那样……"）

这个短语是后向引用的一种形式，目的是链接在演讲中已经讲过的一个要点。不幸的是，这一特定的形式暗示你的听众没有理解你的智慧之珠——至少在你第一次讲的时候没有理解，因此，你打算再重复一遍，以便让听众跟上你的速度。这是对听众的贬低。

这个短语还是糟糕的英语，你不应该用"像"(like)，而应该用"如同(as)"。

不过，我并不是说你应该避免使用后向引用。要大量使用它们（你是否已经注意到我在本书中用得有多频繁吗？）。后向引用是保持连贯性和强化要点的有力工具。

但是，如果你要使用它们，一定要用正确的连接词："正如我所说（As I said)"，而不要用"正像我所说（Like I said)"。不过，即使这样还是有点"以演讲者为中心"的味道。最好用下面这种说法，以表示你相信听众已经理解并且记得你曾经说过的话：

- "As you recall……"（"正如你记得的那样……"）

- “We discussed earlier……”（“我们曾经讨论过……”）
- “You saw……”（“你知道……”）
- “Remember……”（“记得……”）

下面这个短语有什么问题呢？

- “I'll tell you very quickly……”（“我会讲得很快……”）

这个短语意味着，你在为你的材料道歉，因为你要说的内容不是那么重要，因此你打算匆匆过一遍。而道歉又意味着你没有把听众当回事，因为你并没有仔细地准备你的演讲。

演讲中常常遇到各种各样的道歉方式，下面就是一些：

- “I'm running out of time……”（“我现在的时间不够了……”）
- “If you could read this slide……”（“要是你能看清这张幻灯片……”）
- “This isn't my slide……”（“这不是我的幻灯片……”）
- “Disregard this slide……”（“这张幻灯片我们先不管它……”）
- “Before I begin……”（“在我开始讲以前……”）

我敢打赌，在你的职业生涯中，上面的每一句话你至少听到过一次。

决不要道歉，一定要事先做好准备。如果一个主题不值得听众花费时间和脑筋就删掉它。只把足够重要的内容放到你的演讲中，这样你才可能满怀自豪地发表演讲。

下面这个短语有什么错误呢？

- “Acme listens to its customer and meets his requirements.”（“顶峰公司聆听顾客的心声，并满足他的需要”。）

这个短语的问题在于它规定了性别。你的顾客都是男性吗？很可能不是吧。除非你的公司生产的是剃须后使用的香波这类产品。这里的问题不是政治正确性的问题，而是一个准确性的问题。采用复数形式来使你的陈述更加一般化：

■ "Acme listens to its customers and meets their requirements."（"顶峰公司聆听顾客的心声，并满足他们的需要"。）

在英语中，复数性代词"their"没有性别的区分，因此你可以用它来指代男人、女人或者男人和女人。

以下是另外三个有问题的短语：

■ "We believe……"（"我们相信……"）

■ "We think……"（"我们认为……"）

■ "We feel……"（"我们觉得……"）

以上短语都有包含着不确定性的因素。你相信（believe）某件事情是真的，但它确实是真的吗？你把犹疑带给了听众——尽管这可能只是下意识的。但是，你的任务是向听众传递确定的信心。使犹疑变为确定的办法是把条件式语态变为宣告式语态。重新组织整个句子，删掉让听众感觉不好的短语。

与其说：

■ "With this large opportunituy and our superior technology, I think you'll see that Acme is positioned for growth."（"由于存在巨大的市场机会、拥有技术上的优势，我想你可以看到：顶峰公司已经为增长做好了准备"。）

不如说：

■ "With this large opportunity and our superior technology, you'll see that Acme is positioned for Growth."（"由于存在巨大的市场机会、拥有技术上的优势，你可以看到：顶峰公司已经为增长做好了准备"。）

直接删掉"I think"（"我想"）这个短语将增强整个句子的影响力。

但这并不是说，如果结果是确定的，你应该采取向前看的态度来作出陈述或预测。那是非常冒险的办法。在这样的情形下，应使用条件式语态，但不要用"think"（"想"）、"believe"（"相信"）和"feel"（"觉得"）这些语气比较弱的动词，而要用语气更强的词，比如：

- “We’ re confident……”（“我们确信……”）
- “We’ re convinced……”（“我们确信……”）
- “We’ re optimistic……”（“我们乐观地认为……”）
- “We expect……”（“我们预计……”）

下面的句子有什么错误呢？

- “Acme does not view the competition as significant.”（“顶峰公司不把竞争看得那么严重”。）

这句话有几个问题。首先，这个表述有点狂妄自大。它暗示，顶峰公司的管理层不把竞争当回事。其次，它很愚蠢。任何竞争都是重大事项。

然而，即使纯粹从口头表达的角度上说，这个句子也是负面的，因为它使用了致命的“不”字。大多数人特别是商务人员会对否定的表达产生负面的印象。我们要去掉狂妄自大、愚蠢和致命的“not”（“不”）字，重新组织这个句子：

- “Acme has strong competitive advantages.”（“顶峰公司具有强大的竞争优势”。）

下面是否定性表达的另一种表现形式：

- “what we’ re not is……”（“我们不是……”）

很多演讲是从对公司业务的论述开始的，但在进行这些论述时演讲者往往老是在讲他们不是什么。正确的表达与此相反，他们应该讲的他们是什么。

在讨论最后一个有问题的短语之前，让我们闪回到1987年1月。罗纳尔·里根总统没有就媒体炒得沸沸扬扬的一个敏感话题——他的政府卷入了伊朗门事件——表明自己的立场。最后，里根同意在一个记者招待会上说出一切真相。第二天的报纸头条新闻就是他做的一个关键陈述：

- “Mistakes were made.”（“错误已经酿成”。）

但是里根没有说是谁酿成这些错误的。

现在，我们再闪回到10年以前。1997年1月，比尔·克林顿总统也没有就媒体炒得沸沸扬扬的一个敏感话题——他的政府卷入了不正确的、可能是非法的筹资活动——表明自己的立场。最后，克林顿同意在一个记者招待会上说出一切真相。第二天的报纸头条新闻就是他做的一个关键陈述：

■ "Mistakes were made."（"错误已经酿成"。）

历史再次重演。无论是里根还是克林顿都怯懦地在其陈述中采用了被动语态。这一语法结构说明了什么事情发生了，但没有说是谁做的。这就让听众感觉说话人企图通过含糊其词、蒙混过关来逃避责任。

在政治中，这是可以接受的。里根和克林顿（以及其前或其后的政治家们）都在奋力保护其幕僚、利益相关人和他们自己。但是在商业界，这是不可以接受的，在这里"负责"就是最高标准。被动语态取消了行为的实施者，于是，也就取消了"管理（控制）"(management)，取消了演讲者对行为的责任与他们应接受的惩罚——无论行为的结果是好还是坏。

上面所举的众多例子不但是措辞上的教训，而且也是说服性心理学上的反面例子。被动语态与主动语态的差别在语法上是微小的。但在其表达效果上却是深刻的。你应该避免前者，使用后者。把行为人放回到句子中，把"管理（控制）"放回去。

不要说：

■ "Mistakes were made."（"错误已经酿成。"）

■ "Progress is being made."（"事情已经有了进展。"）

■ "The error rate is being reduced."（"错误率正在降低。"）

要说：

■ "We made a mistake."（"我们犯了一个错误。"）

■ "We're making progress."（"我们正在取得进展。"）

■ "We have reduced our error rate."（"我们已经减少了我们的错误

率。”)

当你把行为人放回到行动中，你就把“管理（控制)”(“manage”) 放回去。而你发出的下意识信息就是“有效管理”。

总结

在你编创出流畅的故事以及富有表现力的图表之后，请提前口语化你的演讲。分几个时段多做几次口语化练习。在做口语化练习时，思考并锤炼用以承载你的思想的具体语言。挑选并规划好清晰的内部链接。仔细斟酌你的措辞，尽量使用正面的、自尊自信的词汇。

正如某些特定幻灯片设计风格会阻碍或加强你的演讲一样，某些特定的字词、短语和句子有可能会冒犯你的听众，也可能会帮助你赢得他们的心。要提前研究你的口头演说措辞，并勤奋地练习你的最好选择。只有这样，你才能使你的措辞像歌声一样动听，使你的故事流畅起来，并赋予你的演讲以生命力。

第11章

个性化定制你的演讲

公司案例：

◆ 整体资本合伙公司（Integral Capital Partners）

◆ 思科系统公司

个性化定制的力量

在我作为纽约大学在校生的第一天，我怀着一种既惴惴不安又兴奋莫名的心情参加了为刚入校的新生举行的适应培训活动（orientation session）。

我远离了高中时代的同学情谊以及纽约市公立中学那煤渣砖砌成的高墙，告别了四年以来相濡以沫的好友，独自地走进了纽约大学古尔德纪念堂铺着大理石的大厅里。在这个陌生人的海洋里，我不过是孤独的一滴水。我们所有的人都被逼人的周遭环境吓坏了，而规定新生必须戴的帽子——浅紫色的学生帽更使得我们觉得难受。

当我看到一排穿着黑色袍子、表情严肃的系主任和教授们坐在台上，俯视着我们这些新生的时候，我的恐惧感加剧了。当这些威严的导师站起来轮流向我们发表讲话时，他们洪亮的声音与清脆利落的发言在纪念堂的穹顶下回响。

我回想起高中时代老师的发言，两者的差距是多么大呀。高中老师的讲话带着刺耳的鼻音，说话断断续续，并且有一股生硬的纽约口音。我还是在同一个城市里，但我感觉就好象是在牛津或剑桥一样。

最后站起来发言的是这群人中最令人难忘、发言也最流利的一个系主任。“先生们，”他说（那时候纽约大学还没有女生）：“现在你们已经可能意识到大学生活与高中生活将有着天壤之别。但是，高中的一个做法我们还要继续执行下去——我们要考勤。”

这时，他把手伸进他的袍子里的上衣口袋，摸出一叠看上去像名片似的卡片。“这是你们的考勤记录，”他说。然后，像拿着一手桥牌似的，他用一只手抓住散开的卡片，伸出另一只手抽出一张卡片来，一边看，一边说：“假设你是杰瑞·魏斯曼……”

你可以猜到我的反应。即使我听到上帝从大厅的穹顶上叫我的名字，我也不会比这更吃惊了。

我还不是唯一一个有反应的人。坐在我旁边的是几个我刚认识的新生，他们都转过头来看我。他们带来的骚动像涟漪一样在听众之间扩散出去。

我后来才知道这个系主任完全是随机选中我的卡片的，但他一直喜欢从每年的新听众中抽出一张特定的卡片来。我还知道他碰巧还是演讲系的系主任。

后来，欧蒙德·J. 德拉克教授成了我的导师。再后来，当我成为该系的一名讲师时，他是我的上司；当他给了我一个在华尔街证券公司做咨询的工作时，他成了我的赞助人；当我在他为CBS电视台做的脱口秀系列节目中担任其中几期的制片人和导演时，他是我的同事。但是直到今天，对于德拉克教授，我最深刻的记忆还是他在为刚入校的新生所做的欢迎辞，当他突然说出我的名字时，给我带来的令我震惊不已的“Aha！”时刻。

这，就是个性化定制的力量。

第一次的感觉

商务演讲中的许多信息都是需要向多个听众群反复宣讲的。比如，一个销售人员可能需要向不同的顾客群推荐一种新产品；而一个人力资源经理可能需要向几十个部门的雇员解释公司的新福利计划。在IPO路演中，公司官员需要向数量众多的投资者群体发表演讲。通常情况下，他们要在两到三周内做60～80次演讲，常常是一天要讲6到8场。

在这种环境下，你很难对演讲保持同样的新鲜感和重视程度。在很大程度上，这是一个能量与注意力的问题。当你不得不把同样一些内容讲上三遍、十遍或十五遍时，你就很难感受到第一次那样的热情、主动和兴奋的情绪。如此多次的重复演讲很容易让你感到厌烦并让你的注意力低落。而一旦你进入这种“自动驾驶”状态，你的演讲就会像电脑屏幕上跳出的“收到新邮件！”信息提示窗口一样一掠而过，因而难以激发起听众的投入和热情，他们也难以被打动或说服。

为应对这一挑战，演讲者必须找到办法克服这种走下坡路的倾向，建立起“第一次的感觉”(the illusion of the first time)——这个词是我从舞台演员那里借用来的专业术语，有幸在一个走红的剧目中获得一个角色舞台演员往往必须数百次地扮演同一出戏中的同一个角色，同时他们还要让每一场观众都觉得他们的每一句话、每一个动作都是完全发自内心的。

我们可以把戏剧的做法与新闻界的做法做一个对比。在新闻界中，一篇可以在任何时候刊载到出版物的任何一期上的文章叫做“长青树”(evergreen)。这类文章的特性使得它们成为凑版面的边角料。

永远、永远不要让你的演讲成为“长青树”。正如莎士比亚借哈姆雷特之口所说：“使行动与语言一致，让语言与行动相当。”你应该把每一遍演讲都当作第一次。

要创造出“第一次的感觉”，关键是要在每次演讲时打起精神去集中你的能量。如果一遍又一遍地重复同一材料会让你精神萎靡，请记住棒球明星乔·迪墨基奥的不朽榜样。

要把每一遍演讲都当作第一次。

曾经有一次，一位记者对这位扬基队球星说：“乔，你似乎总是能够全身心投入地打球。每一个触地球(grounder)你都会跑出去，每一个高球(fly ball)你都会去追，甚至是在8月那些炎热的天气里，当扬基队在锦标赛上遥遥领先、夺冠毫无悬念的时候，也是如此。你是如何做到的？”

迪墨基奥回答说："我一直提醒我自己：在看台上可能有一位观众以前从来没有看过我打球。"

同样，对你的每一个演讲的每一个场次，你都应该把所有听众当作从来没有听过你演讲一样来对待。迪墨基奥每一个触地球都会跑出去，每一个高球都会去追；要做到像他那样敬业，你就必须在每次演讲时都迸发出你的热情，喷涌出你的能量来。

不过，仅有能量还不够。除非你针对每一群新听众修改你的演讲，否则，就是调动这个世界上所有的意志力也很难创造出第一次的感觉来。幸运的是，作为一位商务演讲者，你享有舞台演员所没有的自由：你可以重组你的演讲脚本，为每一次演出都注入一些新意和自发性。这是否意味着你每次都必须修改你的演讲呢？不是这样的。你可以用以下技巧来个性化定制你的核心材料。你同样可以使用这些技巧定制出一个只用一次的演讲，也可以定制针对不同听众群体的每一次演讲。

外部链接

我们在前一章讲的内部链接把演讲的组成部分连结在了一起，但把你的演讲（以及作为演讲者的你）与每一个特定的听众群体连结起来也同样重要。你可以利用外部链接做到这一点：通过你在演讲中穿插的词汇、短语、故事和其他材料，你可以使演讲更新鲜。总共有七种外部链接：

1. **直接引用**。具体提及一位或更多的听众的名字。
2. **交互引用**。引用与你和听众都有关系的一个人、一家公司或一个组织。
3. **提问**。直接向一位或更多的听众提出一个问题。
4. **即时化**。引用当天发生的事情。
5. **当地化**。引用你演讲的地点。

6．**数据**。引用能够连接你的信息并支持它的最新数据。

7．**个性化定制开场图表**。用包括听众、地点和日期的幻灯片开始演讲。

现在让我们一起来看看每一种外部链接，每种链接都有一个说明性的案例。

直接引用

直接引用指提及一位或更多的听众的名字。这正是欧蒙德·德拉克教授在我刚进入纽约大学的适应培训活动中采用的技巧，它的效果你可以从我直到几十年之后还对这一刻记忆犹新中得到验证。

直接引用式链接有好几种方式。其中之一是援引一名或一些听众来说明你的关键要点："我们的服务能够帮助你减少用于商务旅行的时间。就拿在座的史蒂夫来说吧。他曾经告诉我，这个月他花在路上的时间就有12天。而有了我们的服务，史蒂夫就可以……"

另外一种方式是讲述一个与听众群或某一特定听众相关的故事："你们中的一些人可能知道，我原来是你们公司的一员。去年，沙龙和我制定了一个计划，打算合作搞一个新项目……"

"在休息时间，我和霍华德聊一下，他告诉我说你们公司打算搬到新的总部去。你们可能会有兴趣知道，我们的产品能够帮助你们，搬家使过程更加顺畅、高效……"

要注意：所有的直接引用都应该是正面的，并且不会造成其他听众的反感。你所引用的陈述或者讲述的故事只能突显听众的正面形象。当然，还不能违反忠诚、保密原则。

交互引用

交互引用就是你所引用的人、公司或组织在某种程度上与你以及你的听众都有关系。你可以把交互引用方式当作是一种优雅而正当的"拉虎皮做大旗"（name-droping）。

比如，在你向A公司推销你的服务时，你可能会提一下你为A公司的亲密业务伙伴B公司所做的工作，或者是你为C公司（其首席执行官是A公司的董事会成员）所做的工作，还有可能是你为D公司（A公司最大也最受其尊重的行业竞争对手）所做的工作。

不过，在使用一个交互引用之前，一定要仔细考察三者之间的政治关系。不要一头撞进你并不知情但确实存在的个人或业务恩怨之中。一定要确保你的听众把所有的这些关联当作一种可靠的证据。

提问

提问是一种有效的开场白方式，但你也可以在几乎所有演讲中任何地方使用同样的技巧。通过直接向一位或更多的听众成员提问，你可以创建一个有效的外部链接。

使用提问式外部链接有几种方式。一种是斯科特·库克使用的听众民意调查法。这是一种能够很快试探出听众对你演讲的感兴趣程度或者对某一特定概念的接受程度的方法："你们中间有多少公司计划在明年增加在信息技术方面的开支？是否可以举一下手让我看看？嗯，我看还真不少呢。我们的新软件系统能帮助您最大限度地利用您购买的新技术。下面让我来介绍一下它的工作原理……"

不过，如果你真的要使用这个技巧，就要为可能出现的各种情况做好准备：所有的人都举手了，只有一部分人举手，没人举手。要针对每一种可能出现的情况准备好一套后续的说辞。

另外一个提问的技巧是邀请听众成员来分享思想、反馈或故事，你可以把这种技巧作为进一步讨论的铺垫："请大家回忆一下，你上一次不愉快的飞机旅行经历发生在什么时候？到底出了什么问题？有没有人愿意说一说。好，瑞琪，你来告诉我们大家……"

还有一个提问的技巧是通过提问把听众带到一个早已确定好的结论："对于一个新的通讯系统来说，什么性能是你们公司最需要的？你把可靠性放在一个什么样的位置？为什么？如果你的系统崩溃的话，会出现什么结果？……为了解决这一担忧，请大家看一看下面一些独立测试数据，它们说明了我们最新推出的系统的可靠性……"

提问是吸引听众参与的最好方式之一。让人们思考并大声讨论一些议题，会使演讲从单向度传播转变为双向度互动，从而提高了听众的兴趣与参与热情。

不过，提问也带来了不确定性。很可能，某位听众的回答会引出一个不相关的话题，或者直接跳到一个你计划在演讲的后段才讨论的概念。要避免此类意外，最好有礼貌地限定问题的范围。

事先设计好你的问题，并且谨慎措词。不要让它们过于尖刻或过于模糊。要根据听众的知识范围斟酌用词，力争使你想要的那种答案出现的可能性最大化。

即时化

这一技巧指引用当天的最新事件或进展。采用即时化技巧，你将清楚地向听众表明你的演讲是为他们量身定做的。你传递出的信息是：你的所有信息都是最新并且高度相关的。

即时化技巧深受众多娱乐明星特别是大胆率性的喜剧家们的青睐。杰伊·利诺或大卫·勒特曼的单口相声如果没有一个以当天报纸新闻为材料的小笑话简直就收不了场。

在商务演讲中，这一技巧也同样有效。昨天，股票市场是骤然大幅下跌还是出现了明显的反弹？你应该考虑一下：如何把新闻与公司如何更好地保障客户的资金安全的联系起来。昨晚，是否一家地方运动队赢得了一个重大赛事的胜利？你可以考虑援引这条新闻，并把它与公司的运营竞争环境做一个类比。

无论在哪种情形下，一定要把当前信息与你的主要概念建立清楚的关联。

你还可以把即时化延伸到几分钟以前。通常，你可以援引前一位演讲者的陈述、听众曾经问过的问题或者你进入演讲环境（会议室、礼堂、办公室或者写字楼）那一刻起发生的事。只要一有机会就尽量把这些引用融入到你的演讲中去。从其即时性与效验力来说，这种方式是即时化的顶点，而且也最容易做到。要做到这一点，只需要集中注意力，用心记忆。它能够让你的每次演讲都变得新鲜而生动。

当地化

当地化就是援引你演讲所在的聚会地点。如同即时化一样，它也颇受娱乐明星青睐。许多摇滚音乐会都用当地化的问候开始，像："你好，费城！"，这种问候几乎毫无例外会掀起一阵感谢的喝彩声浪作为回应。

你可以通过寻找聚会地点与你的信息相关的一些事实，来当地化你的演讲。比如，你可以提起居住在这一城市的一位代理商或客户，然后接下来说明你们公司给这位代理商带来的利益。

你还可以援引关于这个城市或州的一个有趣的事实来支持你的论点："去年，这个城市的医院里有500位病人死于药物颉抗作用。如果使用了我们的药物配方自动匹配系统，这些死者当中的许多人原本是不会丧命的。"

或者你可以援引一个值得提起的当地人物、地标、事件，并与你的演讲建立联系：

> 很高兴能够来到圣路易斯。在差不多100年前，这里发明了美国最受欢迎的一种甜点。在一个炎热的下午，圣路易斯世界博览会一位冰淇淋商贩的纸杯子用完了。他拼命想找到一个办法来继续为其顾客提供服务，最后他与隔壁卖蛋奶烘饼的商贩联起手

来，于是冰淇淋蛋筒诞生了。今天，我们将为大家演示一种新产品，它同样包含着敢于尝试的创业精神与创造力……

数据

通过引用能够连接并支持你的说服性信息的最新数据，也可以创造一个外部链接。数据越新，与特定听众群的联系越密切，效果越好。如果你提到的数据对听众而言还是新闻，他们会对你的信息深度和更新速度留下深刻的印象。如果听众已经知道这些数据了，他们会暗自高兴他们与你一样见多识广。无论如何，你创造了一个正面的链接。

为了起到强调的作用，你可以把数据来源作为一个支撑点："你们看过今天的《华尔街日报》了吗？"（停一下）"在它的头版上有一幅令人震惊的图表，它充分说明我们这个行业的基础设施问题已经有多严重。"（引用最相关的数据）"这，正是我们设计的新系统要解决的问题。"

个性化定制开场图表

最后也是最简单的一种外部链接是个性化定制开场图表。最好用包括听众、地点和演讲日期的一张幻灯片开始你的演讲。在我的每一个"强有力演讲"项目开始时，我都会用一张这样的幻灯片。

一张个性化定制的开场图表看起来是一个小事，但它对演讲者和听众都具有强大的影响。对演讲者来说，它迫使你做一次最后的复查以避免出现用错幻灯片的尴尬场面。它还直接提示你，要根据特定的演讲场合来改进演讲的形式与内容。

对听众来说，它发出的信息是："这个演讲是你专门准备的，不是在炒冷饭，而是根据你们的需要和兴趣量身定做的个性化产品。"于是，这张幻灯片以一个很好的“为听众着想”的姿态开始了演讲，让听众觉得你愿意为他们效劳。

整体资本合伙企业（Integral Capital Partners）以及银湖合伙企业（Silver Lake Partners）的共同创立人罗杰·麦克纳米是高技术行业最有影响力的投资者之一，也是我认识的最优秀的演讲者之一。很多大型的行业会议都极力邀请他去发表其独特的见解。罗杰总是提前起草好每一次演说，并且对于个性化定制的重要性有敏锐的认知。

下面是他的一些经验之谈：

> 应邀做演讲是树立品牌的绝好机会，但前提是你要把这一工作做好。如果你对这种机会的性质不了解，就会对自己造成巨大的损害。发表“发条玩偶”式演说简直是一种犯罪，演讲者所受的惩罚也不仅仅是不再有人邀请他演讲那样简单。
>
> 如果你觉得你的演讲听众群体与你不会有什么共鸣，你就不要去演讲。如果你去了，只能是降低了你的品牌价值。演说就好比一条鲨鱼，它不会老老实实地呆着，它不是建立你的品牌就是破坏你的品牌。
>
> 个人品牌都有其自身的生命周期，它取决于其他人对你的评价。就像冲出了悬崖边缘的卡通人物一样，他们还会在空中继续跑，直到发现脚底下没有什么支撑了，才会啪嗒一声掉下来。一个品牌也是这样：当所有的人都相信没有什么能支撑时，你的品牌就会崩溃。公众的评价就是一切。
>
> 如果你发表的演说（speech）或演讲（presentation），让人听起来像在照本宣科，你就死定了。不能理解这一事实的人，很可能也无法理解业务成功的关键因素。

罗杰很注意遵守自己的建议，每次演说时他都会起草演说稿。他的这些话对于所有人的每一次演讲都有指导价值。

为个性化定制收集材料

要个性化定制你的演讲，你需要以有说服力的信息和材料来武装自己。这是你在准备阶段就应该做的一件事，在演讲前几天或前几个星期你就应该着手去做这件事，直到你走进会议室开始正式演讲为止。你可以依次采取以下几个步骤：

在演讲日之前

■ **调查听众背景**。尽量了解听众的背景：他们的知识水平、主要兴趣和忧虑以及个人或专业倾向。

■ **了解一些关键听众成员的名字**。了解几个具有关键影响力的听众的名字。了解公司最高级别的官员、最受尊敬的技术专家和最有决策权的经理的名字。

■ **了解最新行业新闻与趋势**。在准备演讲的过程中，要勤奋地搜索与你要演讲的公司和行业有关的新闻、媒体故事和互联网信息。

在演讲日当天

■ **个性化定制你的开场图表**。制作一张表明原创性的幻灯片，写上听众的名字、演讲地点与演讲日期，用它来开始你的演讲。Microsoft Powerpiont有一个特定的功能，可以自动修改日期（在工具栏上，点击“插入”，然后点击“日期与时间”，再点击“自动更新”）。

■ **寻找个性化定制你的演讲的办法**。当你在演讲日那天醒来时，看看商业电视频道的早间节目，读读当天的报纸，登录互联网；通过浏览这些信息源来寻找与你的演讲和听众有关的内容。

《纽约时报》有一个特色报道栏目叫做“棒球史上的今天”，登载当天值得纪念的里程碑式事件。由于竞技体育是商业的一个很好的比喻，你可以从这些事件中选择一个，用来类比和说明你的情况。

一个互联网站点（www.scopesys.com/today）列出了在某一特定日期上曾经发生的重大历史事件，所收取的事件范围更为广泛。在你演讲的那一天，选择一个与你的故事相关的事件，并把它融合进去，以增加演讲的立体感。

■ **在演讲之前，与听众打成一片。**走到你的听众中去，找几个人聊聊（或者说“闲扯”）。既要选择认识的人，又要选择陌生人。向他们提问。倾听他们的谈话。收集能够融合到你的演讲中去的有价值的信息以及名字和事实。

唐·立斯汀现在是Openwave的CEO，他以前在思科公司做过多年的执行副总裁。我刚认识唐的时候，他还是思科公司一位低级别的产品经理。你应该还记得在导言中我曾经提到，在思科公司的IPO路演之后，时任思科公司营销副总裁的凯特·玛瑟要求她的所有产品经理都参加我的培训项目。唐是当时最早参加培训的那一拨人之一，他学习非常勤奋。不久，他高超的演讲技巧为他赢得了一份美差——他被挑选出来与当时的CEO约翰·莫格瑞奇一起发布思科公司的一项新产品。

这是一个非常关键的任务。从其创业之初开始，思科就与威孚（Wellfleet）进行着一场争夺路由器市场的激烈战斗。1992年，思科生产出一种全新的集成路由器，这会直接打击威孚的力量源泉——硬件，并利用威孚易受攻击的软肋——软件（而这正是思科的强项所在）来为思科所用。

唐运用在我的培训项目中学到的所有技巧起草了为媒体做的演讲，并利用整个周末（计划演讲时间是星期二）对着一面镜子做了40次口语化练习。

星期一的时候，唐面对思科公司的内部人员做了一次试讲，结果陷入了“自动驾驶”状态，整个演讲既枯燥又机械。

他打电话给我说：“杰瑞，我现在失去了新鲜感，怎么办？”

我提醒唐使用个性化定制技巧，他决定采用直接引用式链接和提问式链接。第二天，在他演讲之前，唐走到听众当中，和几个人闲聊，问他们希望从思科听到些什么。然后，他走上讲台，开始演讲。刚一讲完开场白，唐看着刚刚交谈过的一位听众，在演讲中提到了他的名字。这个人笑了，唐感到听众的认同感一下子浓郁起来，几乎触手可及。(后来，唐把这种效果比喻成一位学生被一名教授谈起时的情形，尽管我从来没有告诉他德拉克教授的故事。)

然后，唐提出了一个问题：“思科会继续升级这种新路由器的性能吗？”——这正是闲聊时一位听众提出的问题。通过说明思科计划如何推动这种新产品的升级，唐迅即做出了回应。又一次，唐感受到了听众积极反应的热情，这反过头来又激发了他的演讲能量。他变得精神抖擞，一路演讲下去，发挥特别出色。

不到一年，思科的新路由器产品毫无争议地成为了市场的领导者，又过了一年，威孚在一次并购中消失了。

几年以后，我为思科的一批新产品经理做培训项目。当我说起个性化定制的时候，我举了唐的这个例子。一位培训学员叫了起来：“是这样的！当时我还在威孚做，听这个演讲时我也在场。”他悲哀地摇着头说：“当我听了唐的演讲之后，我知道一切都完了。”

直到今天，唐还在运用这些技巧来使他的演讲更为清新，并建立起与听众的联系。

外部链接的应用

个性化定制演讲是一门艺术，而任何艺术都需要经常练习，才能够熟能生巧。下一次，当你要个性化定制你的演讲时，你可以试试上面我们讨论过的那些技巧，将来要演讲时，尽量多用一用。花在使演讲更具特色的时间投资将为赢得更多的听众参与、更多无价的“Aha！”时刻，并为你赚取不菲的回报。

这些技巧不但可以使你的演讲更具有时代性、相关性，更加吸引你的听众，而且还能使你在准备和发表演讲时，更具有创造力、自发性和主动性，也更能激励你。它们将使准备和发表演讲的整个过程构成一个正反馈回路，用乔·迪墨基奥式的敬业精神来鼓舞你。

对我提倡的原则，我一直身体力行。同一核心材料我已经向我的客户演讲了15年。假设每一次我都用同样的方式来讲述，我早已进入完全的“自动驾驶”状态了。与此相反，15年来我打开了思想的“呼吸通道”，“吸入”客户的有关数据，然后再把它经过“循环”后反馈给客户。这使他们感到我的主动参与性，而我也吸收到新的知识与能量。

尽管许多外部链接需要做相当多但非常值得的事前准备，但最有效的个性化定制却不需要任何准备。它所需要的不过是“鲜活的个人化”，这也是“为听众着想”的最好方式——在演讲过程中，把注意力集中到你的听众身上。这意味着，要把针对诸多听众成员的直接引用式链接、对演讲开始后事件的即时化链接都融合到你的演讲中去。所有这一切都需要你集中注意力——让你自己融入那一刻。

> 让你自己融入那一刻。

在我教给客户的众多演讲方法中，个性

化定制方法应用最少得到的。但它们的效果是最显著的。它们提供了最有效的方法，能够把你的演讲与常见的千篇一律、程式化的、一个尺寸包打天下的、即插即用的演讲区别开来。好好学习这些技巧，并尽量运用它们。

德拉克教授的故事给予我无尽启发，直到今天还深深地铭刻在我的脑海里。让它也成为你演讲的成功之助吧。

第12章 致胜一击

公司案例：

◆ 微软公司

以始为终

在第10章中，我曾介绍过前后呼应式链接：用一个故事或数据信息开始演讲，然后直到结尾时才再次提及这一故事或数据。这样，这两个引用就起到了类似书挡(bookend)的作用。这里，我又一次要身体力行我所倡导的原则：在导言中，我曾经回顾了我为微软公司的杰夫·莱克斯提供的演讲培训服务，因此，按照蒲茨尼歌剧（a Puccini opera）或百老汇音乐剧的风格，让我们用这个故事来结尾。

在我为杰夫工作的整个研讨班期间，我把所有的时间都放在寻找故事的焦点以及组织故事上，一次也没有讨论过他的现场技巧。但是集中精力的做法获得了回报。杰夫的演讲之所以充满了说服力，不是因为他富于感染力的嗓音、生动的手势或者与听众的目光交流，而是因为他理顺了他的故事。从中，我们可以得出的教训是：一个精心准备的故事会提升演讲者的现场发布能力。

> 一个精心准备的故事将提升演讲者的现场发布能力。

一切从你的故事开始

从杰夫·莱克斯的故事得出的结论可以应用于每个演讲者身上。要说服你的听众，首先需要为他们准备一个逻辑性强、富于吸引力、切中肯綮又精心措辞的故事。你必须知道你要把听众领到哪里去(即你的B点是什么)以及如何把他们领到那里去。要做到这一点，你必须聚焦于你的故事的最基本要素上，用一个流畅的结构来安排它们，并在表达这些要点时，坚持把着重点放在具体的听众利益（即WIIFY）上，只有这样，在你发出行动的号召之后，听众才会乐于响应。最后，你必须用“少就是多”的图表来支持你的演讲，因为它们可以帮助你清楚地表达你的想法。这样，听众才能把注意力集中在你和你所讨论的主题上，做到“以演讲者为中心”。

如果你能够在一个演讲中考虑到以上所有要素，并努力使其达到尽可能的完美，那么，惊人的事情就会发生：你的现场演说技巧似乎“无缘无故地”提高了。知道自己能够完全把握好故事，无疑会增强你的自信，使你更加沉着，从而大大增强你演讲的现场效果与说服力。运用这一原则，你可以赢得大多数说服战斗的胜利。

那么，演讲者的声音与肢体语言难道不重要吗？它们当然重要！你可以把你辛辛苦苦编创出来的故事和图表看作是高度复杂的通讯卫星，而演讲者本身是一枚威力巨大的阿泰拉斯火箭。美国航空航天局花费了数以百万美元计的资金和数以千计的小时来建造这些卫星。如果作为运载系统的火箭存在缺陷，卫星就进入不了轨道。演讲也是这样。如果传递信息的人存在缺陷，信息就会被歪曲。精心设计的卫星只有通过有效的运载方式才能够把这一有效负荷送入轨道；精心设计的演讲也只有通过有效的现场发布才能够把有效的信息传递给目标听众。

但是，如果在你的故事和图表准备就绪之前，就让你改进你的发布风格，就好像要求你在抚摩胃部的同时去拍你的脑袋。因此，我有意不讲现场发布技巧，而强调把重点放在理清思路上。

把焦点放在故事上还有两个其他重要的理由。首先，商务人员不是演员，他们也不愿意被人当作演员。如果你把焦点放在现场技巧上，给人的感觉好像要强迫他去表演似的。如果相反，你首先把焦点放在故事上，你就可以用一种自然的、对话式的方式来获得那些技巧。

这引出了一个很微妙但又为经验证明的观点：当大多数商务人员站起来讲话时，他们都会经历一种突如其来的表演性焦虑。大卫·沃勒金斯基写的

《Book of Lists》一书引用过的一个调查表明，演说是最容易引发焦虑的事件之一，并排在恐高、昆虫、飞行甚至死亡之前。人的身体对焦虑的本能反应是分泌更多的肾上腺激素，这使得你几乎不可能做出任何自然的动作。你只能选择战斗或是逃跑。清楚的思路会消除表演性焦虑，使得演讲者更健谈。

在本书中不讲现场技巧的另一个原因是考虑到演讲者行为与图表的特殊关系。在电影和电视行业中，有许多富有创造性的技术人员花费大量的时间来使图像和音轨同步化。这些编制工作被融入到一张屏幕上，定义并限制了听众的观察角度。在演讲中，视界或者说听众视野大大拓宽，观众不再可以看到屏幕上的幻灯片，同时还能看到演讲者的肢体动作。而演讲者的口头叙述作为一个完全不同的信号，充当着音轨的作用。因此，在演讲中，使所有这些信息传递方式同步起来变得更加重要。

> 清楚的思路会消除表演性焦虑，使得演讲者更健谈。

不幸的是，在实际演讲中，演示屏幕上的图像、演讲者的肢体动作和演讲者的口头叙述三者的推进速度往往差别很大。按照“少就是多”风格设计的幻灯片使演讲者不必做太多的肢体动作，说太多的话，从而使演讲者能把注意力集中在增加口头表述的价值上。这就为“以演讲者为中心”提供了更多的支持。

练习、练习、再练习

要想进一步增强自信心，提高说服能力，你需要在完成基本的准备工作之后，花费充足的时间来打磨和练习你的演讲，也就是说要做口语化练习，这是使你的演讲真正有说服力的关键之一。简单地说，你分配给口语化及其关键的配套环节——间隔式学习（其反面是集中式学习）的时间越多，你的演讲效果就会越好。

间隔式学习将帮助你把握你的演讲，使你在演讲时更为自信。你将不会那么匆忙，更加镇定。间隔式学习还将帮助你打磨你的演讲。每进行一次口语化练习，你都会发现还有使你的故事更为清晰的办法。最后，间隔式学习让你有时间使演讲更为精练：删掉无意义的内容，省略掉有趣但不相关的细节，进一步打磨你的演讲重点。它最终将使你要传递的信息更加鲜明、有力。

下面是你在练习时应注意的事项：

■ **反复对你的演讲做口语化练习。**你可以独自一个人做，也可以对着录音机（不是录像机）做。录像机会让你为自己的穿着举止感到不自在，而光有声音的录音却有助于你把注意力放在口述效果上。你还可以把一群同事或朋友当作试讲听众来进行口语化练习。无论你选择哪种方式，在做口语化练习时一定要使用幻灯片。

■ **为你的演讲计时**，以确保演讲在规定的时间内能有很好的效果。

■ 在每一次口语化练习中，**使用内部链接来连结你的各种想法，同时使用外部链接来连结你的听众。**

■ 要非常非常**注意你的措辞。**

要养成在演讲前做练习的良好习惯，这样你在真正发表演讲时，就可以做到脱口而出，而不用临时去想。口语化和间隔式学习是非常强大的工具，它们会强化你在本书中学到的其他技巧的效果。一定要多练习！

每一次演讲，每一位听众

在本书中，我使用我为诸多公司准备IPO路演的工作中抽取的例子，讲到了很多商务演讲的技巧。IPO路演演讲是最重要的关键使命性任务，其重要性就如同驾驶一艘航天飞机、指挥纽约爱乐乐团、在世界杯棒球赛的决赛中做投球手一样，容不得半点马虎。我希望你会发现这些IPO路演故事能够清楚地说明“强有力演讲”的种种技巧。

更重要的是，我希望你能够认识到：这些技巧同样能够也应该适用于各种说服性场合。它们的基本原理自亚里士多德时代开始就已经存在了，并且被亚伯拉罕·林肯、温斯顿·丘吉尔、约翰·F. 肯尼迪和马丁·路德·金所运用。你也可以运用这些技巧。

也许，在你长长的成功职业生涯中，还没有机会在一次IPO路演中发表演讲。也许，你是在一个不属于商业界的领域工作——比如：你是在政府机关、社区组织或非盈利性团体等为社会提供众多重要而有价值的服务的机构工作。甚至，你从事的也许是一份根本没有薪水、完全基于自愿的工作——比如在扶轮社、学校董事会或慈善基金中担任官员。

不论你做的是哪一种演讲，不论你在哪里做演讲，也不论你的听众是谁，你都想使你的演讲尽可能地有力并且具有说服力。这样的挑战可能是说服你的公司管理层支持你的新业务计划这样的紧迫任务，可能是争取你的邻居在地方选举中支持你这样的贴近现实生活的任务，也可能是在学校开放日捕捉一群一年级小学生的兴趣并让他们高兴这样的个性化任务。在所有这些情形下，你的演讲效果都取决于你的努力。

如果一个演讲值得你去做，那么，它就值得你去做好。要尽可能做得最好。要投入时间和精力把你的每一次演讲都变成一个“强有力的演讲”。

你也许永远不会在世界杯棒球赛的决赛中担任投球手，但每当你要做一次演讲时，你就是在投出那决定胜负的一击。让我们努力去争取胜利吧！

附录A
专业工具

演讲环境

在戏剧界，最好的剧作家——无论是威廉姆·莎士比亚还是亚瑟·米勒——所写的最好的戏剧，都会受到舞台布景的影响——无论是好还是坏。演讲也是如此。只要你使用从本书中学到的每种技巧，你可以用流畅的故事和生动的图表编写出一个有说服力的强力演讲（Power Presentation）。但如果演讲的环境不佳，这一切辛苦都是白费。

作为演讲者，你对自己的演讲负有最终的责任。为了保证你以及你的演讲能够给你的听众留下最深刻的印象，你就必须想办法使演讲环境最优化。下面是一个检查对照清单：

■ **熟悉程度**。提前一点到达演讲场所，到整个演讲环境中去走一走，不要只呆在讲台上。到房间里的各个地方走一下，检查一下各处的视野。检查、再检查、再三检查，确保所有的事物都处于对演讲最有利的状态。

■ **设备**。每件技术设备都应有一个备份：计算机、音响、产品样品和投影仪。记住墨菲定律："所有的事情都会向坏的一面发展"。同时，记住它的推论——苏利文定律："墨菲是一个乐天派。"

■ **扩音器**。检查音响系统并测试麦克风。若听众超过 50 人，多数演讲者需要扩音设备。如果你说话的声音小，听众在 25 人以上，就应该使用麦克风。

■ **投影屏幕**。演讲时，屏幕应位于你的左手边（当你面向观众时）。在第6章我们讨论受众心理学时，你已经了解到西方文化中听众习惯于从左向右移动。这样安排屏幕时，每当你点击出一张新的幻灯片时，听众将视线从你身上转移到屏幕上并浏览图象时，会更轻松也更舒服一些。

■ **照明**。应将照明灯光调到足够低，以使屏幕构成反差。但不能太暗，否则你将失去与听众的目光接触。

■ **指示器**。激光指示器、可拉伸金属杆、发光的箭头、军刀式样的木制长棍——无论是什么，应该一进门就对它他一个检查。否则，它们将成为一种障碍而不是助力。

■ **计时**。请你认识的某个人在你演讲时坐在听众中，并给你发出倒计时的信号以便你在指定时间内结束演讲。

■ **饮水**。喝点水润润喉咙。不要喝牛奶和其他奶制品，因为它们会使你的喉咙覆盖上一层薄膜。不要喝碳酸饮料。

■ **穿着**。“入境问礼，入乡随俗”。穿着应符合特定的场合：公务场合要穿西装；非正式场合要穿便装。男士：系上你西装夹克的扣子。女士：把你叮当作响或闪闪发光的首饰留在家里。

不幸的是，世界并不完美。最好的旅馆烧烤沙龙、最现代化的高级经理新闻发布中心，甚至是最豪华的会议室，即使其装备有最新式、最昂贵和最高端的设备，都需要进行调试。对演讲而言，最佳环境往往是可求而不可得。如果是这样，你就随它去好了。

如果你能够克服不利的环境，你的听众将会更同情你，欣赏你的努力，对你评价更高。

若仁慈的上帝给予你酸涩的柠檬，就把它压制成甜美的柠檬汁吧！

附录B

演讲的自检对照表

四大关键问题

1．你的B点是什么？

2．你的听众是谁？他们的WIIFY是什么？

3．你的“**罗马柱**”是什么？

4．你为什么把你的“罗马柱”按照某一特定次序排列？换句话说，你选择了哪种**叙述结构**？

WIIFY 扳机

1．“这之所以对你很重要是因为……？”（由演讲者来填补空白）

2．“这对你意味着什么？”（由演讲者来解释）

3．“我为什么要告诉你这个？”（由演讲者来解释）

4．“谁在乎这个？”（“你不得不在乎，因为……”）

5．“那又怎么样？”（“那就会……”）

6．“然后呢？”（“然后，你将得到一个好处（WIIFY）……”）

七大经典开场白

1．**提问法**。提出一个针对听众或某一类听众的问题。

2．**摆事实法**。说出一个令人吃惊的统计数字或者一个很少人知道的事实

3．**回顾／展望法**。回顾过去或者展望未来。

4．**讲故事法**。讲一个简短的、人性化的有趣故事。

5．**引述法**。从一个令人尊敬的信息来源引述一段褒扬你的业务的

话。

6. **成语法**。借用一个众所周知的成语。

7. **类比法**。对比两个看上去互不相关的事物来帮助你说明一个复杂、神秘或者模糊不清的主题。

16种叙述结构

1. **标准组件式** (Modular)。由一系列类似的组件、单元或者元素组成，这些单元的次序是可以互换的。

2. **编年史式**(Chronological)。以时间线来组织概念簇，按照事件发生或可能发生的顺序反映事件

3. **实体式**(Physical)。以概念簇的实体分布或者地理位置为线索来组织概念簇。

4. **空间式**(Spatial)。通过概念的空间顺序来组织叙述结构，它根据实体化的比喻或类比来为不同的主题建立空间性的次序。

5. **问题／解决方案式**(Problems/Solutions)。围绕着一个问题以及你或你的公司提供的解决方案来组织演讲。

6. **工作议题／行动方案式**(Issues/Actions)。围绕着一个或者更多的议题以及针对这些议题你提出的行动建议来组织演讲。

7. **机遇／能力式**(Opportunity/Leverage)。围绕着一个商业机遇以及你或你的公司为了抓住这一机遇而所具有的能力来组织演讲。

8. **形式／功能式**(Form/Function)。围绕着一个核心的商业概念、方法或技术及其生发出来的多种应用或功能来组织演讲。

9. **特征／好处式**(Features/Benefits)。围绕着你的产品或服务的一系列特征及其所带来的确凿无疑的好处来组织演讲。

10. **案例分析式**(Case Study)。讲述一个你或你的公司如何解决某个特定问题或满足某 个特定客户的需求的故事，在讲述这个故事的同时，介绍你的业务及其商业环境的方方面面。

11. **争论／谬误式**(Argument/Fallacy)。故意引发对自己的案例的争论，然后通过指出这些争论的依据中的谬误（或者指出其依据的是错误的信念）来驳斥这些争议。

12. **比较／对照式**(Compare/Contrast)。围绕着一系列对比来组织演讲，这些对比说明你的公司与其他公司之间存在很多不同之处

13.**矩阵式**(Matrix)。使用一个2 × 2或者更大的矩阵来把一套复杂的概念组织成一个易读、易懂、易记的形式。

13. **平行追踪式**(Parallel Tracks)。它列出一组相互关联的概念，并用同一个信息子集深入讨论各个概念。

14. **设问式**(Rhetorical Questions)。提问，然后回答。问题应是你的听众心目中最希望知道的事情。

15. **数字式**(Numerical)。列举一系列相互松散关联着的概念、事实或论据。

12种内部链接

1. **引用叙述结构**。在沿你的演讲脉络推进时，不断重提你的主要叙述结构。

2. **逻辑性衔接**。在结束已经讲完的主题的同时，引入将要讲到的主题。

3. **交叉引用**。向前或向后引用你演讲中的其他论述。

4. **设问**。提出一个相关的问题，然后给出答案。

5. **重复主题**。在演讲的前段举一个例子或者提出一个数据，然后在整

个演讲中重复几次提到它。

6. **前后呼应**。在演讲的前段举一个例子或者提出一个数据，直到结尾才又提起它。

7. **排比**。重复地使用一个有感染力的短语或口号。

8. **小结**。在关键的转折处停下来做一个扼要重述。

9. **列举**。把相关的概念作为一个整体来集中介绍，然后再逐一介绍它们。

10. **做计算**。用比例关系来说明数字信息。

11. **强化B点**。在演讲中的几个地方重复你的行动号召。

12. **说出你的公司名称**。经常提到你的公司、产品或服务的名称。

7种外部链接

1. **直接引用**。具体提及一位或更多的听众的名字。

2. **交互引用**。引用与你和听众都有关系的一个人、一家公司或一个组织。

3. **提问**。直接向一位或更多的听众提出一个问题。

4. **即时化**。引用当天发生的事情。

5. **当地化**。引用你演讲的地点。

6. **数据**。引用能够连接你的信息并支持它的最新数据。

7. **个性化定制开场图表**。用包括听众、地点和日期的幻灯片开始演讲。

5种连贯性图表技巧

1. **标题页幻灯片法**。标题页幻灯片指插入一个演讲的各个部分之间的图表型间隔物，目的是将其作为一个干脆利落、简单明了的转折性标志。

2. **指示标／颜色编码法**。指示标／颜色编码法用一个重复出现的物体作为指示标志，通过突出显示指示标中的不同色块，来标识一个较长演讲中各个部分的位置。

3．**图标法。**图标法通过使用众所周知的象征性符号来说明各个概念之间的关系。

4．**锚定物法。**锚定物法以一个重复出现的、作为一个插图的有机部分的图像来创建连贯性。

5．**预期性留白法。**预期性留白法通过先留白而后填充的方式来创造并满足下意识的听众预期。

致谢

正如在本书第一页所写的那样，我首先应该感谢并且最需要感谢的是本吉（Benji，我们这些爱戴他的人都这么称呼他）· 罗森。但不仅仅是在本书的第一页，或者是在本书的其他任何一页中，我的感谢还将写满从我在1956年度斯坦福大学与加州大学的橄榄球赛（不幸的是那一次斯坦福以13比14败北）上认识他以来的每一天。我在本书第一页上所说的值得我一再复述：我和31岁的本吉在那场橄榄球赛之后的谈话改变了我的一生。对此，我永怀感恩之情。

但是，如果我没有遇上本吉的话，我就不会认识在本书中提到的所有其他的优秀人物。事实上，我可能成为纽约的一名牙医，如果我没有走进哈里 · 麦尔斯 · 穆汉姆执教的纽约大学新生演讲班的话。哈里 · 麦尔斯 · 穆汉姆是欧蒙德 · 德拉克教授最聪明的年轻弟子之一，从遇到他的那一刻起，哈里的雄辩、智慧、魅力和才气就把我变成了一个狂热的追星族和虔诚的追随者。无论亨利说什么、做什么、看什么，都会成为我津津乐道的话题。在参加第一个演讲班仅仅几个星期内，我原先计划的牙医职业就已经让位给了小剧院团体那充满灰尘的屋椽了，而正是哈里的建议，我才加入了那一团体。就是那一段经历种下了我后来所从事职业的种子，经过斯坦福大学研究生院演说与戏剧专业（哈里也是该校的校友）的蕴育，一直把我带到了曼哈顿的CBS广播中心。然而，哈里还不仅仅是我的良师益友，他至今还是我的人生楷模以及我职业生涯各个阶段的朋友。谢谢你，穆！

我要特别感谢我的出版者—— Financial Times/Prentice Hall的提姆 · 摩尔以及卡尔 · 韦伯和琳达 · 彻斯特。卡尔帮助我把我在“强有力演讲”项目中的录音以及PowerPoint幻灯片转换成文本，而琳达则把我介绍给了卡尔。提姆和卡尔带给我有生以来在所有职业中所从未见过的富有创造性的协作精神与职业敏锐度。卡尔贡献了其很多商业和出版方面的专家建议，对我那墨迹斑斑的手稿提出了许多颇具洞察力的反馈意见。提姆贡献了他的智慧和最为人称道的机智，并给我配备了一支明星般的出版专业人员队伍，他们是：拉斯·霍尔、盖尔·科克－博古兹以及多恩娜·库伦－多尔斯。

我与提姆的交情一直可以追溯到我与思科系统公司打交道的那些日子。我与思科的合作，从唐·瓦伦丁请我做IPO路演开始，中间经历了与数百位思科人的合作，在与苏·博斯特姆和吉姆·勒沃雷合作时达到了顶点。在这个长长的行列中，最为重要的几个人是：查克·艾略特、科林·玛索利尔、菲利普·布拉沃曼和布伦特·比尔格。这个连结了所有网络的公司知道如何去抓住、引领和凝聚听众。

我非常感激帮助我打理"强有力演讲"商业运营事务的所有优秀年轻女性，她们使我解脱出来，从而能够发展出孕育出本书的那些创造性概念，她们是：詹妮芙·海顿、南希·普莱丝、苏珊·希尔、霍泽·斯科特、詹妮芙·图科特、妮可儿·尼尔斯。詹妮芙（倒数第二位的那位）是最好的研究者，具有苏格兰场侦探那样的勤奋精神，为我收集了大量的事实与人物故事。妮可儿（倒数第一位的那位）不仅管理着许多电子文稿的草稿，她还独力把我花费了15年才创造出来的PowerPoint图表全部重新绘制了一遍。

我还要感谢吉姆·韦尔奇，他是支持"强有力演讲"的第n个动力；比尔·戴维多，他具有不可思议的智慧，能够既见树木也见森林；唐·瓦伦丁，他具有高超的讲故事的技巧，把"少就是多"运用得出神入化，每句话都像哈姆雷特一样值得引用；墨尔文·万·皮伯尔，他是我认识的唯一一个能够凭空开始脑力激荡的人；克里斯托弗·斯普雷，他帮助我找到我自己的B点；昆丁·哈迪，他为我提供了思想的种子；B.J.科夫曼，他为我提供了思想的火花；我的表兄乔尔·歌德伯格，他把这些方法用于电视；沃伦·卡普兰，为他的好脾气；谢雷·弗罗伊德，愿意随时提供帮助；罗伯塔·巴伦和邓尼斯·布罗斯，他们提供了很多启示；弗兰克·佩尔罗斯，为我带来了生活之乐。

在歌剧《国王和我》中，一位名叫安娜的老师从他的学生那里得到了教益。我也从我的学生那里得到了不少教益，正是这成千上万的商务人员日常的、真实的、关键使命性的沟通需求使我能够吸收并转化专业媒体的那些奇妙理念与方法，使它们能适用于日常工作。我要特别感谢允许我在本书中引用我与他们一起工作所形成的案例的那些人，他们是：安德里亚·坎宁安、唐·瓦伦丁、凯特·玛瑟、杰夫·莱克斯、丹·沃门豪文、阿列克斯·纳维奇、吉姆·比克斯比、里德·哈斯丁、朱迪·塔拉比尼·麦克努尔提、查克·哥史克、兰迪·斯泰克、罗伯特·科尔韦尔博士、达迪·培尔姆特、戴夫·卡斯塔尔迪、南希·常博士、杰瑞·罗杰、修·马丁、埃米尔·洛里尔博士、斯科特·库克、麦克·波普、艾德里安·斯利沃斯基、詹姆斯·里查德、提姆·库戈尔、盖瑞·瓦伦祖拉、巴德·科利根、卡罗·凯丝、查尔斯·俄伯特博士、文思·蒙帝罗、吉姆·福劳德、乔恩·布龙姆伯格、盖瑞·斯图沃特、杰奎斯·艾辛格尔博士、查克·伯森伯格、罗杰·麦克纳米和唐·立斯汀。

我还要感谢路茜，我生命中的“锚定物”。

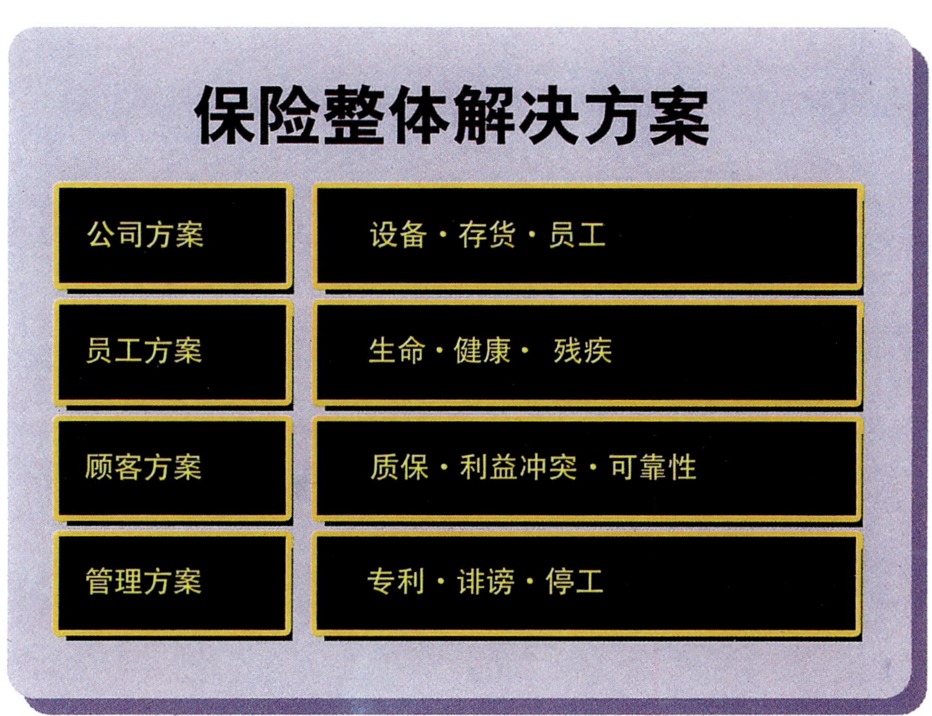

▲ 彩插1　通过增加彩色底纹以及其他图形要素来创建富于吸引力并有视觉冲击力的幻灯片

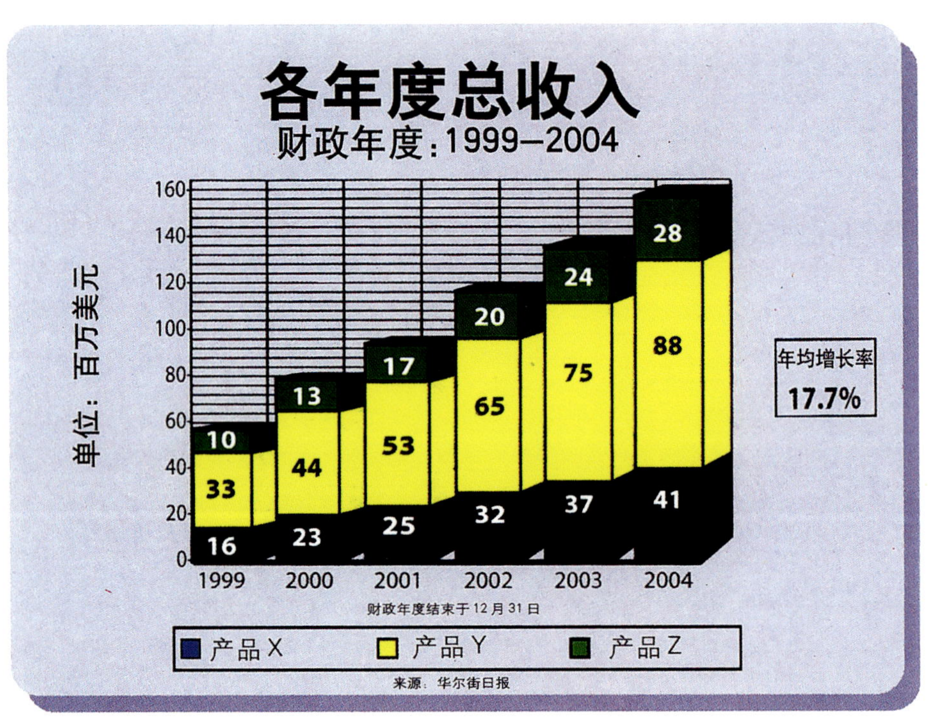

▲ 彩插2　一张太常见不过的幻灯片：充塞了太多的信息，令人难以卒读

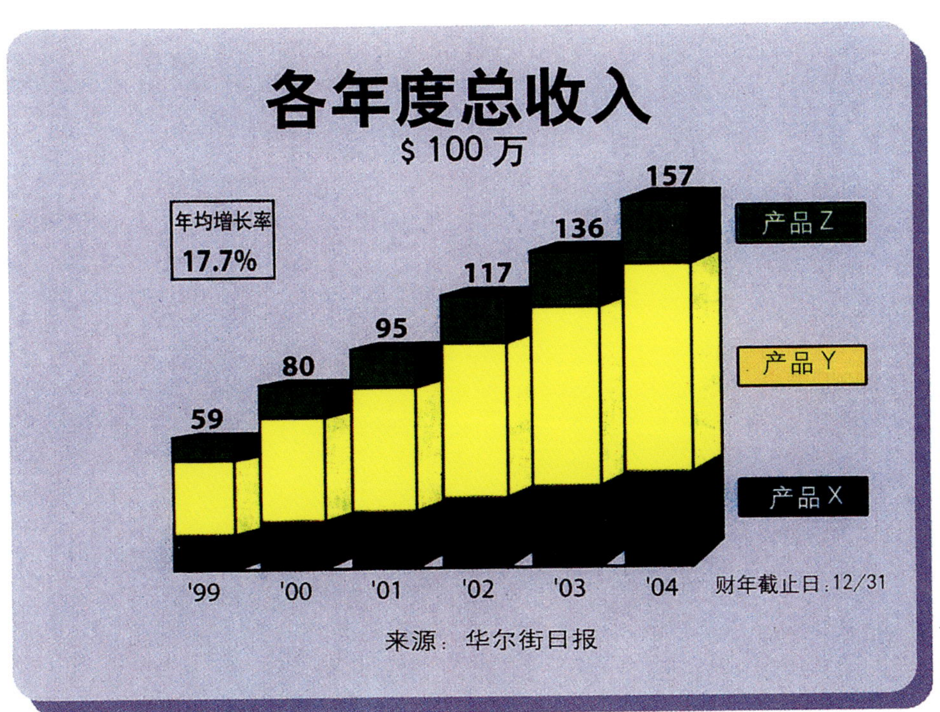

▲ 彩插 3　通过删掉底部的图例，并在图表右侧的边缘（即眼光扫瞄的最后）以相同颜色的色块在对应位置标注图例的方式来使原本内容繁杂的幻灯片变得简明扼要。

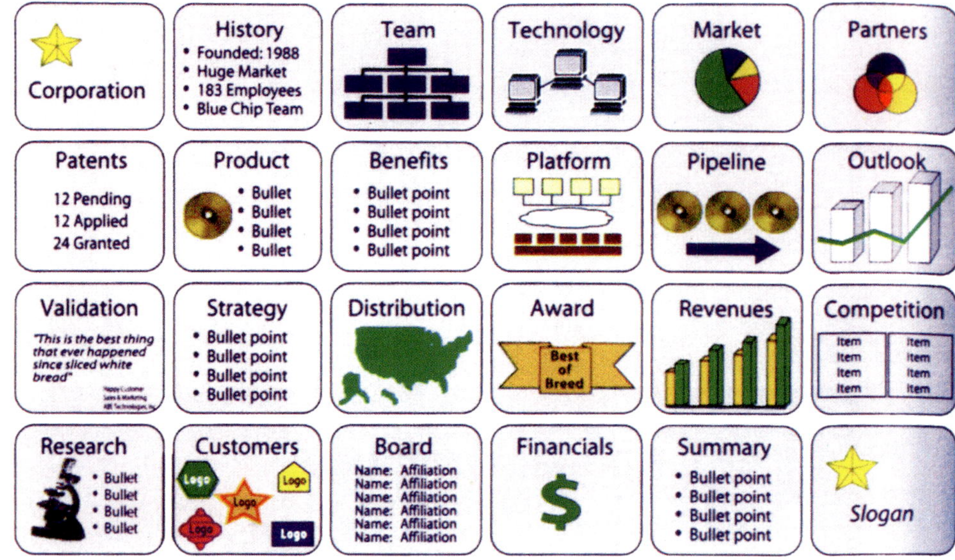

▲ 彩插 4　这张演讲全景图中没有两张幻灯片是类似的，这迫使听众不断调整才能看懂一张新幻灯片。

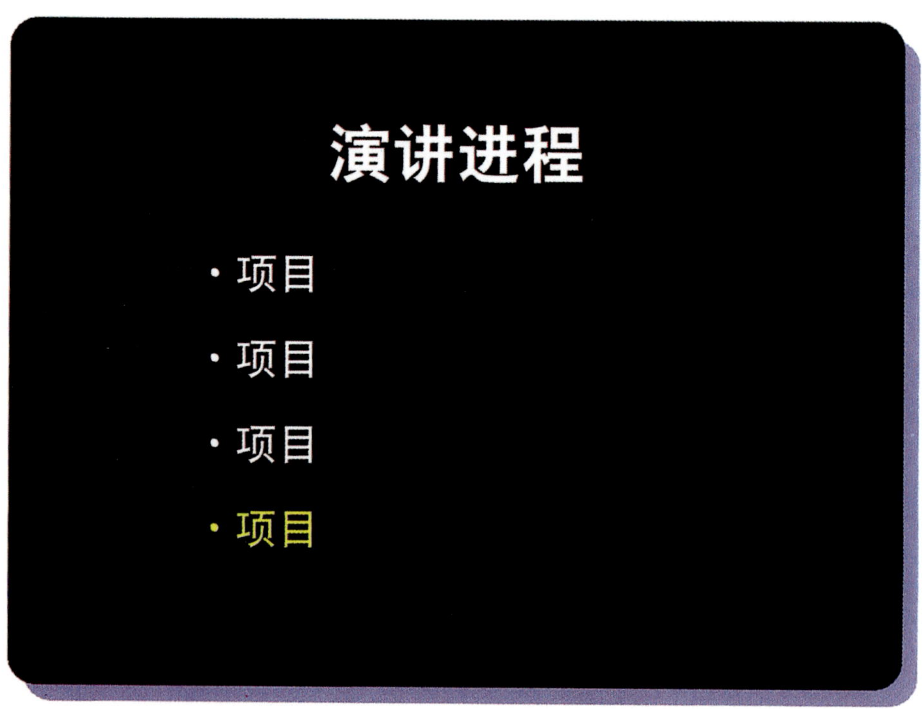

▲ 彩插 5　将演讲进程作为标题页幻灯片，应突出显示(highlighting)而不是淡化(dimming)将要讲到的项目。

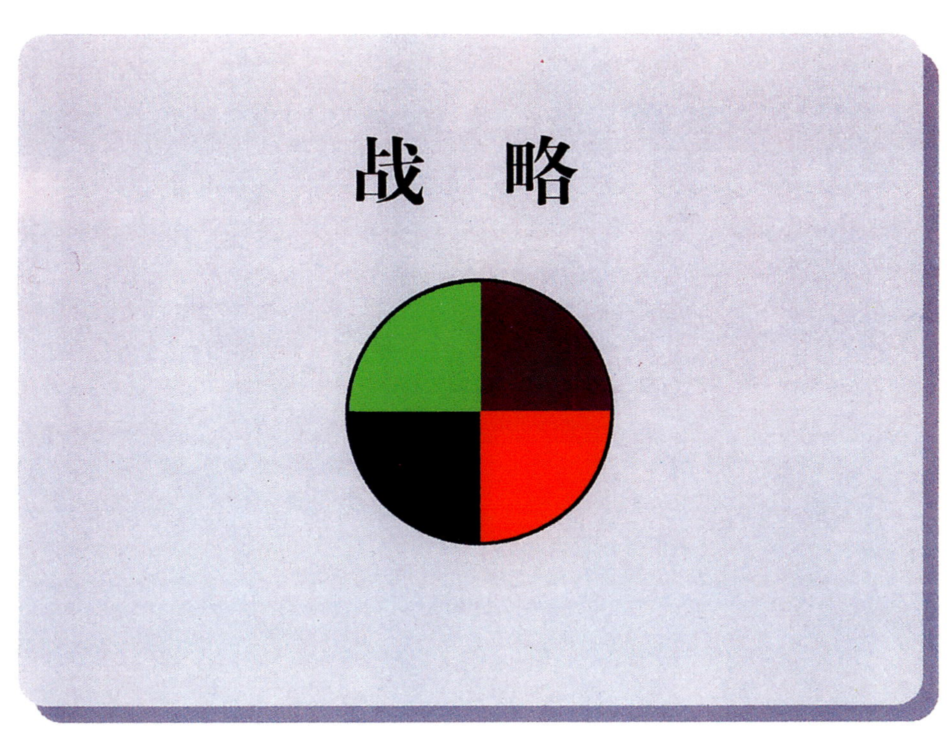

▲ 彩插6 用一个分成四个楔形的饼图来表示一个分成四个部份的业务战略。

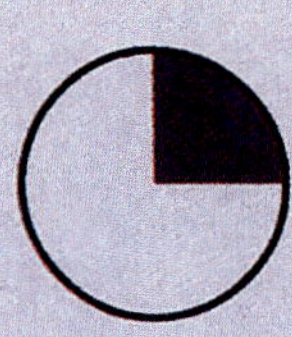

战略：A

- 小标题
- 小标题
- 小标题
- 小标题

▲ 彩插 7　用指示色突出显示第一个战略要素

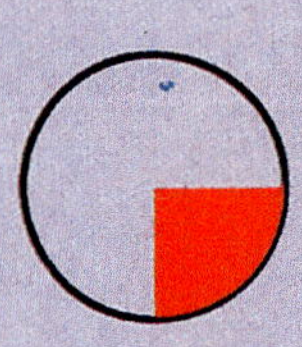

战略：B

- 小标题
- 小标题
- 小标题
- 小标题

▲ 彩插 8　将突出显示效果转换到第二个战略要素及其指示色。

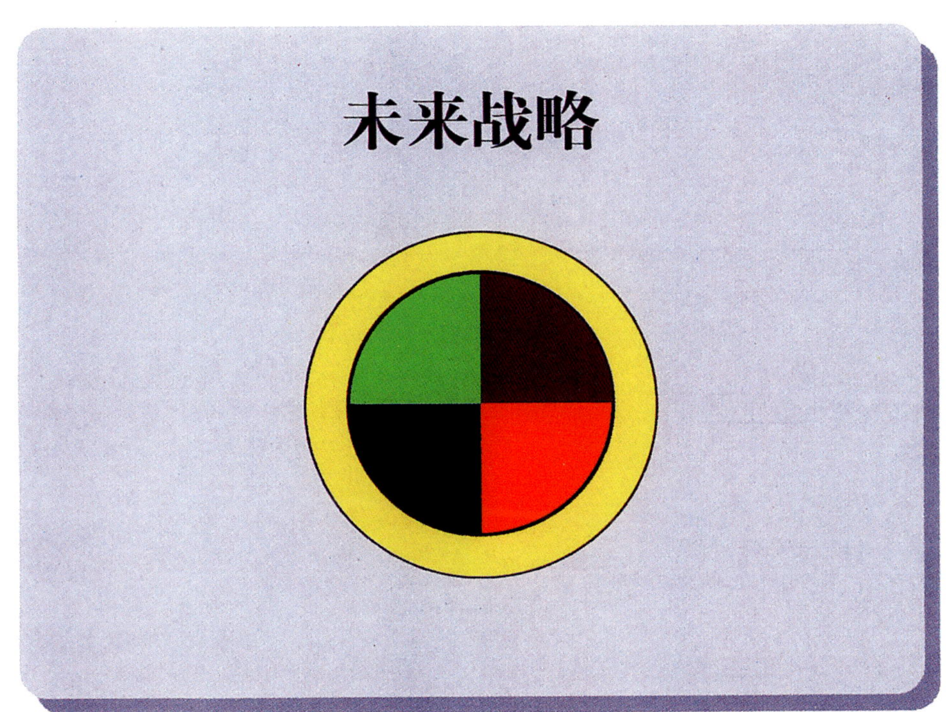

▲ 彩插 9　用对应的四种颜色重画该战略的四部分，通过在饼图外加一个彩色的环来代表未来的战略。

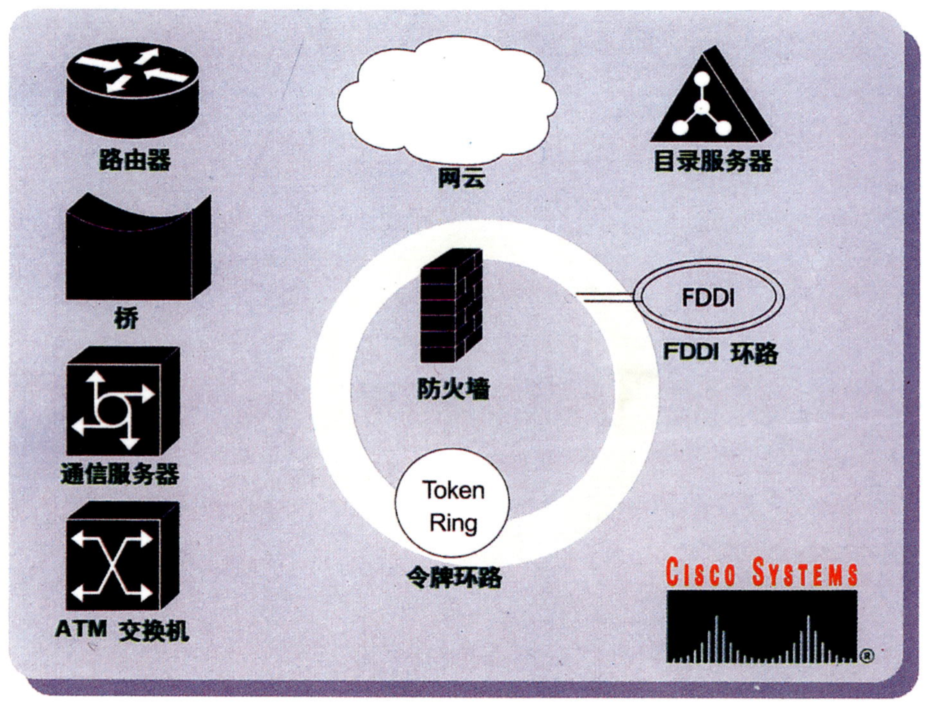

▲ 彩插 10　一图胜千言。图标是有效的图形工具。思科系统公司的图标已成为行业标准，同时也是该公司一个强大的原创品牌。